职业教育"十三五"财经系列规划教材

以岗位能力为导向
互联网版课程型教材

成本会计实务

CHENGBEN KUAIJI SHIWU

谭迎春　田光大◎主　编
王啸华◎副主编
汪艳萍　胡春萍◎编　者
陈军波◎企业顾问

電子工業出版社
Publishing House of Electronics Industry
北京·BEIJING

未经许可,不得以任何方式复制或抄袭本书之部分或全部内容。
版权所有,侵权必究。

图书在版编目(CIP)数据

成本会计实务 / 谭迎春,田光大主编. —北京:电子工业出版社,2018.8
ISBN 978-7-121-34697-2

Ⅰ. ①成… Ⅱ. ①谭… ②田… Ⅲ. ①成本会计-会计实务-高等职业教育-教材 Ⅳ. ①F234.2

中国版本图书馆 CIP 数据核字(2018)第 147680 号

策划编辑:刘 殊
责任编辑:杨洪军
印　　刷:北京盛通商印快线网络科技有限公司
装　　订:北京盛通商印快线网络科技有限公司
出版发行:电子工业出版社
　　　　　北京市海淀区万寿路 173 信箱　邮编 100036
开　　本:787×1092　1/16　印张:16.75　字数:356 千字　插页:1
版　　次:2018 年 8 月第 1 版
印　　次:2021 年 8 月第 3 次印刷
定　　价:49.00 元

凡所购买电子工业出版社图书有缺损问题,请向购买书店调换。若书店售缺,请与本社发行部联系,联系及邮购电话:(010)88254888,88258888。
质量投诉请发邮件至 zlts@phei.com.cn,盗版侵权举报请发邮件至 dbqq@phei.com.cn。
本书咨询联系方式:(010)88254199,sjb@phei.com.cn。

丛书介绍

职业教育"十三五"财经系列规划教材：
以岗位能力为导向互联网版课程型教材

一、系列教材介绍

"职业教育'十三五'财经系列规划教材：以岗位能力为导向互联网版课程型教材"（以下简称"本系列教材"）以纸质教材为核心、以互联网为载体、以岗位能力为导向、以现代化信息技术为手段，融入"互联网教育"背景下的O2O（线上线下融合）、移动互联（随时随地学习、交流与互动）理念，贯彻"以服务为宗旨，以就业为导向，推进教育教学改革，实行工学结合、校企合作、顶岗实习的人才培养模式"及"围绕国家重点支持发展的产业领域，研制并推广共享型教学资源库，为学生自主学习提供优质服务"的政策精神，旨在为教师和学生提供完美的课堂教学解决方案。

二、策划思路

本系列教材以"纸质教材＋数字资源"为主要策划思路，将丰富的教学资源借助信息化工具植入纸质教材中，搭建系统的、结构化的动态课程。

1. 纸质教材的策划

（1）结构创新，工学结合

本系列教材摒弃了传统知识体系的结构形式，根据岗位胜任能力来设计教学项目，按照工作过程的逻辑来组织教学进程，实现教、学、做一体化。

（2）体例创新，互动教学

本系列教材以【岗位要求】为契入点，以【教学思维导图】为梳理，以【导入案例】【工作任务】【经典案例】为教学核心，以【知识窗】【小提示】等为辅助，以【基础知识测评】【岗位能力测评】【链接职考】为巩固，打造全流程、一体化的教学过程设计。

职业岗位（工作岗位）→ 岗位要求（知识要求、技能要求、素质要求）→ 工作任务（任务1：员工报销费用；任务2：签发转账支票）→ 教学过程（知识储备、任务实施）→ 教学评价（考核评价）

（3）图文并茂，体验为先

本系列教材的图文排布采用全新的设计，双色印刷，贴心留白，为读者提供了良好的阅读体验。让教材"活"起来，让教学不仅产生价值，还生发美感。

2. 数字资源的策划

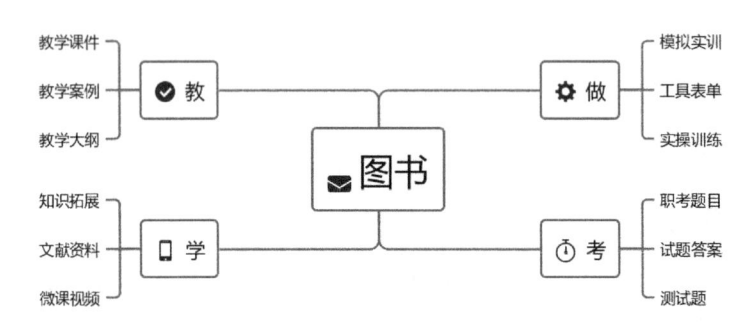

```
教学课件                              模拟实训
教学案例  ——[教]            [做]——  工具表单
教学大纲         \          /         实操训练
                  [图书]
知识拓展         /          \         职考题目
文献资料  ——[学]            [考]——  试题答案
微课视频                              测试题
```

本系列教材按照教、学、做、考进行分类，将知识内容做生长性教学设计。充分考虑教师与学生的教学习惯，提供短小精悍的碎片化教学资源，如微视频、测试题、案例、文献资料、相关知识等，并利用二维码技术，实现随扫随学。

三、系列教材特色

（1）编写团队成员由各院校教学一线优秀教师组成。

（2）以岗位能力为导向互联网版课程型教材为创新点，体现教材的立体化。

（3）反映最新政策、准则及财税法规制度、营改增等变化。

（4）典型的案例、丰富的教学资源，嵌入在教材中的二维码作为互联网端移动学习的入口，实现自主化、智能化的学习。

（5）装帧精美、图文并茂、双色印刷。

四、使用说明

本系列教材设计了一定量的留白，便于学生在教材中进行标注。同时，将纸质教材与二维码进行有效结合，为教学资源的调用提供了方便的路径。

五、使用示例[①]

【导入案例】深入岗位案例，运用问题导向培养学生独立思考的能力

【岗位要求】标记重难点，以岗位要求明确教学目标

【工作任务】
【知识储备】
【任务实施】
以工作任务为要求实施教学过程，工学结合，服务就业

【任务实例】模拟工作情境，深入阐释工作内容

---

① 根据书的不同，体例会有所差异。

VI 成本会计实务

【小看板】
【知识窗】
【温故知新】
多层次、多角度丰富教学知识面

【基础知识测评】
【岗位能力测评】
巩固基础知识，提升就业能力

【链接职考】
课证衔接，服务考试

二维码
链接拓展知识内容，增强教学互动性

前 言

从 20 世纪末到 21 世纪，社会经济发生了翻天覆地的变化，企业内外部环境也发生了根本性改变，市场竞争更加激烈，对成本会计的要求也更高了，成本会计面临着前所未有的挑战。

由于教师面对的都是从高中校门到大学校门的学生，他们不了解企业生产经营活动，也没有企业工作经验，因此，成本会计教学有其先天不足的一面。这导致许多学生在学习过程中无法真正理解工作原理及操作流程，这也是教学难点之一。

针对上述问题，本书以就业为导向、以培养学生专业技能为出发点，对企业的核算过程进行细化分解，按照成本核算的工作过程进行课程设计。在立足于成本会计理论教学的基础上，本书注重实用性，将成本会计理论与实际生产中的案例相结合，既锻炼了学生的成本核算能力，又锻炼了学生的成本控制能力。

本教材由北京财贸职业学院谭迎春、田光大担任主编，王啸华担任副主编，项目一、二、三由田光大编写；项目四、五由谭迎春编写；项目六、七由王啸华编写；项目一、二、三、四的习题由汪艳萍编写；项目五、六、七的习题由胡春萍编写。另外，神州数码财务总监陈军波作为教材编写顾问，给予了多次指导。

成本会计实务是高职高专类会计专业的专业基础课之一，本教材可用于大专、本科生教学，也可用于财会人员的在职培训或自学用书。

本教材在编写过程中，得到了电子工业出版社和学校领导、有关老师的大力支持，在此表示衷心的感谢！

由于作者水平和实践经验有限，加之时间仓促，书中难免有错漏之处，请广大读者批评指正。

编　者
2018 年 6 月

目 录

项目一 成本会计基础知识 1
  任务一 成本概述 2
  任务二 成本会计概述 5
  任务三 产品成本核算概述 9
  基础知识测评 17

项目二 生产费用的归集与分配 21
  任务一 材料费用的归集与分配 22
  任务二 外购动力费用的归集与分配 31
  任务三 职工薪酬的归集与分配 33
  任务四 折旧和其他费用的归集与分配 42
  任务五 辅助生产费用的归集与分配 46
  任务六 制造费用的归集与分配 59
  任务七 生产损失的归集与分配 66
  基础知识测评 73
  岗位能力测评 75

项目三 生产费用在完工产品与月末在产品之间的分配 83
  任务一 概述 84
  任务二 在产品不计算成本法 85
  任务三 在产品按固定成本计算法 86
  任务四 在产品按所耗原材料费用计算法 88
  任务五 在产品按完工产品成本计算法 90
  任务六 约当产量比例法 92
  任务七 定额成本法 99

  任务八 定额比例法 102
  任务九 联产品和副产品的成本分配 107
  基础知识测评 111
  岗位能力测评 115

项目四 产品成本计算的基本方法 118
  任务一 概述 119
  任务二 品种法 121
  任务三 分批法 144
  任务四 分步法 157
  基础知识测评 178
  岗位能力测评 181

项目五 产品成本计算的辅助方法 194
  任务一 分类法 195
  任务二 定额法 203
  基础知识测评 215
  岗位能力测评 218

项目六 成本报表 222
  任务一 概述 223
  任务二 产品生产成本表的编制 225
  任务三 主要产品单位成本表的编制 229
  任务四 制造费用明细表的编制 232
  基础知识测评 235
  岗位能力测评 237

项目七 成本分析 239
  任务一 成本分析概述 240
  任务二 产品总成本分析 242
  任务三 产品单位成本分析 247
  基础知识测评 251
  岗位能力测评 254

参考文献 256

项目一
成本会计基础知识

岗位要求

知识要求：

1. 了解成本的概念和成本信息的作用。
2. 了解成本会计的职能和任务。
3. 了解成本会计的工作组织。
4. 明确产品成本核算的基本要求。
5. 掌握产品成本核算的账户设置及账务处理程序。

技能要求：

1. 对于企业发生的支出，能够分清哪些属于生产成本，哪些属于期间费用。
2. 能够根据企业的实际情况，独立设置成本核算的有关账户。

任务一　成　本　概　述

【知识储备】

一、成本的概念

成本是会计理论中的一个重要概念。什么是成本？不同的学科对它有不同的解释。在经济学中成本是指商品价值中已经消耗的需要在其收入中获得补偿的那部分价值，即已消耗的生产资料的转移价值和活劳动消耗的价值；在管理学中成本是指一种企业生产、技术、经济活动的综合指标；在会计学中成本是指为了取得资产或某种利益耗费的各种资源的货币表现。

成本遍及各行各业的各项活动，但并不意味着所有活动的成本都需要通过会计来核算和考核，至于是否需要通过会计核算和考核是由活动的特点和管理需要来决定的。不同的部门和单位对其生产经营活动和业务活动所发生的耗费的管理和补偿方式是不同的。物质生产部门，要以自己的收入来补偿自己的支出，并核算盈余，这就要求其对所发生的各种耗费进行成本核算；而行政事业单位，所发生的人力、物力和财力支出，并不是主要靠自己的收入来补偿的，而是由国家财政预算拨款补偿的，因此，在管理上一般不要求成本核算。对于物质生产部门，也就是制造业企业来说，管理上要求进行成本核算，而从成本会计的角度出发，制造业成本核算中的成本主要是具有典型意义的产品成本。

二、支出、费用、生产费用和产品成本的关系

1. 支出

支出是企业在经济活动中发生的一切开支与耗费，一般来说，可以分为资本性支出、收益性支出、投资支出、所得税支出、营业外支出和利润分配支出六大类。

（1）资本性支出是指该支出不仅与本期的收入有关，也与其他各期会计收入有关，而且主要是为以后各期收入的取得而发生的支出。例如，企业购买机器设备的支出、建造厂房的支出、购买或研发无形资产的支出等。

（2）收益性支出是那些只与本期收入有关的支出，其直接冲减当期收益。例如，企业为生产经营而发生的材料费、工资、水电费、电话费、差旅费等。

（3）投资支出是指企业对外投资形成的支出。例如，以货币资金、固定资产对外投资等。

（4）所得税支出是企业在取得经营所得与其他所得的情况下，按国家税法规定向政府缴纳所得税而形成的一项支出。所得税支出作为一项费用也是直接冲减当期收益的。

（5）营业外支出是发生的与企业经营活动没有直接联系的各项支出。例如，企业支付的罚款、赔偿金以及非常损失、捐赠支出等。营业外支出也是当期损益的扣减要素。

（6）利润分配支出是企业在利润分配环节发生的支出。例如，股利支出等。

2. 费用

费用是指企业为销售商品、提供劳务等经营活动而发生的，对企业拥有或控制的资产的耗费。例如，为购买生产资料而发生的费用，为筹集资金而发生的费用，为缴纳税金而发生的费用等。这些费用按其同产品生产的关系可以分为生产费用和期间费用两类。

3. 支出与费用的关系

支出是个大概念，企业在经济活动中发生的一切开支与耗费都是支出，而费用是支出中的一部分。在企业的支出中，凡是同企业的生产经营有关的部分，即可表现或转化为费用，否则，不能列作费用。例如，企业用于构建固定资产、无形资产、其他资产，或购买材料、支付工资等与生产经营活动有关的支出，就能够表现或转化为费用；而像长期投资支出、营业外支出和利润分配支出等，因与企业的生产经营活动没有直接关系，不能视作费用。支出与费用的关系如图 1-1 所示。

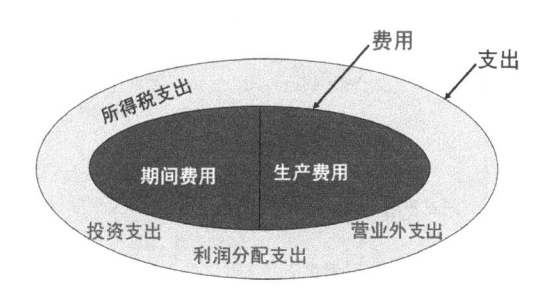

图 1-1 支出与费用的关系

4. 生产费用与期间费用

生产费用是指产品生产过程中发生的物化劳动和活劳动的货币表现，包括直接材料、直接人工和制造费用，它同产品生产直接相关。期间费用是与企业的经营管理活动密切相关的耗费，包括管理费用、销售费用和财务费用。管理费用是指企业为组织和管理企业经营活动而发生的费用，如开办费、公司经费、工会经费、董事会费、管理人员工资、业务招待费等。销售费用是指企业为销售产品而发生的费用，如广告费、包装费、保险费、运输费、销售机构人员工资等。财务费用是企业为筹集资金而发生的费用，如利息费、汇兑损益等。

生产费用和期间费用在会计处理上有很大差别，期间费用在计算会计利润时可以直接扣除，而生产费用中只有当期已销产品所占用的生产费用才能够扣除。

5. 产品成本

产品成本是指生产者为制造一定数量、一定种类的产品而发生的以货币表现的各种耗费，这些耗费按照成本项目可以分为直接材料、直接人工和制造费用。

6. 生产费用与产品成本

生产费用和产品成本都是由直接材料、直接人工和制造费用等项目构成的，但两者并非完全相同，它们既有联系，又有区别。首先，生产费用按照一定的产品进行归集就形成产品成本，因此，生产费用是产品成本的基础，而产品成本是对象化的生产费用；其次，生产费用反映的是某一时期内所发生的费用，而产品成本是反映某一时期某种产品应负担的生产费用。通常情况下，某一时期的生产费用总和并不等于这一时期的产品成本总和，这是因为企业的生产经营活动是连续进行的，而产品的成本计算是定期进行的，一定时期发生的生产费用由于受期初、期末在产品的影响，并不完全归属于这一时期的完工产品。

上述支出、费用与产品成本的关系如图 1-2 所示。

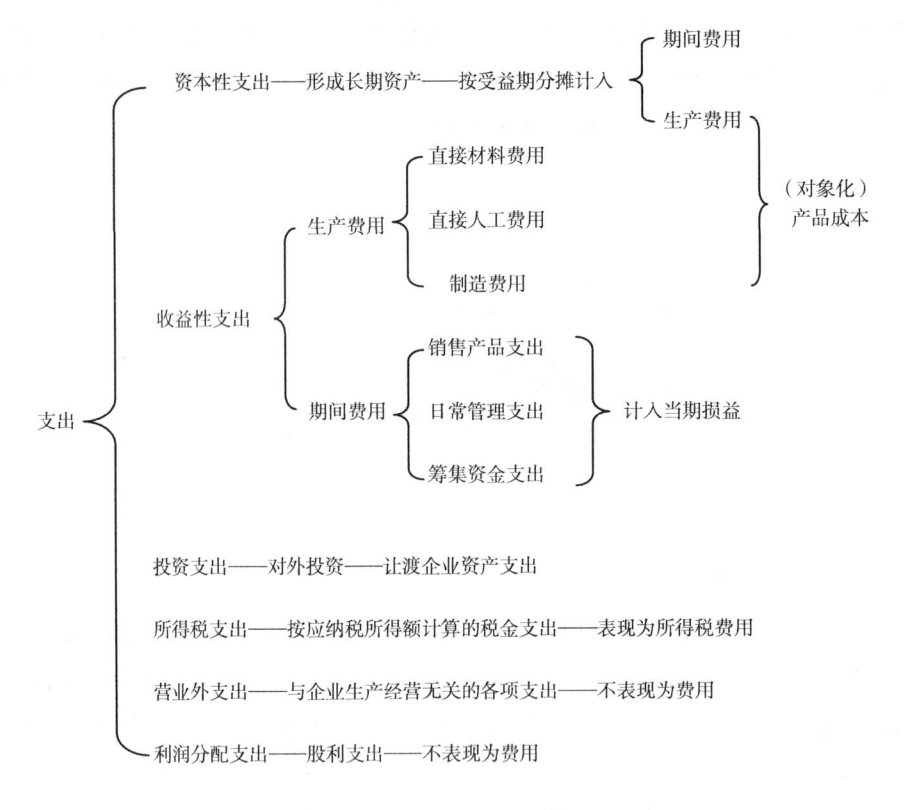

```
         ┌─ 资本性支出──形成长期资产──按受益期分摊计入 ┌─ 期间费用
         │                                           └─ 生产费用
         │                      ┌─ 直接材料费用
         │         ┌─ 生产费用 ─┤─ 直接人工费用          （对象化）
         │         │            └─ 制造费用              产品成本
支出 ────┤─ 收益性支出
         │         │            ┌─ 销售产品支出
         │         └─ 期间费用 ─┤─ 日常管理支出 ── 计入当期损益
         │                      └─ 筹集资金支出
         │
         ├─ 投资支出──对外投资──让渡企业资产支出
         │
         ├─ 所得税支出──按应纳税所得额计算的税金支出──表现为所得税费用
         │
         ├─ 营业外支出──与企业生产经营无关的各项支出──不表现为费用
         │
         └─ 利润分配支出──股利支出──不表现为费用
```

图 1-2　支出、费用与产品成本的关系

三、成本信息的作用

1. 成本是制定价格的重要依据

对于新产品来说，存在产品的定价问题。按照价值规律的要求，产品的价格要根据产品的价值来确定，但是由于产品的价值不便直接计算，只能通过产品成本间接反映产品的价值水平。产品的价格应该高于产品的成本，否则，耗费得不到全部补偿，就会发生亏损，长此以往，投入的资本就会被消耗掉，企业将无法继续进行生产经营。因此，对于企业的经营者来说，一定要清楚按照产品现有价格能否补偿产品的成本，这很重要。

2. 成本是反映企业管理水平的综合指标

在市场经济条件下，同一种类产品或服务都有其既定的市场价格，那么企业间的竞争主要是成本的竞争，谁的成本低，谁的市场份额就高，谁的盈利就多，谁就能在竞争中胜出。因此，企业管理人员的工作重点就是从多方入手来降低成本，包括产品的设计要合理、原材料要节约、生产组织要协调、资金的筹集和运用要合理等，而这些工作的效果都能通过产品或服务的成本反映出来。所以，成本是反映企业管理水平的综合指标。

3. 成本是企业进行生产经营决策的重要依据

企业进行生产经营决策，主要以经济效益的高低作为评价决策方案的标准，而在衡量决策方案的经济效益时，成本是必须考虑的主要因素。在产品价格一定的情况下，产品成本水平的高低直接影响着企业经济效益的高低和竞争力。因此，企业进行生产经营决策时必须考虑成本因素。

任务二 成本会计概述

【知识储备】

一、成本会计的对象

成本会计的对象是成本会计核算和监督的内容。如前所述，由于成本会计研究的主要是物质生产部门为制造产品或提供服务而发生的成本，因此成本会计核算和监督的内容也主要是产品的成本或服务的成本。需要说明的是，在产品生产（包括服务提供）过程中，除了发生生产耗费外，还会发生财务费用、管理费用和销售费用等期间费用。由于这些期间费用大多按时期发生，难以按产品归集，因此直接计入损益，而不计入产品成本。但是这些期间费用与产品的生产（包括服务的提供）不是毫不相干的，而是相关的，如果没有这些费用的发生，产品的生产不可能顺利进行。因此，为了促使生产者节约这些期间费用，我们把它们连同产品成本都列作成本会计的对象。

工业企业成本会计的对象是工业企业在产品制造过程中的产品成本或制造成本和期间费用；商品流通企业、交通运输企业、施工企业、农业企业、旅游饮食服务企业等其他企业在生产经营过程中发生的各种费用，部分形成各企业的生产经营业务成本，部分作为期间费用直接计入期间损益。

综上所述，成本会计的对象可以概括为各行业企业生产经营业务的成本和有关期间费用。

二、成本会计的职能和任务

（一）成本会计的职能

成本会计的职能是成本会计所具有的功能。成本会计的职能在成本会计的不同发展阶段体现为不同的内容。成本会计的产生和发展经历了以下四个阶段。

第一阶段，估计成本的产生。在资本主义生产以前的工厂生产时期，工厂在接受客户订货时需要定价，于是就产生了满足定价需要的估计会计。为了使估计成本接近实际，人们开始用统计的方法来汇总计算生产中发生的直接费用，对于数额不大的间接费用作为损失处理。估计成本的产生为成本会计奠定了基础。

第二阶段，成本会计初步形成。在产业革命以后，社会生产力迅速发展，企业为了扩大生产规模、获得规模效益，纷纷利用股份制的形式来吸引资本。同时，资本主义国家的税收制度也逐步健全起来，国家为了收缴税金，要求企业按照公认的会计原则归集和分配生产费用、计算产品成本，从而形成了一些费用分配和成本计算的专门方法。这些方法和复式记账法相结合，构成了成本会计的雏形。这一阶段成本会计以事后的成本核算为重点，其职能侧重于成本核算。

第三阶段，近代成本会计阶段。在20世纪20年代，美国出现了泰罗制。而这时正是资本主义市场经济迅速发展、市场竞争日益加剧的阶段，企业为了增强自身竞争力，将泰罗制中的"预算控制"和"标准成本"等科学管理方法应用到会计中，使成本会计在原有的成本计算的基础上增加了事前控制的内容，这一阶段的成本会计被称为近代成本会计。这一阶段成本会计的职能中增添了成本控制和成本分析的内容。

第四阶段，现代成本会计阶段。第二次世界大战以后，大量的军工企业转产民用品，使得市场竞争更加激烈。为了在激烈的竞争中求生存，企业发现仅靠研发新技术、开发新产品是不够的，还要进一步对成本进行控制。他们意识到要想进一步降低成本，必须在产品大量投产前，对可能发生的成本进行预测，制订出各种成本降低方案，并对这些方案进行科学的分析，从中选出最优的方案。因此要求会计人员不仅要做好生产过程的事中成本控制和事后的成本核算和分析，还要进行事前的成本预测和决策，从而达到降低成本的目的。被赋予了成本预测和决策职能的成本会计被称为现代成本会计。这一阶段的成本会计在成本核算、控制和分析的基础上又新增添了成本预测、决策、计划和考核的内容。

由此可见，现代成本会计的职能有成本核算、成本分析、成本预测、成本决策、成本计划、成本控制和成本考核七大职能。

1. 成本核算

成本核算是根据一定的成本计算对象，采用适当的成本计算方法，按照规定的成本项目，通过各项费用要素的归集和分配，计算出各种产品的总成本和单位成本的过程。成本核算是成本会计工作的中心，也是成本会计最基本的职能。成本核算的过程既是对产品生产过程中的各种耗费进行如实反映的过程，也是成本控制的过程。成本核算过程所提供的成本资料既是成本分析和考核的基础，也是编制成本计划、进行成本预测必不可少的依据。

2. 成本分析

成本分析是指根据成本核算提供的资料，将本期实际成本与计划成本、上年同期实际成本、本企业历史先进水平和国内外同类产品的成本水平进行比较，揭示成本差异，并分析形成差异的原因，以便采取适当的措施，改进管理，降低成本，提高经济效益。

3. 成本预测

成本预测是以有关成本资料为依据，综合考虑企业现有的经济技术条件、企业内外情况变化、市场状况及可能采取的措施等因素，采用一定的技术方法，对企业未来的成本水平及其发展趋势所进行的科学估计。成本预测可以减少成本管理的盲目性，提高成本管理的科学性。成本预测也是进行成本决策和编制成本计划的基础。

4. 成本决策

成本决策是根据成本预测提供的数据及其他相关资料，制订出若干降低成本或与成本有关的经营决策方案，运用一定的方法选出最优方案，确定目标成本的过程。做出最优成本决策是编制成本计划的前提，也是提高经济效益的途径。

5. 成本计划

成本计划是根据成本决策所确定的成本目标，具体规定出在计划期内为完成生产经营任务所应达到的成本水平，并提出为达到规定的成本水平所应采取的各项措施。成本计划是进行成本控制、分析和考核的依据。

6. 成本控制

成本控制是以成本计划为依据，采用各种有效方法，将成本发生和形成过程中各种影响成本的因素进行限制和监督，使之控制在计划范围之内，以保证成本计划的顺利执行。通过成本控制可以保证成本目标的实现。成本控制包括事前控制和事中控制。

7. 成本考核

成本考核是定期对成本计划的执行情况进行总结和评价。成本考核可以督促企业加强成本管理责任制，提高成本管理水平。由于成本考核一般与奖惩制度相结合，因此有利于调动各责任人的积极性。

成本会计的各项职能是相互联系、相互依存的。成本预测是成本决策的前提，成本决策是成本预测的目的；成本计划根据成本决策的成本目标来制订；成本控制对成本计划的执行情况进行监督；成本核算是对成本决策中的成本目标是否实现的检验；成本分析对成本决策的正确与否进行判断。在这七项职能中，成本核算是最基本、最重要的职能，没有它其他职能都无法进行。

（二）成本会计的任务

成本会计是企业经营管理的重要组成部分之一。因此成本会计的任务由企业的经营管理要求所决定，但还受到成本会计对象和职能的限制。根据企业的成本管理要求，适应成本会计对象和职能的特点，成本会计的任务如下。

（1）正确核算产品成本，如实反映企业的经营成果，并为经营决策提供依据。

（2）应用成本资料，对成本进行预测、决策、计划、控制、分析和考核，从而降低产品成本，提高企业经济效益。

三、成本会计的工作组织

（一）成本会计机构

成本会计机构是企业中直接从事成本会计工作的职能部门，是整个企业会计机构的一部分。成本会计机构的设置是否合理，关系到成本会计工作的质量和成本管理效果。成本会计机构的设置应与企业生产类型、规模的大小、业务量的多少相适应。

企业是否应设置成本会计机构没有明文的规定。对于规模较小的企业，可以不设成本会计机构，成本会计的职能由指定的成本会计人员来完成，成本会计人员纳入公司的会计机构管理。在大中型企业中，可以单独在财务部下设成本会计科，负责企业的成本会计工作。

成本会计机构的组织形式有集中管理和分级管理两种。

1. 集中管理组织形式

集中管理组织形式是指厂部的成本会计机构履行全部的成本会计职能。在这种形式下，企业的成本核算、预测、决策、计划、分析和考核等都集中到厂级会计机构进行，企业的生产部门不再配备或只配备兼职的成本核算人员，他们只负责填制原始凭证，并对原始凭证进行初步的审核、整理和汇总，为厂部成本核算提供资料。这种组织形式的最大优点是，厂部的成本会计部门可以及时掌握所有的成本信息，便于使用计算机集中处理成本数据，并减少成本会计机构的层次和成本会计人员的数量。它的缺点是，不便于直接从事生产经营活动的人员及时掌握本单位的成本信息，不利于基层人员增强成本意识，不利于调动他们自我控制成本和费用的积极性。

2. 分级管理组织形式

分级管理组织形式是将成本会计中的核算、计划、控制等工作下放给企业的各内部单位的成本会计机构或人员，基层成本会计机构或人员将基层的成本信息进行分类汇总，报上一级的成本会计机构或人员，最后汇总到总部的成本会计机构，对全厂成本会计进行汇总核算。同时，上一级的成本会计机构对下一级的成本会计机构进行指导、监督和考核。厂部成本会计机构负责进行成本预测和决策，并对全厂的成本进行综合的计划、分析和考核。这种组织形式的优点是利于调动一线人员参与成本管理的积极性，加强基层成本控制，缺点是会增加成本会计机构的层次和成本会计人员的数量。

企业在确定其成本会计工作组织形式时，要以企业自身规模大小和企业的管理要求为依据，以是否有利于发挥成本会计的职能作用、提高成本会计工作效率为出发点。一般来说，大中型企业采用分级管理组织形式，小型企业采用集中管理组织形式为宜。实际工作中也可以将两种形式结合起来应用，即对某些部门采用集中管理组织形式，而对另一些部门采用分级管理组织形式。

（二）成本会计人员

成本会计人员是专门从事成本会计工作的专业技术人员，成本会计机构必须配备好成本会计人员，这是企业会计核算和成本管理的双重要求。

成本会计人员不仅要精通业务，熟悉并认真执行有关方针、政策和法规，而且要深入生产第一线，了解生产工艺流程，对成本的形成过程有深刻的认识，才能理论结合实际，充分挖掘企业降低成本的潜力，使企业不断降低成本。成本会计人员还要积极参与企业的经营决策，提出改进企业生产经营管理的合理化建议。

（三）成本会计法规和制度

成本会计法规和制度是组织和从事成本会计工作必须遵循的工作规范，是会计法规和制度的重要组成部分。按照制定权限的不同，成本会计法规和制度可分为全国性的成本会计法规和制度和特定主体的成本会计制度。

全国性的成本会计法规和制度有《会计法》《企业会计准则》。这些会计法规和制度是对会计工作的基本要求，其中和成本会计有关的部分就是规范成本会计工作的重要依据。各企业都应认真遵守这些规章制度，才能使企业间的成本会计资料具有可比性。

另外，由于不同的企业生产经营特点和管理要求千差万别，因此各企业应根据自身的特点，在不违背全国性的会计法规和制度的前提下，制定本企业的内部成本会计制度，作为本企业进行成本会计工作的直接依据。企业内部成本会计制度一般包括以下内容。

（1）成本会计工作组织制度。包括成本会计机构的设置、分工及职责权限。

（2）成本核算制度。包括成本计算对象、成本计算方法的确定、科目的设置、成本项目的设置、在产品的计价方法、生产费用的归集和分配方法等。

（3）成本报表制度。成本报表的种类、格式、指标体系、编制方法、报送时间和报送对象等。

（4）成本定额、成本计划和费用预算的编制制度。

（5）成本分析、成本预测和决策制度。

任务三　产品成本核算概述

【知识储备】

一、产品成本核算的基本要求

（一）做好成本核算的基础工作

成本核算过程，既是对生产经营过程中的各种耗费进行归类反映的过程，也是为了满足企业管理要求进行信息反馈的过程，其重要性可见一斑。为了正确核算产品成本并进行成本控制，除了要遵循会计核算的一般原则外，还必须做好以下几项基础工作。

1. 原始记录

原始记录是反映企业生产经营活动的原始资料，也是进行成本核算和管理的原始依据。与成本有关的原始记录一般包括生产记录、考勤记录、设备利用记录和材料物资收发记录等。原始记录单据及程序的设置既要满足成本核算和管理的需要，又要简便易行。

2. 定额管理

企业要做好定额管理方面的工作。定额是企业在正常的生产条件下，对人力、物力、财力的配备及利用和消耗等所应遵守的标准或应达到的水平。定额按其反映的内容不同，分为工时定额、产量定额、材料消耗定额等。必要时，企业要根据当前的设备条件和技术水平，对定额进行及时的修订，这样才能发挥定额的作用。

3. 财产物资计量验收与盘点

企业要建立健全财产物资的计量验收和盘点制度。对于材料物资的收发、领退，均应填制相应的凭证，经过一定的审核，并经过计量和验收。另外，库存材料、半成品、产成品均应按规定进行盘点。这样，一方面防止财产物资的丢失，另一方面可以发现财产物资收发存过程中产生的错误，及时更正，查找漏洞，以便准核算产品成本。

4. 内部结算

为了加强成本管理责任制，考核企业内部各个部门的成本计划完成情况，分清各部门的经济责任，应对材料、半成品及劳务在部门间的转移进行内部结算，这就要求制定合理的内部结算价格。内部结算价格一般用产品的计划单位成本，也可以在计划单位成本的基础上适当加一部分利润。内部结算价格应尽可能接近实际并相对稳定，年度内一般不做调整。除了内部结算价格外，内部结算方式、内部结算货币等都需要明确。

（二）选用适当的成本计算方法

要使产品成本的计算结果接近实际，必须选用适当的成本计算方法。成本计算方法有多种，企业要根据自身生产特点以及管理的要求来选择，否则，容易造成产品成本失真，将无法进行成本分析和考核。目前，企业常用的成本计算方法有品种法、分批法、分步法、分类法和定额法。这些方法我们将在后文学习。

（三）正确确定财产物资的计价和价值结转方法

企业在生产经营过程中所消耗的财产物资的价值，会转移到产品成本和期间费用中。因此，产品成本和期间费用水平会受到财产物资的计价和价值结转方法的影响。例如，产品成本中的折旧，要受到固定资产的原值、折旧方法以及折旧率的影响；产品成本中的材料费，要受到材料发出计价方法的影响。因此，对于各种财产物资的计价和价值结转，均应采用合理的方法。国家有统一规定的应采用国家统一规定的方法，国家没有统一规定的，企业应根据财产物资的特点和管理需要，合理选择方法。

（四）对费用进行合理分类

为了正确地进行成本核算、科学地进行成本管理，必须对企业的费用进行合理的分类。费用的常用分类方法有按经济内容分类和按经济用途分类两种。

1. 按经济内容分类

企业在生产经营过程中发生的各种费用按经济内容，可以分为劳动对象方面的费用、劳动手段方面的费用和活劳动方面的费用三大类，被称为企业费用的三要素。为了更加具体地反映工业企业各种费用的构成和水平，还可以在此基础上进一步划分为以下八个费用要素。

（1）外购材料。企业耗用的从外部购进的各种原料及主要材料、半成品、辅助材料、包装物、修理用备品备件和低值易耗品等。

（2）外购燃料。企业耗用的从外部购进的各种燃料，包括固体、液体、气体燃料。

（3）外购动力。企业从外部购进的各种动力。

（4）职工薪酬。企业根据有关规定应付给职工的各种薪酬，包括工资、职工福利费、社会保险费、住房公积金、工会经费、职工教育经费、非货币性福利，以及外资企业按规定比例从净利润中提取的职工奖励和福利基金等。

（5）折旧费。企业按照有关规定计算的固定资产折旧费。

（6）利息费用。企业应计入财务费用的借款利息费用支出抵减存款利息收入后的净额。

（7）税金。企业应缴纳的各种税金，包括房产税、车船使用税、印花税和土地使用税等。

（8）其他费用。不属于上述要素的费用，如差旅费、邮电费、租赁费和外部加工费等。

按照上述费用要素反映的费用，称为要素费用。按照要素对费用进行分类，可以清楚地反映企业在一定时期内发生了哪些费用、各项费用金额是多少，可以据此分析这个时期费用的结构和各项费用水平；同时，这种分类反映了外购材料、外购燃料和职工薪酬的实际水平，可以为编制企业材料采购资金计划和劳动工资计划提供资料，为核定储备资金定额和储备资金周转速度提供资料。但是这种分类不能说明各种费用的用途，因此不便于分析这些费用支出是否节约、合理。

2. 按经济用途分类

企业发生的各种费用按经济用途，可以分为生产费用和期间费用。

生产费用应计入产品成本，按生产费用的用途不同，还可以划分为若干项目，这些项目构成了产品成本的主要内容，在会计上称为成本项目。成本项目可以是直接材料、燃料及动力、直接人工、制造费用等。企业可以根据自身特点设定成本项目。

（1）直接材料。直接用于产品生产，构成产品实体的原材料、主要材料，以及有利于产品形成的辅助材料（不单设"燃料动力"项目的企业还包括各种燃料）。

（2）燃料及动力。直接用于产品生产的外购或自制的燃料和动力。

（3）直接人工。直接参加产品生产的工人工资、按生产工人工资的一定比例计提的福利费、缴纳的社会保险和住房公积金等。这些人工费用根据实际发生数进行核算，按成本核算对象进行归集，根据原始凭证或原始凭证汇总表直接计入成本。

（4）制造费用。企业为产品生产或提供劳务而发生的各项间接费用，如车间管理人员的工资及福利费、车间厂房和机器设备的折旧费、租赁费、机物料消耗、水电费、办公费、停工损失和信息系统维护费等。

期间费用不计入产品成本，只计入损益。期间费用按经济用途可以分为管理费用、销售费用和财务费用三种。

（1）管理费用。企业行政管理部门为组织和管理生产经营活动而发生的各项费用。具体包括行政管理人员的职工薪酬、办公费、差旅费、办公设施折旧费、低值易耗品摊销、董事会会费、咨询费、诉讼费、排污费、绿化费、税金、无形资产摊销、长期待摊费用摊销、业务招待费等。

（2）销售费用。企业在销售产品过程中发生的费用以及专设销售机构的经费开支。具体包括广告费、展览费、运输费、装卸费、包装费、委托代销手续费、销售服务费、专设销售机构人员职工薪酬、差旅费、办公费、折旧费和低值易耗品摊销等。

（3）财务费用。企业为筹集资金而发生的费用。具体包括银行借款利息支出抵减存款利息收入后余额、汇兑净损失以及有关手续费支出等。

费用按经济用途分类，可以促使企业按经济用途考核各项费用定额或计划的执行情况，便于分析费用的发生是否节约、合理。

（五）正确划分各种费用界限

1. 正确划分应计入成本、费用的支出与不应计入成本、费用的支出

企业的生产经营活动的广泛性，决定了企业发生的各种耗费的用途是多方面的。在成本核算时，不能把企业所有的费用或支出都计入产品成本或期间费用中，而应当按照其用途，将这些费用或支出划分为应计入成本、费用的支出和不应计入成本、费用的支出。划分的原则：用于产品生产和销售、用于组织和管理生产经营活动及用于筹集生产经营资金而发生的各种费用（收益性支出），应计入成本、费用；而对于资本性支出、投资性支出、营业外支出及利润分配支出，不应计入成本、费用。

如何正确划分各个月份的费用界限

正确划分各种产品的费用界限

为了正确计算产品成本，企业既不能将不应计入产品成本的支出列入产品成本，虚增成本，减少企业利润，少纳税；也不能将应计入产品成本的支出少计或不计入产品成本，虚减成本，虚增利润，粉饰财务报告。

2. 正确划分生产费用与期间费用

生产费用计入产品成本，但是只有完工并销售出去的产品的生产费用，才会在计算会计利

润时扣除，但是在计算利润时，期间费用是可以全额扣除的。因此，一项费用是计入产品成本还是计入期间费用，对一个企业一定时期的利润是有影响的。为了正确计算企业一定时期的会计利润，应该正确划分生产费用与期间费用。划分的原则：用于产品生产的原材料费用、人工成本和相关制造费用，划分为生产费用，计入产品成本；用于组织和管理生产经营活动、产品销售、筹集资金而发生的费用，划分为期间费用，计入当期损益。

3. 正确划分各个月份的费用界限

在会计分期和权责发生制的要求下，企业是按月计算产品成本、期间费用和企业利润的，因此，在正确划分上述费用界限的基础上，还要分清哪些费用应由本月的产品成本和期间费用负担，哪些费用应由以后各月的产品成本和期间费用负担。划分的原则就是权责发生制原则：凡是应由本月产品负担的生产费用、期间费用，都应在本月入账，不得延迟入账；凡是应由本月产品和以后月份产品负担的生产费用和期间费用，要根据受益期限，跨期摊提到本月和以后各个月份。只有正确划分各个月份的费用界限，才能准确反映各个月份的产品成本和费用水平，便于后续的成本分析、决策与考核。

4. 正确划分各种产品的费用界限

多数企业的产品品种较多样化。为了给各种产品制定合理的价格，并分析、考核各种产品的成本计划、成本定额的完成情况，企业还要单独核算各种产品的产品成本。这就要求对计入当月产品成本的生产费用在各种产品之间进行分配。分配的原则：能够分清是由某种产品单独发生的生产费用，直接计入该种产品的成本；几种产品共同发生的生产费用，要采用一定的分配方法，分配计入各种产品的成本。在划分各种产品的费用界限时，要特别注意划分盈利产品与亏损产品、可比产品与不可比产品的费用界限，不能在这些产品之间任意增减费用、以盈补亏、弄虚作假，否则，将影响后续的成本分析、决策与考核。

5. 正确划分完工产品与在产品的费用界限

通过上述费用界限的划分，按产品品种归集了本月的生产费用。到了月末，如果该种产品全部完工，那么该种产品所归集的全部生产费用就是该种产品的完工产品成本；如果该种产品全部未完工，则该种产品所归集的全部生产费用就是该种产品的月末在产品成本。但是上述两种情况都较少发生，一般概况下，都是本月既有完工产品又有未完工产品（月末在产品）。这就要求将该种产品的生产费用，采用一定的方法在完工产品与月末在产品之间进行分配，这种方法的选择要具有合理性，要防止任意提高或降低月末在产品成本，认为调节完工产品成本的做法。

综上所述，我们可以看出，费用界限的划分过程几乎就是产品成本的计算过程。费用划分得正确与否，直接影响到产品成本计算的准确性，从而最终影响企业的利润。因此，上述费用界限的划分对于成本计算来说至关重要。

二、产品成本核算的账户设置及账务处理程序

（一）产品成本核算的账户设置

为了归集生产费用、核算产品成本，企业应当设置相关的总账账户及其明细账户。账户设置方式有以下两种：

第一种：设置"生产成本"总账账户，用以核算企业进行产品生产所发生的各项生产费用，并在"生产成本"账户下设置"基本生产成本"和"辅助生产成本"两个二级明细账户。

第二种：直接将上述"基本生产成本"和"辅助生产成本"两个二级明细账上升为总账，不再单独设置"生产成本"总账账户。本教材就是采用这种方式进行账户设置的。

1. "基本生产成本"账户的设置

基本生产是指为完成企业主要生产目的而进行的产品生产活动。"基本生产成本"账户是为了归集基本生产过程中发生的各种生产费用，计算基本生产的产品成本而设置的。

该账户的月初余额为月初在产品所占用的生产费用，借方发生额为本月发生的料、工、费等生产费用，贷方发生额为完工入库的产品成本，月末余额在借方，为月末在产品所占用的生产费用。该账户应按照基本生产车间和成本核算对象（产品的品种、类别、批别、生产阶段等）分设基本生产成本明细账。例如，在品种法核算方式下，一个企业有第一车间和第二车间两个基本生产车间，第一车间生产A、B两种产品，第二车间生产C、D两种产品，则在基本生产总账下按车间来设二级明细账，按产品来设三级明细账。其设置如下：

基本生产成本——第一车间——A产品
　　　　　　　　　　　　——B产品
　　　　　　——第二车间——C产品
　　　　　　　　　　　　——D产品

在基本生产成本明细账中，应按成本项目分设专栏，归集各种产品各个成本项目发生的费用。表1-1是基本生产成本明细账简表。

表 1-1　基本生产成本明细账

车间：第一车间

产品：A产品　　　　　　　　　　　　　　　　　　　　　　　　　　金额单位：元

20××年		凭证号数	摘要	借方				贷方	余额
月	日			直接材料	直接人工	制造费用	合计		
3	1		月初余额	11 000	4 600	2 500	18 100		18 100
3	31	略	分配材料费用	48 000			48 000		66 100
1	31	略	分配人工费用		17 000		17 000		83 100
1	31	略	分配福利费用		2 380		2 380		85 480

续表

20××年		凭证号数	摘 要	借 方				贷 方	余 额
月	日			直接材料	直接人工	制造费用	合 计		
1	31	略	分配保险费用等		5 100		5 100		90 580
1	31	略	分配制造费用			12 000	12 000		102 580
1	31		本月生产费用合计	59 000	29 080	14 500	102 580		102 580
1	31	略	结转完工产品成本	−47 000	−28 000	−13 900	−88 900	88 900	13 680
1	31		月末在产品成本	12 000	1 080	600	13 680		13 680

基本生产成本总账、二级账和明细账应按照平行登记的规则进行登记。二级账还可以配合车间经济核算，为考核和分析各车间的产品总成本提供资料。

2．"辅助生产成本"账户的设置

辅助生产是指为基本生产部门、企业管理部门和其他部门提供产品生产或劳务供应。例如，为基本生产提供生产工具、模具、修理用件等服务，或为基本生产提供维修、运输、供水、供电等服务。当然，辅助生产提供的产品或劳务有时也对外销售，但这并非其主要目的。辅助生产部门发生的辅助生产成本在"辅助生产成本"账户核算。

"辅助生产成本"账户借方登记为进行辅助生产而发生的各项费用，贷方登记完工入库产品成本和分配转出的劳务费用，期末如有余额应在借方，表示辅助生产的在产品成本。该账户应按照辅助生产车间、产品或劳务分设明细账，账中还要按成本项目设专栏归集生产费用，成本项目可以是直接材料、直接人工、制造费用、折旧费用、办公费用、保险费用、机物料消耗等。实际工作中，企业可以根据自身辅助生产车间的特点和管理需要来设置成本项目。辅助生产成本明细账的格式与基本生产成本明细账大体相同，如表1-2所示。

表1-2 辅助生产成本明细账

车间名称：供电车间　　　　　　　　　　　　　　　　　　　　　　　金额单位：元

20××年		凭证号数	摘 要	借 方							贷 方	余 额
月	日			直接材料	直接人工	折旧费	办公费	保险费	机物料消耗	借方合计		
3	31	略	分配材料费用	23 000						23 000		23 000
3	31	略	分配工资薪酬		50 000					50 000		73 000
3	31	略	分配福利费用		7 000					7 000		80 000
3	31	略	分配保险费用等					800		800		80 800
3	31	略	分配折旧费用			2 000				2 000		82 800
3	31	略	分配办公费用				500			500		83 300

续表

20××年		凭证号数	摘　　要	借　　方						借方合计	贷　方	余　额
月	日			直接材料	直接人工	折旧费	办公费	保险费	机物料消耗			
3	31	略	分配低值易耗品						1 500	1 500		84 800
			本月合计	23 000	57 000	2 000	500	800	1 500	84 800		84 800

3. "制造费用"账户的设置

为了归集和分配各车间发生的制造费用，还应设置"制造费用"总账账户。"制造费用"账户按车间来设二级明细。一般来讲，基本生产车间应设"制造费用"二级账；辅助生产车间可设"制造费用"二级账，也可以不设"制造费用"二级账，根据企业具体情况来设置。制造费用明细账的格式和辅助生产成本明细账类似，请参照表 1-2。

（二）产品成本核算的账务处理程序

1. 分配各项要素费用

分配各项要素费用，是指分配材料费用、分配燃料动力费用、分配职工薪酬、分配折旧费用、办公费用等各项要素费用，将要素费用计入核算对象的成本账户。

成本核算的一般程序流程

2. 分配辅助生产成本

分配辅助生产成本，是指将某辅助生产车间归集的生产成本分配计入其他辅助生产车间的成本账户、基本生产成本明细账或制造费用明细账。

3. 分配废品损失和停工损失

对单独设置"废品损失"和"停工损失"总账科目的企业，还要将不可修复废品成本从"基本生产成本"转入"废品损失"科目，将废品净损失从"废品损失"科目转入"基本生产成本"的"废品损失"项目单独核算。

4. 分配制造费用

分配制造费用，是指应用一定的分配方法，按核算对象来分配制造费用，计入基本生产成本明细账。

5. 结转完工产品和自制半成品成本

结转完工产品和自制半成品成本，是指将完工产品和自制半成品成本从基本生产成本或辅助生产成本账户转入"库存商品"或"自制半成品"账户。

6. 计算完工产品成本

计算完工产品成本，是指编制"成本计算单"，根据完工产品总成本和完工产品数量，计算单位完工产品成本。

成本会计的发展趋势

现代企业成本会计发展趋势表现在成本会计的信息化、成本会计核算的作业化和成本会计的国际化三个方面。

1. 成本会计的信息化

随着现代信息技术的发展,信息化管理和数字化管理已经成为现代成本会计发展的必然趋势。财务共享中心的建立,必然给成本核算带来巨大的变革,从而提升成本会计的工作效率以及成本核算的准确率,使繁杂的会计账目登记、核对、查询与使用都更加便利,进而为企业的财务部门节省大量的人力、物力和财力。因此,在当今的信息化时代,成本会计的信息化进程必然会进一步加快。

2. 成本会计核算的作业化

传统成本会计进行核算时,将费用按照制造车间作为分配对象,这一核算方法较为粗糙,成本控制的效率较低,无法帮助企业做好成本控制工作。为了提升会计核算的成本控制效率,现代企业成本会计按照生产流程和工艺对成本进行核算,根据流程和工艺对成本进行细分,尤其是根据不同产品的生产流程进行细分,能够从作业和流程方面清晰地看出费用的耗费。信息技术的发展必将推进成本作业化进程。

3. 成本会计的国际化

随着我国会计准则国际化程度的提升、跨国贸易的加强,世界各国公司不断涌入国内市场,国内企业走出国门。成本会计同样强调管理的功能,并且通过利用先进的会计核算方法同世界各国之间进行交易。由于我国成本会计核算方法认可度较低,因此,国家不断实现会计核算方法和国际会计准则趋同,这也推动了成本会计的国际化。

基础知识测评

一、单项选择题

1. 成本会计的发展经历了（　　）个发展阶段。
   A. 两　　　　　B. 三　　　　　C. 四　　　　　D. 五

2. 根据成本决策所确定的成本目标,具体规定出在计划期内为完成生产经营任务所应达到的成本水平,是（　　）。
   A. 成本预测　　　　　　　　B. 成本控制
   C. 成本计划　　　　　　　　D. 成本分析

3. （　　）是指生产者为制造一定数量、一定种类的产品而发生的以货币表现的各种耗费。
   A. 费用　　　　　　　　　　B. 成本

C．生产费用　　　　　　　　　　D．产品成本

4．（　　）是保证成本会计工作质量的前提。

A．对费用进行合理分类　　　　　B．正确确定财产物资的计价和价值结转方法

C．做好成本核算的基础工作　　　D．正确划分各种费用界限

5．为了正确核算企业各种产品、自制半成品生产过程中所发生的各项费用，应设置（　　）账户。

A．产品成本　　　　　　　　　　B．生产成本或基本生产成本

C．生产费用　　　　　　　　　　D．辅助生产成本

6．产品成本项目由（　　）。

A．国家统一规定

B．企业根据生产工艺特点和管理要求自行确定

C．财政部发布的有关文件的规定来确定

D．企业的主管部门来确定

7．下列属于产品成本项目的是（　　）。

A．直接材料　　　　　　　　　　B．期间费用

C．办公费用　　　　　　　　　　D．折旧费用

8．将资本性支出计入当期损益（　　）。

A．只影响产品成本，不影响期间费用

B．对产品成本有影响，对损益没有影响

C．同时影响产品成本和期间费用，虚减当期利润

D．同时影响产品成本和期间费用，虚增当期利润

9．下列不能计入产品成本的项目是（　　）。

A．产品耗用的材料费　　　　　　B．期间费用

C．生产工人工资和福利费　　　　D．厂房、生产设备的折旧费

10．下列说法不正确的是（　　）。

A．制造费用应计入生产费用

B．资本性支出应分期计入损益

C．收益性支出应当期计入损益

D．无论是资本性支出还是收益性支出都应当期计入损益

二、多项选择题

1．可作为成本项目的有（　　）。

A．直接材料　　B．直接人工　　C．生产费用　　D．制造费用

2．成本会计的任务是（　　）。

A．正确核算产品成本，如实反映企业的经营成果

B．为企业经营决策提供依据

C．对成本进行预测、决策、计划、控制、分析和考核

D．为企业外部会计信息使用者服务

3．成本会计机构的组织形式有（　　）。

A．集中管理　　　B．对口管理　　　C．分级管理　　　D．分散管理

4．成本会计的职能有（　　）。

A．成本核算　　　B．成本分析　　　C．成本计划　　　D．成本控制

5．企业内部成本会计制度包括（　　）。

A．成本预测和决策制度

B．成本核算制度

C．成本定额的编制制度

D．成本分析报告制度

6．成本会计的基础工作包括（　　）。

A．原始记录工作　　　　　　B．定额管理工作

C．财产物资的收发存　　　　D．成本分析

7．费用的常用分类方法有（　　）。

A．按费用与生产工艺的关系分类

B．按费用发生的空间分类

C．按费用的经济内容或经济性质分类

D．按费用的经济用途分类

8．（　　）的工资及福利费应由产品成本负担。

A．行政管理人员　　　　　　B．独立销售机构的工作人员

C．车间生产工人　　　　　　D．车间管理人员

9．产品生产成本的构成内容有（　　）。

A．直接材料　　　　　　　　B．直接人工

C．管理费用　　　　　　　　D．制造费用

10．下列不应计入产品成本或期间费用的支出有（　　）。

A．生产产品发生的制造费用　　B．广告费用

C．给地震灾区的捐款　　　　　D．违法排污被处以的罚款

三、判断题

1．费用分为生产费用和期间费用两大类。　　　　　　　　　　　　　　　（　　）

2．资本性支出可以全部在当期抵减收益，而收益性支出可以在一定会计期间分期抵减各期收益。　　　　　　　　　　　　　　　　　　　　　　　　　　　　　　（　　）

3．生产费用就是产品成本，二者没有什么区别。　　　　　　　　　　　（　　）

4．成本会计机构的组织形式有集中管理和分级管理两种方式。　　（　）

5．成本控制是根据成本决策所确定的成本目标，具体规定出在计划期内为完成生产经营任务，所应达到的成本水平。　　（　）

6．费用按经济内容，可以分为直接材料、直接人工和制造费用。　　（　）

7．费用按经济内容分类，不便于分析这些费用是否节约、合理。　　（　）

8．成本预测是成本决策的结果，正确的成本决策是进行成本预测的前提。　　（　）

9．生产费用按经济用途，可以分为直接材料、直接人工和制造费用三个成本项目。
　　（　）

10．本期的生产费用在计算会计利润时可以全部扣除。　　（　）

项目二
生产费用的归集与分配

岗位要求

知识要求：

1. 掌握材料费用的归集和分配方法。
2. 掌握外购动力费用的归集和分配方法。
3. 掌握职工薪酬的归集和分配方法。
4. 掌握折旧和其他费用的归集和分配方法。
5. 掌握辅助生产费用的归集和分配方法。
6. 掌握制造费用的归集和分配方法。
7. 掌握生产损失的归集和分配方法。

技能要求：

1. 能够合理进行材料费用的归集，并根据企业材料耗用的实际情况，正确选择材料费用的分配方法来对材料费用进行分配。
2. 能够合理地进行外购动力费用的归集与分配。
3. 能够合理进行人工费用的归集，并根据企业人工费用发生的实际情况，正确选择人工费用的分配方法来对人工费用进行分配。
4. 能够合理进行折旧及其他费用的归集和分配。
5. 能够合理进行辅助生产费用的归集，根据企业辅助生产的特点，正确选择辅助生产费用的分配方法来对辅助生产费用进行分配。
6. 能够合理进行制造费用的归集，根据企业制造费用发生的特点，正确选择制造费用的分配方法来对制造费用进行分配。
7. 能够根据企业产品生产过程自身的特点，合理选用生产损失的核算方法，对生产损失进行正确核算。

任务一　材料费用的归集与分配

【知识储备】

一、材料费用的内容

材料费用包括企业生产经营过程中耗费的原材料和周转材料两大类。原材料又分为原料及主要材料、辅助材料、备品备件、外购半成品、燃料等类别。周转材料又包括低值易耗品和包装物。

二、科目的设置

首先，企业一般设置"原材料"一级科目，对原材料进行总分类核算，该科目下设"原料及主要材料""辅助材料""备品备件""燃料"等二级明细科目，而"原料及主要材料"等二级科目下可以根据实际材料种类设置三级明细科目。

其次，企业还会设置"周转材料"一级科目，该科目下设"低值易耗品"和"包装物"两个二级科目，分别对低值易耗品和包装物进行核算，该二级科目下还应按照低值易耗品和包装物的种类设置三级明细科目。

一般来讲，上述一级科目和二级科目可以采用三栏式明细账，而末级明细科目应采用数量金额式明细账，进行材料的明细核算。

三、原材料费用的分配原则

原材料是指企业通过采购或其他方式取得的用于制造产品并构成产品实体的物品（原料及主要材料），以及取得的供产品生产耗用但不构成产品实体的辅助材料、燃料等。这些材料在生产经营活动中有着不同的用途，即使同种材料也会有不同的用途。那么，这些材料发生后该由谁负担，负担多少，是成本核算要解决的重要问题之一。

通常情况下，原材料费用的分配是按用途、部门和受益对象来分配的。具体分配标准如下：

（1）用于产品生产的材料费用，应由基本生产的各种产品负担，计入"基本生产成本"总账及其明细账的相关成本项目。

（2）用于辅助生产的材料费用，应由辅助生产的产品或劳务负担，计入"辅助生产成本"总账及其明细账（或辅助生产的制造费用明细账）的相关成本项目。

（3）用于维护生产设备的材料费用，应由产品或劳务负担，但是由于不能直接计入"基本生产成本"或"辅助生产成本"，首先在"制造费用"中归集，然后再分配计入"基本生产成本"或"辅助生产成本"。

（4）用于企业行政部门的材料费用，应由管理费用负担，计入"管理费用"账户的有关费用项目。

（5）用于销售部门的材料费用，应由销售费用负担，计入"销售费用"账户的有关费用项目。

四、原材料费用的分配方法

一般来讲，凡是能分辨出原材料费用承担对象（产品或部门）的，应直接计入该承担对象的生产成本明细账；对于由几种产品共同耗用的材料费用，应采用适当的分配方法，分配计入各有关产品的成本。在这种情况下，分配方法的选择对成本核算的重要性有一定的影响。由于在生产过程中，原料和主要材料的耗用量一般与产品的重量、体积有关，因此可以按产品的重量比例分配；如果材料的消耗定额比较准确，可以按照材料的定额消耗量或定额费用比例来分配材料费用。当然，如果不同产品对该种材料的单位消耗量相同，也可以按产量比例分配。原材料费用的分配方法主要有如下四种。

1. 按产品的重量（或体积）比例分配

如果在产品的重量或体积构成中，该种待分配的原材料所占比重较大，就可以按产品的重量比例或体积比例分配材料费用。该分配方法的计算公式如下：

某种产品的总重量（或体积）=该种产品实际产量×单位产品重量（或体积）

$$材料重量（或体积）分配率 = \frac{原材料费用总额}{各种产品重量（或体积）之和}$$

某种产品应分配的材料费用=该种产品的总重量（或体积）×材料重量（或体积）分配率

2. 按产品的定额耗用量比例分配

如果产品的材料的消耗定额比较准确稳定，可以采用这种分配方法分配材料费用。该分配方法的计算公式如下：

某种产品材料定额耗用量=该种产品实际产量×单位产品材料消耗定额

$$材料耗用量分配率 = \frac{各种产品共同耗用的材料费用}{各种产品材料定额耗用量之和}$$

某种产品应分配的材料费用=该种产品的材料定额耗用量×材料耗用量分配率

3. 按产品的定额费用比例分配

如果产品的材料的消耗定额比较准确稳定，但各种产品共同耗用的原材料种类较多，可以按产品的定额费用比例来分配材料费用。该分配方法的计算公式如下：

某种产品某种材料定额费用=该种产品实际产量×单位产品该种材料费用定额
=该种产品实际产量×单位产品该种材料消耗定额×该种材料计划单价

$$材料费用分配率 = \frac{原材料实际费用总额}{各种产品材料定额费用之和}$$

某种产品应分配的材料费用 = 该种产品各种材料定额费用之和 × 材料费用分配率

4. 按产品的产量比例分配

如果几种产品共同耗用一种原材料,而这几种产品该种原材料的材料消耗定额相同,或基本相同,则可以按产量比例来分配材料费用。该分配方法的计算公式如下:

$$材料分配率 = \frac{原材料费用总额}{各种产品产量之和}$$

某种产品应分配的材料费用 = 该种产品的产量 × 材料分配率

五、低值易耗品的分配

1. 低值易耗品的分配原则

(1)直接为某种产品生产耗用的,直接计入基本生产成本的"直接材料"项目,如为生产某种产品领用的专用工具。

(2)基本生产车间领用的通用工具及一些管理用具,其价值先计入该生产车间的制造费用,然后通过对制造费用的分配计入产品成本。

(3)辅助生产车间领用的通用工具,其价值先计入该车间的辅助生产成本,然后通过对辅助生产费用的分配计入产品成本。

2. 低值易耗品的分配方法

低值易耗品的分配方法有一次摊销法和五五摊销法两种。

一次摊销法的会计分录如下。

借:基本生产成本——某车间——某产品
　　辅助生产成本
　　制造费用
　贷:周转材料——低值易耗品——在库

五五摊销法的会计分录如下。

领用时:

借:周转材料——低值易耗品——在用　　　　　　　　　　100%
　贷:周转材料——低值易耗品——在库　　　　　　　　　　100%
借:制造费用(辅助生产成本等)　　　　　　　　　　　　　50%
　贷:周转材料——低值易耗品——摊销　　　　　　　　　　50%

报废时：

借：制造费用（辅助生产成本等） 50%
　　贷：周转材料——低值易耗品——摊销 50%
借：周转材料——低值易耗品——摊销 100%
　　贷：周转材料——低值易耗品——在用 100%

六、包装物的分配

包装物的分配原则如下。

（1）生产领用包装物形成产品的组成部分的，计入"基本生产成本"账户的"直接材料"成本项目。

（2）随同产品销售的不单独计价的包装物，计入"销售费用"账户。

（3）随同产品销售的单独计价的包装物，计入"其他业务成本"账户。

包装物的分配方法同低值易耗品，不再赘述。

【任务案例 2-1】应用定额耗用量比例法分配材料费用

世纪伟业箱包有限责任公司设有背包和旅行箱两个基本车间，背包车间生产男士背包、女士背包两种产品；旅行箱车间生产男士旅行箱、女士旅行箱两种产品。该企业设有两个辅助生产车间：供电车间和维修车间（掌握知识规律应该是由简到繁，从这个角度考虑，本案例的设计比实际生产过程要简单得多。例如，女士背包还应该有多种型号样式，本案例并没有展开，否则生产成本明细账级次较多）。20××年2月末，该企业的成本会计收到了系统转来的背包车间领用原料及主要材料汇总表（见表2-1）。另外，系统显示的定额资料和产量记录如表2-2、表2-3所示。用定额耗用量比例法分配共同耗用材料费。

表 2-1　背包车间领用原料及主要材料汇总表

20××年2月　　　　　　　　　　　金额单位：元

材料名称	规格	单位	计划单价	男士背包 数量（个）	男士背包 金额	女士背包 数量（个）	女士背包 金额	共同耗用 数量（个）	共同耗用 金额	合计 数量（个）	合计 金额
PVC	140×140	平方米	90	260	23 400					260	23 400
PU	140×100	平方米	20			250	5 000			250	5 000
牛皮革	30×60,1mm	平方米	840					550	462 000	550	462 000
衬布	1.2	米	15					255	3 825	255	3 825
内隔板	100×60	平方米	8					275	2 200	275	2 200
合计					23 400		5 000		468 025		496 425

主管：　　　　　　　　　审核：　　　　　　　　　制表：

表2-2 定额资料

20××年1月　　　　　　　　　　　　　　　　　　　金额单位：元

材料名称	规格	单位	计划单价	男士背包 单位消耗定额	男士背包 单位成本定额	女士背包 单位消耗定额	女士背包 单位成本定额
PVC	140×140	平方米	90	0.5	45.00		
PU	140×100	平方米	20			0.4	8.00
牛皮革	30×60,1mm	平方米	840	0.6	504.00	0.4	336.00
衬布	1.2	米	15	0.4	6.00	0.2	3.00
内隔板	100×60	平方米	8	0.3	2.40	0.2	1.60
合　计					557.40		348.60

主管：　　　　　　　　　　　审核：　　　　　　　　　　　制表：

表2-3 产量记录

20××年2月　　　　　　　　　　　　　　　　　　　单位：个

产品	期初在产品	本月投产	本月完工	月末在产品
男士背包	60	500	480	80
女士背包	45	600	645	0

【任务实施】

步骤1：求各种产品的材料定额消耗量（牛皮革）。

在定额资料和产量记录中很容易能查到单位消耗定额和产品产量。

男士背包的材料定额消耗量=产量×单位消耗定额=500×0.6=300（平方米）

女士背包的材料定额消耗量=产量×单位消耗定额=600×0.4=240（平方米）

步骤2：计算材料分配率。

牛皮革分配率=各种产品共同耗用的材料费÷各种产品材料定额消耗量之和
　　　　　　=462 000÷（300+240）=855.56（元/平方米）

步骤3：计算各种产品耗用的牛皮革费用。

男士背包负担的牛皮革费用=材料分配率×该产品材料定额消耗量
　　　　　　　　　　　　=855.56×300 =256 668（元）

女士背包负担的牛皮革费用=462 000–256 668=205 332（元）

步骤4：编制材料费用分配表。

分配结果如表2-4~表2-6所示。

表 2-4 原材料费用分配表

车间：背包车间　　　　　　　　　　20××年2月　　　　　　　　　　材料名称：牛皮革

产品名称	产量（个）	单位消耗定额（平方米/个）	定额消耗量（平方米）	分配率（元/平方米）	分配额（元）
男士背包	500.00	0.60	300.00		256 668.00
女士背包	600.00	0.40	240.00		205 332.00
合　　计			540.00	855.56	462 000.00

表 2-5 原材料费用分配表

车间：背包车间　　　　　　　　　　20××年2月　　　　　　　　　　材料名称：衬布

产品名称	产量（个）	单位消耗定额（平方米/个）	定额消耗量（平方米）	分配率（元/平方米）	分配额（元）
男士背包	500.00	0.40	200.00		2 390.00
女士背包	600.00	0.20	120.00		1 435.00
合　　计			320.00	11.95	3 825.00

表 2-6 原材料费用分配表

车间：背包车间　　　　　　　　　　20××年2月　　　　　　　　　　材料名称：内隔板

产品名称	产量（个）	单位消耗定额（平方米/个）	定额消耗量（平方米）	分配率（元/平方米）	分配额（元）
男士背包	500.00	0.30	150.00		1 222.50
女士背包	600.00	0.20	120.00		977.50
合　　计			270.00	8.15	2 200.00

主管：　　　　　　　　审核：　　　　　　　　制表：

通过上述分配，男士背包分得原料及主要材料费用=256 668+2 390+1 222.5=260 280.5（元）。女士背包分得的原料及主要材料费用=205 332+1 435+977.5=207 744.5（元）。

【任务案例 2-2】应用定额费用比例法分配材料费用

引用任务案例 2-1 的资料。世纪伟业公司原材料采用计划成本计价，本月材料成本差异率为+1%。应用定额费用比例法分配背包车间的原料及主要材料费用，并编制材料费用分配表。

【任务实施】

步骤1：计算各种产品各种材料的定额费用。

如前所述，在定额资料和产量记录中很容易查到单位消耗定额和产品产量，则：

男士背包耗用牛皮革的定额费用=产品产量×单位产品材料消耗定额×材料单价
　　　　　　　　　　　　　=500×0.6×840=252 000（元）

男士背包耗用衬布的定额费用=500×0.4×15=3 000（元）
男士背包耗用内隔板的定额费用=500×0.3×8=1 200（元）
男士背包定额费用小计=252 000+3 000+1 200=256 200（元）
同理，可以算出女士背包定额费用小计为 204 360 元。

步骤 2：计算材料费用分配率。

材料费用分配率=各种材料实际费用总额÷各种产品各种材料定额费用之和
=468 025÷（256 200+204 360）=1.02（元/平方米）

步骤 3：计算各种产品应负担的材料费用。

男士背包负担的材料费用=1.02×256 200=261 324（元）
女士背包负担的材料费用=468 025−261 324=206 701（元）

步骤 4：编制材料费用分配表。

该方法编制的原材料费用分配表如表 2-7 所示（旅行箱车间、辅助生产车间领料表略）。

表 2-7 原材料费用分配表

20××年 2 月 金额单位：元

应借账户		成本费用项目	直接计入	间接计入			合 计
				定额费用	分配率	分配额	
基本生产成本	背包车间	男士背包	直接材料	23 400.00	256 200.00		261 324.00	284 724.00
		女士背包	直接材料	5 000.00	204 360.00		206 701.00	211 701.00
		小 计		28 400.00	460 560.00	1.02	468 025.00	496 425.00
	旅行箱车间	男士旅行箱	直接材料	284 500.00				284 500.00
		女士旅行箱	直接材料	246 100.00				246 100.00
		小 计		530 600.00				530 600.00
	小 计			559 000.00				1 027 025.00
辅助生产成本	维修车间		直接材料	1 100.00				1 100.00
	供电车间		直接材料	900.00				900.00
	小 计			2 000.00				2 000.00
制造费用	背包车间		机物料	200.00				200.00
	旅行箱车间		机物料	320.00				320.00
	小 计			520.00				520.00
合 计				561 520.00	0.00	0.00	468 025.00	1 029 545.00

【任务案例 2-3】材料费用分配汇总表的编制及业务处理

根据世纪伟业公司 20××年 2 月原材料费用分配表、低值易耗品分配表以及辅助材料费用分配表、备品备件分配表、包装物分配表,编制材料费用分配汇总表(辅助材料费用分配表、低值易耗品分配表、备品备件分配表、包装物分配表略)。

【任务实施】

步骤1:根据上述分配表编制材料费用分配汇总表(见表2-8)。

表2-8 材料费用分配汇总表

20××年2月　　　　　　　　　　　　　　　　　　　　　金额单位:元

应借账户			原料及主要材料	辅助材料	备品备件	低值易耗品	包装物	计划成本合计	成本差异	实际成本合计
基本生产成本	背包车间	男士背包	284 724	2 480			480	287 684	2 876.84	290 560.84
		女士背包	211 701	1 900			420	214 021	2 140.21	216 161.21
		小　计	496 425	4 380			900	501 705	5 017.05	506 722.05
	旅行箱车间	男士旅行箱	284 500	2 600			880	287 980	2 879.80	290 859.80
		女士旅行箱	246 100	2 300			620	249 020	2 490.20	251 510.20
		小　计	530 600	4 900			1 500	537 000	5 370.00	542 370.00
	小　计		1 027 025	9 280			2 400	1 038 705	10 387.05	1 049 092.05
辅助生产成本	供电车间		1 100		400	280		1 780	17.80	1 797.80
	维修车间		900			320		1 220	12.20	1 232.20
	小　计		2 000		400	600		3 000	30.00	3 030.00
制造费用	背包车间		200		130	450		780	7.80	787.80
	旅行箱车间		320		220	700		1 240	12.40	1 252.40
	小　计		520		350	1 150		2 020	20.20	2 040.20
合　计			1 029 545	9 280	750	1 750	2 400	1 043 725	10 437.25	1 054 162.25

步骤2:根据材料费用分配汇总表编制如下会计分录:

借:基本生产成本——背包车间——男士背包　　　　290 560.84
　　　　　　　　　　　　　　——女士背包　　　　216 161.21
　　　　　　　　——旅行箱车间——男士旅行箱　　290 859.80
　　　　　　　　　　　　　　　——女士旅行箱　　251 510.20
　　辅助生产成本——维修车间　　　　　　　　　　1 797.80
　　　　　　　　——供电车间　　　　　　　　　　1 232.20
　　制造费用——背包车间　　　　　　　　　　　　787.80
　　　　　——旅行箱车间　　　　　　　　　　　　1 252.40
　　贷:原材料——原料及主要材料　　　　　　　　　　　　　1 029 545.00

——辅助材料	9 280.00
——备品备件	750.00
周转材料——低值易耗品	1 750.00
——包装物	2 400.00
材料成本差异	10 437.25

提示

按会计实务的要求，一般不编制这样多借多贷的分录，这里是为了编排的方便才这样编制的，后面也有类似的情况。

知识窗

材料发出的计价方法有按实际成本计价和按计划成本计价两种。在会计实务中，企业应根据企业规模大小、材料品种多少、收发业务的繁简程度来确定采用哪种方法。

材料按实际成本计价是指每种材料的收发存，都按其取得时的实际成本计价，按实际成本计价材料的发出可以采用先进先出法、加权平均法、移动加权平均法和个别计价法。

材料按计划成本计价是指每种材料的收发存，都按照预先确定的计划成本计价。到月末，再将发出材料的计划成本调整为实际成本。这种方法适用于材料品种、规格复杂繁多，核算工作量较大的情况。

任务拓展训练

训练1：掌握材料费用的分配方法。

某企业本月生产A、B两种产品分别为200件和300件，两种产品共同耗用甲材料1 250千克，该材料的实际成本为20元/千克，该材料单位消耗定额A、B两种产品分别为每件3千克和2千克。（假定A材料不构成A、B两种产品的实体，在A、B两种产品中的重量比重都不大。）

要求：根据上述业务资料分配材料费用，列示计算过程。

训练2：掌握低值易耗品费用的分配方法。

1．某企业3月低值易耗品领用情况如下：基本生产车间领用生产甲产品的专用工具一批，价值1 600元，领用通用工具一批，价值1 200元，供电车间领用劳保用品500元。该企业对低值易耗品采用一次摊销法进行摊销，编制一次摊销会计分录。

2．某企业3月基本生产车间领用管理用具一批，价值1 000元，采用五五摊销法；4月，原3月基本生产车间领用的管理用具报废，4月没有其他领用记录。编制3月、4月分配低值易耗品的会计分录。

任务二　外购动力费用的归集与分配

【知识储备】

一、外购动力费用的内容

外购动力主要指外购的电力、热力等。外购动力实际上也相当于外购材料，只是没有实实在在的实物存在。因此，在会计核算上，外购动力与材料核算相比，既有相同之处，也有不同之处。相同之处是外购动力费用也可以计量，并根据用途计入有关成本费用账户；不同之处是，由于外购动力没有实物形态，因此，没有收、发、存环节的核算，而是在外购时，根据具体用途直接计入相关的成本费用账户。在实际工作中，由于外购动力付款期与成本费用核算期不一致，即外购动力的付款期在下月初，而成本费用的核算期在本月末，因此，在月末计入成本费用时并没有付款，先计入"应付账款"账户，等到下月初付款时，再从应付账款转出。

二、外购动力费用的分配原则

为了加强对能源的核算和管理，对于燃料与动力费较大的企业，一般将生产用动力与生产用燃料合设一个"燃料与动力"成本项目，因此，用于产品生产的外购动力费用应单独计入"基本生产成本"的"燃料与动力"成本项目。

外购动力费用的分配原则是，在不同受益单位或对象有仪表记录耗用量的情况下，应根据仪表所示的耗用数量以及动力的单价，计算受益金额，直接计入受益单位的成本、费用；在没有仪表记录耗用量的情况下，则要按照一定的标准分配计入受益对象，可以按照生产工时比例、机器功率时数（机器功率×机器时数）比例和定额耗用量比例分配，编制"外购动力费用分配表"。

需要说明的是，如果企业没有在"基本生产成本明细账"中单独设置"燃料与动力"成本项目，则应将外购动力费用计入"制造费用"。

【任务案例2-4】外购动力费用的分配

某公司20××年2月耗用外购电力共53 000度，每度0.6元，其中基本生产车间甲、乙两种产品共耗电40 000度，锅炉车间耗电8 000度，机修车间耗电2 000度，基本生产车间照明用电1 000度，管理部门用电2 000度。该公司生产工时中40%为机器工时，单位产品耗电量定额数据不完整，机器功率时数统计数据完整，甲、乙产品的机器功率时数分别为6 000小时和4 000小时。分析该公司外购动力费用的分配方法，采用选定的方法进行外购动力费用的分配，并编制外购动力费用分配表和会计分录。

【任务实施】

步骤1：分析该企业外购动力费用分配方法。

由于该企业生产工时中只有40%的机器工时，生产工时对机器工时的代表性不强，因此不能采用生产工时分配外购动力费用。另外，由于某种原因该企业单位产品耗电量定额数据不完整，因此也不能用定额耗用量比例分配。该企业机器功率时数统计数据完整，因此可以按机器功率时数比例分配外购动力费用。

步骤2：分配外购动力费用（见表2-9）。

表2-9　外购动力费用分配表

20××年2月　　　　　　　　　　　　　　　　　　　　　金额单位：元

应借账户		成本费用项目	每度电费	耗用量分配			分配金额
				机器功率时数	分配率	分配度数	
基本生产成本	甲产品	燃料与动力		6 000		24 000	14 400
	乙产品	燃料与动力		4 000		16 000	9 600
	小　计			10 000	4	40 000	24 000
辅助生产成本	锅炉车间	燃料与动力				8 000	4 800
	机修车间	燃料与动力				2 000	1 200
	小　计					10 000	6 000
制造费用	基本生产车间	水电费				1 000	600
管理费用						2 000	1 200
合　计			0.6			53 000	31 800

步骤3：编制会计分录：

借：基本生产成本——甲产品　　　　　　　　　　　　　　14 400
　　　　　　　　——乙产品　　　　　　　　　　　　　　 9 600
　　辅助生产成本——锅炉车间　　　　　　　　　　　　　 4 800
　　　　　　　　——机修车间　　　　　　　　　　　　　 1 200
　　制造费用　　　　　　　　　　　　　　　　　　　　　 600
　　管理费用　　　　　　　　　　　　　　　　　　　　　 1 200
　　贷：应付账款　　　　　　　　　　　　　　　　　　　31 800

任务拓展训练

训练3：掌握外购动力费用的分配方法。

某企业基本生产车间生产A、B两种产品，本月外购电力48 000度，每度0.7元，其中基本生产车间两种产品共耗电42 500度，机修车间耗电3 000度，基本生产车间照明用电1 500度，管理部门用电1 000度。该公司生产工时中90%为机器工时，本月A、B产品生产工时分别为4 500小时和8 000小时，单位产品耗电量定额数据不稳定，机器功率时数统计数据不完整。

要求：分析该公司外购动力费用的分配方法，采用选定的方法进行外购动力费用的分配，并编制外购动力费用分配表（见表2-10）和会计分录。

表2-10 外购动力费用分配表

20××年2月　　　　　　　　　　　　　　　　　　金额单位：元

应借账户		成本费用项目	每度电费	耗用量分配			分配金额
				机器功率时数	分配率	分配度数	
基本生产成本	A产品	燃料与动力					
	B产品	燃料与动力					
	小　计						
辅助生产费用	机修车间	燃料与动力					
制造费用	基本生产车间	水电费					
管理费用							
合　计							

任务三　职工薪酬的归集与分配

【知识储备】

一、职工薪酬的内容

职工薪酬，是指企业为获得职工所提供的服务而给予的各种形式的报酬以及其他相关支出。它包括职工在职期间和离职后提供给职工的全部货币性薪酬和非货币性福利。企业提供给职工配偶、子女或其他被赡养人的福利等，也属于职工薪酬。职工薪酬是产品成本的重要组成部分，主要包括以下内容。

（一）短期薪酬

1. 职工工资、奖金、津贴和补贴

职工工资、奖金、津贴和补贴，是指按照国家统计局《关于职工工资总额组成的规定》，构成工资总额的计时工资、计件工资、支付给职工的超额劳动报酬和增收节支的劳动报酬、为了补偿职工特殊或额外的劳动消耗和因其他特殊原因支付给职工的津贴，以及为了保证职工工资水平不受物价影响支付给职工的物价补贴等。

企业按照规定支付给职工的加班加点工资，以及根据国家法律、法规和政策规定，企业在职工因病、工伤、产假、计划生育假、婚丧假、事假、探亲假、定期休假、停工学习、执行国家或社会义务等特殊情况下，按照计时工资或计件工资标准的一定比例支付的工资，也属于职工工资范畴，在职休假或缺勤时，不应当从工资总额中扣除。

2. 职工福利费

职工福利费是指企业为职工提供集体福利（如对职工食堂的补助和对生活困难职工的补助等），而从成本费用中提取的金额。

3. 社会保险费

社会保险费是指企业按照国家规定的基准和比率计算出来的、向社会保险经办机构缴纳的医疗保险、工伤保险、生育保险。

4. 住房公积金

住房公积金是指国家机关、企业、事业单位、民办非企业单位、社会团体及其在职职工缴存的长期住房储备金，用于职工购买住房或装修住房等。

5. 工会经费和职工教育经费

工会经费和职工教育经费是指企业为了改善职工的文化生活，并提高职工业务素质，用于开展工会活动和职工教育及职业技能培训，根据国家规定的基准和比例，从成本费用中提取的金额。

6. 短期带薪缺勤

短期带薪缺勤，是指职工虽然缺勤但企业仍向其支付报酬的安排，包括年休假、病假、婚假、产假、丧假、探亲假等。长期带薪缺勤属于其他长期职工福利。

7. 短期利润分享计划

短期利润分享计划，是指因职工提供服务而与职工达成的基于利润或其他经营成果提供薪酬的协议。长期利润分享计划属于其他长期职工福利。

8. 其他短期薪酬

其他短期薪酬，是指除了上述薪酬以外的其他为获得职工提供的服务而给予的短期薪酬。

（二）离职后福利

离职后福利，是指企业为了获得职工提供的服务，而在职工退休或与企业解除劳动关系后，提供的各种形式的报酬或福利，短期薪酬和辞退福利除外。离职后福利计划分为设定提存计划和设定受益计划两种。其中，设定提存计划，是指向独立的基金缴存固定费用后，企业不再承担进一步支付义务的离职后福利计划；设定受益计划，是指除设定提存计划以外的离职后福利计划。失业保险也属于离职后福利。

（三）辞退福利

辞退福利是指企业由于实施主辅业分离、辅业改制、分流安置富余人员、实施重组或改组计划、职工不能胜任等原因，在职工劳动合同到期之前解除与职工的劳动关系，或者为鼓励职工自愿接受裁减而提出补偿建议的计划中给予职工的经济补偿。

（四）其他长期职工福利

其他长期职工福利，是指除短期薪酬、离职后福利、辞退福利之外的所有职工薪酬，包括长期带薪缺勤、长期残疾福利、长期利润分享计划。

二、科目设置

关于职工薪酬的核算，企业应设置"职工薪酬"一级科目，并按照"工资""职工福利""社会保险费""住房公积金""工会经费和职工教育经费""非货币性福利""利润分享计划""设定提存计划""设定受益计划""辞退福利"等项目对职工薪酬进行明细核算。

三、职工薪酬的分配原则

根据职工提供服务的受益对象不同，职工薪酬的分配应遵循以下原则。

（1）基本生产车间为生产产品或提供劳务而发生的职工薪酬，由基本生产的产品或劳务负担。

（2）辅助生产车间为生产产品或提供劳务而发生的职工薪酬，由辅助生产的产品或劳务负担。

（3）各生产部门的管理人员的职工薪酬，由各生产部门的制造费用负担。

（4）企业行政管理部门人员的职工薪酬由管理费用负担。

（5）独立销售机构人员的职工薪酬由销售费用负担。

（6）在建工程人员的职工薪酬，先通过在建工程核算，最终计入固定资产的成本。

（7）由于无形资产开发而发生的职工薪酬，计入无形资产的成本。

四、职工薪酬的分配方法

职工的计件工资很容易按产品区分，因此属于直接费用，可以直接计入各种产品的成本；计时工资、奖金、津贴补贴、加班工资以及特殊情况下支付的工资等较难按产品来区分，因此属于间接费用，需要按照一定的标准分配计入各种产品的成本。这里所讲的分配方法就是指这些间接费用的分配方法。

职工薪酬的分配方法有以下两种。

（1）按实际工时比例分配法：

$$工资费用分配率 = \frac{生产工人工资总额}{各种产品实际工时之和}$$

某种产品应分配的工资费用＝该种产品的实际工时×工资费用分配率

（2）按定额工时比例分配法：

$$工资费用分配率＝\frac{生产工人工资总额}{各种产品定额工时之和}$$

某种产品应分配的工资费用＝该种产品的定额工时×工资费用分配率

五、国家规定计提标准的职工薪酬

一般情况下，企业应向社会保险经办机构（或企业年金基金账户管理人）缴纳的医疗保险费、工伤保险费、生育保险费等社会保险费，国家统一规定了计提基础和计提比例，应当按照国家规定的标准计提，并按受益对象计入当期损益或相关资产成本，借记"生产成本""制造费用""管理费用"等科目，贷记"应付职工薪酬"科目。

六、非货币性福利的处理

1. 企业以自产产品或外购商品作为福利

企业以自产产品或外购商品作为福利发放给职工的，业务处理时应当根据受益对象，按照产品的公允价值及相关税费计入有关成本费用的职工薪酬项目中，同时做进项转出或视同销售处理。

2. 企业无偿向职工提供住房等资产使用

企业无偿向职工提供住房等资产使用时，应当根据受益对象，将住房每月应计提的折旧计入相关的成本费用或当期损益，同时确认应付职工薪酬；企业租赁房屋无偿给职工使用的，应当根据受益对象，将住房每月租金计入相关的成本费用或当期损益，同时确认应付职工薪酬。

【任务案例2-5】工资的分配

世纪伟业箱包有限责任公司20××年1月本月应发工资349 500元，其中，背包车间生产工人工资100 000元，背包车间管理人员工资15 000元，旅行箱车间生产工人工资86 000元，旅行箱车间管理人员工资16 500元，供电车间工人工资24 000元，维修车间工人工资28 000元，厂部管理人员工资80 000元。生产工时统计表如表2-11所示。编制工资费用分配表，并进行业务处理。

表2-11　生产工时统计表

20××年2月　　　　　　　　　　　　　　　　　　　　单位：小时

背包车间		旅行箱车间	
男士背包	女士背包	男士旅行箱	女士旅行箱
3 500	4 800	3 800	3 000

【任务实施】

步骤1：编制工资费用分配表（见表2-12）。

表2-12　工资费用分配表

20××年2月　　　　　　　　　　　　　　　　　　　　　　　金额单位：元

应借账户			成本或费用项目	分配标准（生产工时）	分配率	工资费用
总账	二级账	明细账				
基本生产成本	背包车间	男士背包	直接人工	3 500		42 175
		女士背包	直接人工	4 800		57 825
		小　计		8 300	12.05	100 000
	旅行箱车间	男士旅行箱	直接人工	3 800		48 070
		女士旅行箱	直接人工	3 000		37 930
		小　计		6 800	12.65	86 000
	基本生产成本小计					186 000
辅助生产成本	供电车间		直接人工			24 000
	维修车间		直接人工			28 000
	小　计					52 000
制造费用	背包车间		工资			15 000
	旅行箱车间		工资			16 500
	小　计					31 500
管理费用						80 000
合　计						349 500

步骤2：编制会计分录。

借：基本生产成本——背包车间——男士背包　　　　　　42 175
　　　　　　　　　　　　　　——女士背包　　　　　　57 825
　　　　　　　　——旅行箱车间——男士旅行箱　　　　48 070
　　　　　　　　　　　　　　　——女士旅行箱　　　　37 930
　　辅助生产成本——供电车间　　　　　　　　　　　　24 000
　　　　　　　　——维修车间　　　　　　　　　　　　28 000
　　制造费用——背包车间　　　　　　　　　　　　　　15 000
　　　　　　——旅行箱车间　　　　　　　　　　　　　16 500
　　管理费用　　　　　　　　　　　　　　　　　　　　80 000
　　贷：应付职工薪酬——工资、奖金、津贴和补贴　　　349 500

【任务案例 2-6】福利费用的分配

世纪伟业箱包有限责任公司 20××年 1 月工资费用分配表如表 2-12 所示，公司按工资总额的 14%计提福利费。编制福利费用分配表，并进行业务处理。

【任务实施】

步骤 1：编制福利费用分配表（见表 2-13）。

表 2-13　福利费用分配表

20××年 2 月　　　　　　　　　　　　　　　　　　　金额单位：元

应借账户			成本或费用项目	计提工资总额	计提比例	福利费用
总　账	二级账	明细账				
基本生产成本	背包车间	男士背包	直接人工	42 175.00		5 904.50
		女士背包	直接人工	57 825.00		8 095.50
		小　　计		100 000.00		14 000.00
	旅行箱车间	男士旅行箱	直接人工	48 070.00		6 729.80
		女士旅行箱	直接人工	37 930.00		5 310.20
		小　　计		86 000.00		12 040.00
	基本生产成本小计			186 000.00		26 040.00
辅助生产成本	供电车间		直接人工	24 000.00		3 360.00
	维修车间		直接人工	28 000.00		3 920.00
	小　　计			52 000.00		7 280.00
制造费用	背包车间		直接人工	15 000.00		2 100.00
	旅行箱车间		直接人工	16 500.00		2 310.00
	小　　计			31 500.00		4 410.00
管理费用				80 000.00		11 200.00
合　　计				349 500.00	14%	48 930.00

步骤 2：编制会计分录。

借：基本生产成本——背包车间——女士背包　　　　5 904.50
　　　　　　　　　　　　　——男士背包　　　　　　8 095.50
　　　　　　　——旅行箱车间——男士旅行箱　　　　6 729.80
　　　　　　　　　　　　　　　——女士旅行箱　　　5 310.20
　　辅助生产成本——供电车间　　　　　　　　　　　3 360.00
　　　　　　　　——维修车间　　　　　　　　　　　3 920.00
　　制造费用——背包车间　　　　　　　　　　　　　2 100.00

		——旅行箱车间			2 310.00	
	管理费用				11 200.00	
贷：应付职工薪酬——职工福利费					48 930.00	

【任务案例2-7】社会保险费及住房公积金的计提

世纪伟业箱包有限责任公司20××年2月工资费用分配表如表2-12所示，公司分别按工资总额的20%、10%、1%和10%提取养老保险、医疗保险费、工伤保险费和住房公积金。编制社会保险费及住房公积金分配表，并进行业务处理。

【任务实施】

步骤1：编制社会保险费及住房公积金分配表（见表2-14）。

表2-14 社会保险费及住房公积金分配表

20××年2月　　　　　　　　　　　　　　　　金额单位：元

应借账户			工资费用	养老保险(20%)	医疗保险(10%)	工伤保险(1%)	住房公积金(10%)	保险及公积金合计
总账	二级账	明细账						
基本生产成本	背包车间	男士背包	42 175.00	8 435.00	4 217.50	421.75	4 217.50	17 291.75
		女士背包	57 825.00	11 565.00	5 782.50	578.25	5 782.50	23 708.25
		小计	100 000.00	20 000.00	10 000.00	1 000.00	10 000.00	41 000.00
	旅行箱车间	男士旅行箱	48 070.00	9 614.00	4 807.00	480.70	4 807.00	19 708.70
		女士旅行箱	37 930.00	7 586.00	3 793.00	379.30	3 793.00	15 551.30
		小计	86 000.00	17 200.00	8 600.00	860.00	8 600.00	35 260.00
	基本生产成本小计		186 000.00	37 200.00	18 600.00	1 860.00	18 600.00	76 260.00
辅助生产成本	供电车间		24 000.00	4 800.00	2 400.00	240.00	2 400.00	9 840.00
	维修车间		28 000.00	5 600.00	2 800.00	280.00	2 800.00	11 480.00
	小计		52 000.00	10 400.00	5 200.00	520.00	5 200.00	21 320.00
制造费用	背包车间		15 000.00	3 000.00	1 500.00	150.00	1 500.00	6 150.00
	旅行箱车间		16 500.00	3 300.00	1 650.00	165.00	1 650.00	6 765.00
	小计		31 500.00	6 300.00	3 150.00	315.00	3 150.00	12 915.00
管理费用			80 000.00	16 000.00	8 000.00	800.00	8 000.00	32 800.00
合计			349 500.00	69 900.00	34 950.00	3 495.00	34 950.00	143 295.00

步骤2：根据表2-14编制会计分录。

借：基本生产成本——背包车间——男士背包	17 291.75
——女士背包	23 708.25
——旅行箱车间——男士旅行箱	19 708.70

——女士旅行箱		15 551.30
辅助生产成本——供电车间		9 840.00
——维修车间		11 480.00
制造费用——背包车间		6 150.00
——旅行箱车间		6 765.00
管理费用		32 800.00
贷：应付职工薪酬——设定提存计划（基本养老保险）		69 900.00
——社会保险费（医疗保险）		34 950.00
（工伤保险）		3 495.00
——住房公积金		34 950.00

【任务案例2-8】非货币性福利的处理

世纪伟业箱包有限公司20××年1月为两名旅行箱车间管理人员免费提供职工宿舍，宿舍折旧费每月800元；公司同时为某厂部管理人员租赁一套住房，租金每月2 500元。

【任务实施】

步骤1：福利费的计提。

借：制造费用——旅行箱车间　　　　　　　　　　800
　　管理费用　　　　　　　　　　　　　　　　　2 500
　　贷：应付职工薪酬——非货币性福利　　　　　　　　3 300

步骤2：福利费的开支。

借：应付职工薪酬——非货币性福利　　　　　　　3 300
　　贷：累计折旧　　　　　　　　　　　　　　　　　　800
　　　　其他应付款　　　　　　　　　　　　　　　　2 500

> **知识窗**　计时工资是根据职工的工资标准和考勤记录计算的。计时工资有月薪制、周薪制、日薪制和小时工资制。一般情况下，企业固定员工的工资采用月薪制，每月的工资标准是相同的，只要员工出满勤就可以取得月工资标准，当职工缺勤时将月工资标准换算成日工资标准，按缺勤天数来扣缺勤工资。

$$月法定工作日 = \frac{365-52\times2-11}{12} = 20.83（天）$$

$$日工资标准 = \frac{月工资标准}{20.83}$$

缺勤所扣工资＝日工资标准×缺勤天数

任务拓展训练

训练 4：工资及福利费的分配。

某企业生产DX1、DX5两种产品，20××年8月DX1、DX5两种产品的生产工时分别为6 000小时和4 000小时。本月车间生产工人工资为148 000元，车间管理人员工资为35 000元，企业管理人员工资为110 000元，分别按工资总额的10%、2%和2.5%计提职工福利费、工会经费和职工教育经费。

要求：根据上述资料进行分析，编制8月工资费用及福利费分配表（见表2-15和表2-16）及会计分录。

表 2-15 工资费用分配表

20××年8月　　　　　　　　　　　　　　　　　　　　　金额单位：元

应借账户		成本或费用项目	分配标准（生产工时）	分配率	工资费用
总账	明细账				
基本生产成本	DX1	直接人工			
	DX5	直接人工			
	小计				
制造费用		工资及福利			
管理费用					
合计					

表 2-16 福利费等分配表

20××年2月　　　　　　　　　　　　　　　　　　　　　　　单位：元

应借账户		工资费用	福利费（10%）	工会经费（2%）	教育经费（2.5%）	合计
总账	明细账					
基本生产成本	DX1					
	DX5					
	小计					
制造费用						
管理费用						
合计						

训练 5：非货币性福利的处理。

某家电生产企业将自产吸尘器发放给职工，每个吸尘器成本100元，不含税售价180元。

企业共有员工 150 人，其中，一线生产工人 120 人，车间管理人员 20 人，厂部管理人员 10 人，增值税税率 16%。

要求：根据上述资料，编制确认收入和结转成本的会计分录。

任务四　折旧和其他费用的归集与分配

【知识储备】

一、折旧费用的内容

折旧费用是指企业的固定资产在使用过程中发生的耗费，这些耗费最终都要计入有关产品成本或费用中。除以下情况外，企业应当对所有固定资产计提折旧：

（1）单独计价入账的土地；

（2）已提足折旧继续使用的固定资产。

二、科目的设置

企业应当设置"累计折旧"一级科目，对固定资产折旧进行总分类核算，同时可以根据实际需要在该科目下设"厂房""设备""办公楼"等二级明细科目。

三、折旧费用的分配原则

通常情况下，折旧费用是按照使用单位进行归集，然后按部门和受益对象来分配的。具体分配标准如下。

（1）基本生产的厂房和设备折旧由制造费用负担。

（2）辅助生产的厂房和设备折旧由辅助生产成本负担。

（3）行政管理部门的办公楼及办公设备折旧由管理费用负担。

（4）独立销售机构的办公设施折旧由销售费用负担。

四、其他费用的处理

除了上述材料费用、职工薪酬、折旧等要素费用外，还有一些费用被称为其他费用，具体包括租赁费、印刷费、邮电费、办公用品费、报刊资料费、排污费、保险费、交通补助费等。

其他费用在业务处理时，应当由产品成本负担的部分，由于没有相应的成本项目，因此发生时直接计入制造费用；应当由辅助生产部门负担的部分，计入辅助生产成本；应当由管理部门负担的部分，计入管理费用；应当由独立的销售机构负担的部分，计入销售费用。

【任务案例2-9】折旧费用的处理

世纪伟业箱包有限公司20××年2月固定资产折旧计算表如表2-17所示，进行折旧费用的业务处理。

表2-17 固定资产折旧计算表　　　　　　　　　金额单位：元

类别	项目 部门	上月折旧	上月增加折旧	上月减少折旧	本月折旧额
背包车间	房屋及建筑物	650			650
	机器设备	180	100	50	230
	小　计	830			880
旅行箱车间	房屋及建筑物	710			710
	机器设备	150			150
	小　计	860			860
供电车间	房屋及建筑物	280			280
	机器设备	160	80	40	200
	小　计	440			480
维修车间	房屋及建筑物	180			180
	机器设备	150			150
	小　计	330			330
厂部	房屋及建筑物	260			260
	机器设备	300	100		400
	小　计	560			660
合　计		3 020			3 210

审核：　　　　　　　　　　　　　　　　　制表：

【任务实施】

步骤1：编制折旧费用分配表（见表2-18）。

表2-18 折旧费用分配表

20××年2月　　　　　　　　　　　　　　金额单位：元

应借账户		成本或费用项目	本月折旧额
总　账	二　级　账		
制造费用	背包车间	折旧费	880
	旅行箱车间	折旧费	860
	小　计		1 740

续表

应借账户		成本或费用项目	本月折旧额
总账	二级账		
辅助生产成本	供电车间	折旧费	480
	维修车间	折旧费	330
	小　计		810
管理费用		折旧费	660
合　计			3 210

步骤2：编制固定资产分配的会计分录。

借：制造费用——背包车间　　　　　　　　　　　　　880
　　　　　　——旅行箱车间　　　　　　　　　　　　860
　　辅助生产成本——供电车间　　　　　　　　　　　480
　　　　　　　　——维修车间　　　　　　　　　　　330
　　管理费用　　　　　　　　　　　　　　　　　　　660
　　贷：累计折旧　　　　　　　　　　　　　　　　　3 210

【任务案例2-10】其他费用的处理

世纪伟业箱包有限公司20××年2月发生的办公费如下：背包车间80元，旅行箱车间50元，供电车间40元，维修车间40元，管理部门300元。该企业制造费用和辅助生产成本明细账都没设置办公费成本项目，在其他费用中核算。

要求：分配办公费用，并编制分录。

【任务实施】

步骤1：编制办公用品费用分配表（见表2-19）。

表2-19　办公用品费用分配表

20××年1月　　　　　　　　　　　　　　　　　　　金额单位：元

应借账户		成本或费用项目	金　额
总账	二级账		
制造费用	背包车间	办公费	80
	旅行箱车间	办公费	50
	小　计		130
辅助生产成本	供电车间	办公费	40
	维修车间	办公费	40
	小　计		80

续表

应借账户		成本或费用项目	金　额
总　账	二级账		
管理费用		办公费	300
合　计			510

步骤 2：根据其他费用分配表编制会计分录。

借：制造费用——背包车间　　　　　　　　　　80
　　　　　　——旅行箱车间　　　　　　　　　50
　　辅助生产成本——供电车间　　　　　　　　40
　　　　　　　　——维修车间　　　　　　　　40
　　管理费用　　　　　　　　　　　　　　　　300
　　贷：银行存款/应付账款等　　　　　　　　510

知识窗　以上案例比较简单，但我们在实际工作中，有时会把一些其他费用资料放在一张表里显示，如表 2-20 所示。

表 2-20　其他费用表

20××年　月　　　　　　　　　　　　　　　　金额单位：元

车间、部门		成本或费用项目	金　额
基本生产车间	机工车间	办公费	200
		保险费	100
		其他	200
		小　计	500
	成型车间	办公费	240
		保险费	260
		其他	100
		小　计	600
辅助生产车间	机修车间	办公费	180
		保险费	120
		其他	100
		小　计	400

续表

车间、部门	成本或费用项目	金额
管理部门	办公费	1 000
	保险费	1 200
	其他	1 800
	小　计	4 000
合　计		5 500

在这种情况下，我们就要根据这些项目是否有单列项目来进行不同的处理。如果有单列项目，就单做分录，单独反映；如果没有单列项目，统一放在"其他"项目下。

由于会计准则不提倡使用"待摊费用"和"预提费用"会计科目，因此当今企业发生的一些保险费、印刷费、报刊订阅费等，一般都于发生时直接计入期间费用；预提的利息费用通过"应付利息"科目预提。

任务拓展训练

训练6：折旧费用的分配。

某企业6月基本生产车间厂房折旧9 000元，设备折旧6 000元；维修车间厂房折旧8 000元，设备折旧4 000元；办公用房折旧7 200元，办公设备折旧2 000元。

要求：根据上述资料，编制6月分配折旧费用的会计分录。

训练7：其他费用的处理。

某生产企业用银行存款与印刷厂结算印刷款7 600元，其中，车间图纸印刷费2 000元，企业文化节宣传板印刷费4 000元，销售展板印刷费1 600元。

要求：根据上述资料，编制本月分配印刷费用的会计分录。

任务五　辅助生产费用的归集与分配

【知识储备】

一、辅助生产费用的内容

辅助生产是指为基本生产服务而进行的产品生产或劳务供应。为基本生产车间提供服务的部门就是辅助生产部门。企业辅助生产部门在产品生产和劳务供应中发生的各种耗费，构成了这些产品或劳务的成本，而对于耗用这些产品或劳务的基本生产部门来说，这些产品或劳务成本也是一种费用，即辅助生产费用。辅助生产费用的内容包括辅助生产耗用的材料费用、人工费用、折旧费用、办公费用、保险费用等,具体内容根据企业的不同会有所不同。

二、科目的设置

进行辅助生产成本的核算,要设置"辅助生产成本"一级科目(也可将"生产成本"设为一级科目,"辅助生产成本"设为二级科目),根据辅助生产部门设二级科目,如"辅助生产成本——供电车间"。辅助生产成本费用的归集有两种方法。

1. 辅助生产车间单独设置制造费用明细账

在这种情况下,某辅助生产车间发生的制造费用,先计入该车间的制造费用,然后将辅助生产部门之间相互提供产品或劳务的成本,分配计入各辅助生产车间的制造费用科目(根据受益部门还可计入基本生产车间的制造费用或管理费用科目),期末将某辅助生产部门的制造费用结转至该部门的辅助生产成本明细账中,据此计算各辅助生产的产品或劳务成本。这种方法适用于辅助生产部门规模较大、制造费用较多、对外提供的产品或劳务较多的企业。其分配过程如图 2-1 所示。

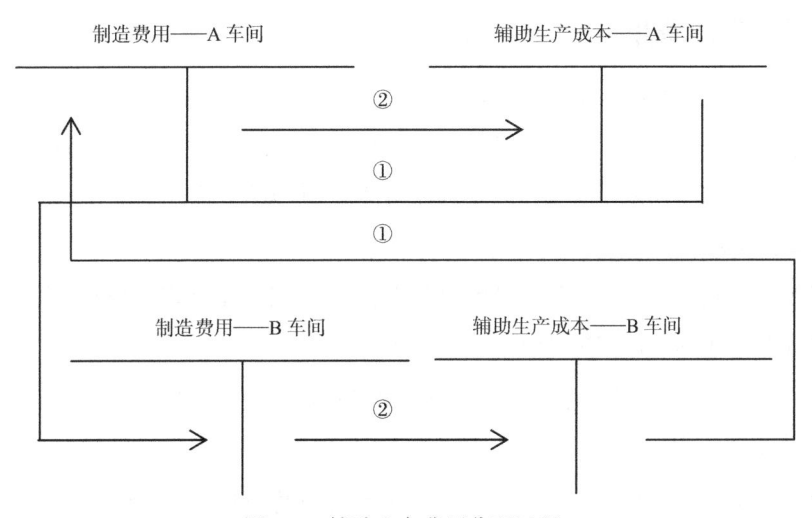

图 2-1 辅助生产费用分配过程

说明:① 分配辅助生产部门之间相互提供产品或劳务成本,计入制造费用。
② 期末将辅助生产部门的制造费用结转至辅助生产成本明细账,计算辅助生产成本。

由于辅助生产部门单独设置制造费用明细账,因此,辅助生产成本明细账成本项目的设置将会简单些,如只设置"直接材料""直接人工""制造费用"等。

2. 辅助生产车间不单独设置制造费用明细账

在这种情况下,某辅助生产车间发生的制造费用,直接计入该辅助生产车间的"辅助生产成本"科目。这种方法适用于辅助生产部门规模较小、制造费用较少、不对外提供产品或劳务的企业。

由于辅助生产部门不单独设置"制造费用"科目,因此,辅助生产成本明细账成本项目的设置就会根据实际需要复杂些,如设置"直接材料""直接人工""制造费用""折旧费""办公费""保险费""机物料消耗"等。

三、辅助生产费用的分配原则

通常情况下,辅助生产费用是按照辅助生产部门进行归集,然后按部门和受益对象来分配的。具体分配原则如下。

(1)应由基本生产部门负担的,计入基本生产部门的制造费用。

(2)应由某辅助生产部门负担的,计入该辅助生产部门的制造费用或辅助生产成本。

(3)应由行政管理部门负担的,计入管理费用。

(4)应由独立销售机构负担的,计入销售费用。

(5)辅助生产车间所提供的工具、模具入库时,计入"周转材料——低值易耗品"或"原材料"科目。

四、辅助生产费用的分配方法

辅助生产费用的分配较复杂,为了使分配结果贴近实际,必须根据企业生产的特点和管理要求合理选择分配方法。辅助生产费用的分配方法主要有直接分配法、交互分配法、顺序分配法、计划成本分配法和代数分配法。下面简要说明这几种分配方法。

1. 直接分配法

直接分配法是指将辅助生产部门发生的产品或劳务成本,全部直接分配给辅助生产部门以外的各受益单位负担的一种方法。分配方式如下。

辅助生产费用分配率=辅助生产部门待分配费用÷辅助生产部门以外的各受益单位耗用的产品或劳务总量

各受益单位应分配的辅助生产费用=该受益单位耗用的产品或劳务数量×辅助生产费用分配率

2. 交互分配法

交互分配法是指将辅助生产部门之间相互提供的劳务或产品先进行交互分配,然后再将辅助生产部门之间交互分配后的实际费用,全部分配给辅助生产部门以外的各受益单位的一种分配方法。该方法分配方式如下。

交互分配法流程图

首先,交互分配:

辅助生产费用交互分配率=某辅助生产部门直接待分配费用÷该辅助生产部门提供的产品或劳务总量

某辅助生产部门分入的辅助生产费用=该辅助生产部门受益的产品或劳务量×交互分配率

某辅助生产部门分出的辅助生产费用=该辅助生产部门提供的产品或劳务量×交互分配率

然后，对外分配：

某辅助生产部门对外待分配费用=该辅助生产部门直接待分配费用+交互分配分入的费用-交互分配分出的费用

某辅助生产部门对外费用分配率=该辅助生产部门对外待分配费用÷该辅助生产部门对外提供的产品或劳务总量

某受益单位应负担的辅助生产费用=该受益单位耗用的产品或劳务数量×某辅助生产部门对外费用分配率

3. 顺序分配法

顺序分配法是指按照各辅助生产车间之间相互提供产品或劳务数额多少的顺序，依次排列分配辅助生产费用的方法。具体来讲，受益少的排在前面，受益多的排在后面。受益少的先分配，向排在它后面的辅助生产车间分配费用，而不能向排在它前面的辅助生产车间分配费用。例如，某企业有维修和供水两个辅助生产车间，维修车间耗用水费较少，供水车间耗用维修工时较多，就可以按照维修、供水的顺序排列，先分配维修费，再分配水费。

4. 计划成本分配法

计划成本分配法是指先将辅助生产费用按各辅助生产车间提供的产品或劳务数量，以计划单位成本向各受益单位分配，然后，再将辅助生产发生的实际费用与按计划成本转入（或转出）的费用之间的差异，分配给辅助生产以外的各受益单位的方法。为了简化核算，也可以将差异全部计入管理费用。该方法的具体计算步骤如下。

首先，按计划成本分配辅助生产费用：

某受益单位应分配的辅助生产费用（包括辅助生产部门）=该受益单位耗用的产品或劳务量×计划单位成本

然后，分配成本差异：

成本差异=某辅助生产部门发生的费用+按计划成本分配转入的费用-按计划成本分配转出的费用

成本差异分配率=成本差异÷辅助生产部门以外的受益单位耗用的产品或劳务量（或分配的计划成本额）

某受益单位应分配的成本差异=该受益单位耗用的产品或劳务数量（或分配的计划成本额）×成本差异分配率

在实际工作中，由于成本差异可以直接计入管理费用，因此简化了计算程序。采用这种方法的前提条件是制定的计划单位成本必须较为准确，否则分配结果将和实际相差太远。

5. 代数分配法

代数分配法是指运用代数中多元一次联立方程组的原理，分配辅助生产费用的方法。代数分配法的计算步骤如下。

（1）设各辅助生产车间提供的产品或劳务的单位成本为未知数 x、y 等。

（2）根据辅助生产车间之间交互提供服务的关系建立方程组。

（3）求出各辅助生产车间提供的产品或劳务的单位成本——x、y 等。

（4）根据产品或劳务的单位成本及各受益单位的耗用量，求出各受益单位应分配的辅助生产费用。

【任务案例2-11】直接分配法

仍以本项目中世纪伟业箱包有限公司为例。假定该公司20××年2月的材料费用、职工工资、折旧费、保险费和其他费用，归集到辅助生产成本明细账中，具体数据如表2-21、表2-22所示，辅助生产车间提供的劳务量汇总表如表2-23所示（假定供电车间和维修车间的保险费分别为100元与120元，保险费分配表略）。试用直接分配法分配辅助生产成本（该公司由于辅助生产规模较小，辅助生产车间不单设制造费用明细账，辅助生产发生的制造费用直接计入该车间的辅助生产成本明细账）。

表2-21 辅助生产成本明细账

车间名称：供电车间　　　　　　　　　　　　　　　　　　　　　　金额单位：元

20××年 月	日	凭证号数	摘要	直接材料	直接人工	折旧费	保险费	其他	合计
2	28	略	分配材料费	1 797.80					1 797.80
2	28	略	分配工资薪酬		24 000				24 000
2	28	略	分配福利费		3 360				3 360
2	28	略	分配社会保险费		9 840				9 840
2	28	略	分配折旧费			480			480
2	28	略	分配办公费					40	40
2	28	略	分配保险费				100		100
			本月合计	1 797.80	37 200	480	100	40	39 617.80

表2-22 辅助生产成本明细账

车间名称：维修车间　　　　　　　　　　　　　　　　　　　　　　金额单位：元

20××年 月	日	凭证号数	摘要	直接材料	直接人工	折旧费	保险费	其他	合计
2	28	略	分配材料费	1 232.20					1 232.20
2	28	略	分配工资薪酬		28 000				28 000

续表

20××年		凭证号数	摘要	直接材料	直接人工	折旧费	保险费	其他	合计
月	日								
2	28	略	分配福利费		3 920				3 920
2	28	略	分配社会保险费		11 480				11 480
2	28	略	分配折旧费			330			330
2	28	略	分配办公费					40	40
2	28	略	分配保险费				120		120
			本月合计	1 232.20	43 400	330	120	40	45 122.20

表 2-23 辅助生产车间提供的劳务量汇总表

20××年2月

受益单位		供电（度）	维修（小时）
辅助生产部门	供电车间		200
	维修车间	2 500	
基本生产部门	背包车间	45 000	1 500
	旅行箱车间	50 000	1 200
企业管理部门		2 500	
合计		100 000	2 900

【任务实施】

步骤1： 计算各辅助生产车间的费用分配率。

供电车间费用分配率=39 617.8÷（100 000−2 500）≈0.41（元/度）

维修车间费用分配率=45 122.2÷（2 900−200）≈16.71（元/小时）

步骤2： 编制辅助生产费用分配表（见表2-24）。

表 2-24 辅助生产费用分配表（直接法）

20××年2月　　　　　　　　　　　　　　　　　　　　　　　　金额单位：元

辅助生产部门				供电车间	维修车间	合计
待分配费用				39 617.80	45 122.20	84 740
供应给辅助生产部门以外的劳务量				97 500	2 700	
费用分配率				0.41	16.71	
应借账户	制造费用	背包车间	耗用数量	45 000	1 500	
			分配金额	18 450	25 065	43 515
		旅行箱车间	耗用数量	50 000	1 200	
			分配金额	20 500	20 057.20	40 557.20

续表

辅助生产部门		供电车间	维修车间	合　　计
应借账户	管理费用 耗用数量	2 500		
	管理费用 分配金额	667.80		667.80
合　　计		39 617.80	45 122.20	84 740

> **提示**
> 管理费用负担的供电费用=39 617.8−18 450−20 500=667.80（元）
> 旅行箱车间负担的维修费用=45 122.2−25 065=20 057.20（元）
> 上述费用没有根据费用分配率与耗用数量的乘积求得，是因为费用分配率存在小数四舍五入的问题。如果仍根据费用分配率与耗用数量的乘积求得，则分配的金额合计与待分配费用不等。分配其他费用也存在类似的问题，后文不再赘述。

步骤3：编制会计分录。

借：制造费用——背包车间　　　　　　　　　　　　　43 515
　　　　　　——旅行箱车间　　　　　　　　　　　　40 557.20
　　管理费用　　　　　　　　　　　　　　　　　　　　667.80
　贷：辅助生产成本——供电车间　　　　　　　　　　39 617.80
　　　　　　　　　——维修车间　　　　　　　　　　45 122.20

【任务案例2-12】交互分配法

仍以任务案例2-11中的资料为例，采用交互分配法进行业务处理。

【任务实施】

辅助生产费用分配表如表2-25所示。

表2-25　辅助生产费用分配表（交互分配法）

20××年2月　　　　　　　　　　　　　　　　　　　　金额单位：元

项　　目			交 互 分 配			对 外 分 配		
辅助生产车间			供电车间	维修车间	合　计	供电车间	维修车间	合　计
待分配费用			39 617.80	45 122.20	84 740	41 729.80	43 010.20	84 740
劳务供应总量			100 000	2 900		97 500	2 700	
费用分配率			0.40	15.56		0.43	15.93	
应借账户	辅助生产成本	供电车间 耗用数量		200				
		供电车间 分配金额		3 112				
		维修车间 耗用数量	2 500					
		维修车间 分配金额	1 000					

续表

项　　目			交 互 分 配			对 外 分 配		
辅助生产车间			供电车间	维修车间	合　计	供电车间	维修车间	合　计
应借账户	制造费用	背包车间 耗用数量				45 000	1 500	
		背包车间 分配金额				19 350	23 895	43 245
		旅行箱车间 耗用数量				50 000	1 200	
		旅行箱车间 分配金额				21 500	19 115.20	40 615.20
	管理费用	耗用数量				2 500		
		分配金额				879.80		879.80
对外分配金额合计						41 729.80	43 010.20	84 740

步骤1：交互分配。

供电车间交互分配率=39 617.8÷100 000≈0.40（元/度）

维修车间交互分配率=45 122.2÷2 900≈15.56（元/小时）

步骤2：计算相互提供劳务的金额。

供电车间负担的维修费用=15.56×200=3 112（元）

维修车间负担的用电费用=0.40×2 500=1 000（元）

步骤3：编制交互分配的会计分录。

借：辅助生产成本——供电车间　　　　　　　　　　　　3 112
　　贷：辅助生产成本——维修车间　　　　　　　　　　　　　3 112
借：辅助生产成本——维修车间　　　　　　　　　　　　1 000
　　贷：辅助生产成本——供电车间　　　　　　　　　　　　　1 000

步骤4：计算对外分配的待分配费用。

供电车间对外待分配费用=39 617.8+3 112–1 000= 41 729.80（元）

维修车间对外待分配费用=45 122.2+1 000–3 112=43 010.20（元）

步骤5：计算对外分配率。

供电车间对外分配率=41 729.8÷（100 000–2 500）≈0.43（元/度）

维修车间对外分配率=43 010.2÷（2 900–200）≈15.93（元/小时）

步骤6：计算对外分配费用（见表2-25）。

步骤7：根据表2-25编制对外分配的会计分录。

借：制造费用——背包车间　　　　　　　　　　　　　　43 245
　　　　　　——旅行箱车间　　　　　　　　　　　　　40 615.20
　　管理费用　　　　　　　　　　　　　　　　　　　　　879.80
　　贷：辅助生产成本——供电车间　　　　　　　　　　　　41 729.80

辅助生产成本——维修车间　　　　　　　　　　　　　　　　　　　　43 010.20

【任务案例 2-13】顺序分配法

仍以任务案例 2-11 中的资料为例，采用顺序分配法进行业务处理。

【任务实施】

步骤 1：将辅助生产车间按受益多少排序，本例中维修车间受益较少，所以应该按维修车间—供电车间的次序分配辅助生产费用。

步骤 2：将维修车间的辅助生产费用在受益单位之间分配（包括供电车间）。

步骤 3：编制分配维修费用的会计分录。

借：辅助生产成本——供电车间　　　　　　　　　　3 112
　　　制造费用——背包车间　　　　　　　　　　　23 340
　　　　　　——旅行箱车间　　　　　　　　　　18 670.20
　　贷：辅助生产成本——维修车间　　　　　　　　　　　45 122.20

步骤 4：将供电车间的辅助生产成本在维修车间以外的受益单位之间进行分配，分配结果如表 2-26 所示。

表 2-26　辅助生产费用分配表（顺序分配法）

20××年 2 月　　　　　　　　　　　　　　　　　　　　　　金额单位：元

辅助生产车间			维修车间	供电车间	合　计
待分配费用			45 122.20	42 729.80	87 852
劳务供应总量			2 900	97 500	
费用分配率			15.56	0.44	
应借账户	辅助生产成本	维修车间	耗用数量			
			分配金额			
		供电车间	耗用数量	200		
			分配金额	3 112		3 112
	制造费用	背包车间	耗用数量	1 500	45 000	
			分配金额	23 340	19 800	43 140
		旅行箱车间	耗用数量	1 200	50 000	
			分配金额	18 670.20	22 000	40 670.20
	管理费用		耗用数量		2 500	
			分配金额		929.80	929.80
合　计			45 122.20	42 729.80	87 852

步骤5：编制分配供电费用的会计分录。

借：制造费用——背包车间　　　　　　　　　　　　　19 800
　　　　——旅行箱车间　　　　　　　　　　　　　22 000
　　管理费用　　　　　　　　　　　　　　　　　　　929.80
　　贷：辅助生产成——供电车间　　　　　　　　　　　　　　42 729.80

由此可知，顺序分配法的特点是不进行交互分配，各辅助生产部门按受益多少排序，受益少的排前面，排在前面的辅助生产部门将其费用分配给排在后面的辅助生产部门和辅助生产部门以外的受益单位。这种方法的优点是计算简便，但是由于其没有考虑辅助生产部门之间相互提供产品或劳务的情况，因此计算结果不太精确。

【任务案例2-14】计划成本分配法

仍以任务案例2-11中的资料为例。假定供电车间提供电力的计划成本为每度0.38元，维修车间维修工时计划成本为每小时15元，采用计划成本分配法分配辅助生产费用。

【任务实施】

步骤1：按计划成本分配辅助生产费用。

步骤2：计算实际成本和成本差异。

供电车间的实际成本=39 617.8+3 000=42 617.80（元）

维修车间的实际成本=45 122.2+950=46 072.20（元）

供电车间的成本差异=42 617.8–38 000=4 617.80（元）

维修车间的成本差异=46 072.2–43 500=2 572.20（元）

步骤3：计算差异分配率。

步骤4：分配差异，具体过程如表2-27所示。

表2-27　辅助生产费用分配表（计划成本分配法）

20××年2月　　　　　　　　　　　　　　　　　金额单位：元

项　　目	按计划成本分配			差异分配			合　计
辅助生产车间	供电车间	维修车间	小　计	供电车间	维修车间	小　计	
待分配费用（或差异额）	39 617.80	45 122.20	84 740	4 617.80	2 572.20	7 190	
劳务供应总量	100 000	2 900		97 500	2 700		
计划成本（或分配率）	0.38	15		0.047	0.953		
应借账户 辅助生产成本 供电车间 数量		200					
应借账户 辅助生产成本 供电车间 金额		3 000	3 000				3 000
应借账户 辅助生产成本 维修车间 数量	2 500						
应借账户 辅助生产成本 维修车间 金额	950		950				950

续表

项　目			按计划成本分配			差异分配			合　计
辅助生产车间			供电车间	维修车间	小　计	供电车间	维修车间	小　计	
应借账户	制造费用	背包车间 数量	45 000	1 500		45 000	1 500		
		金额	17 100	22 500	39 600	2 115	1 429.50	3 544.50	43 144.50
		旅行箱车间 数量	50 000	1 200		50 000	1 200		
		金额	19 000	18 000	37 000	2 350	1 142.70	3 492.70	40 492.70
	管理费用	数量	2 500			2 500			
		金额	950		950	152.80		152.80	1 102.80
合　计			38 000	43 500	81 500	4 617.80	2 572.20	7 190	88 690

步骤 5：编制会计分录。

（1）按计划成本分配辅助生产费用。

借：辅助生产成本——供电车间　　　　　　　　　　　　　　3 000
　　　　　　　　——维修车间　　　　　　　　　　　　　　　950
　　制造费用——背包车间　　　　　　　　　　　　　　　　39 600
　　　　　　——旅行箱车间　　　　　　　　　　　　　　　37 000
　　管理费用　　　　　　　　　　　　　　　　　　　　　　　950
　　贷：辅助生产成本——供电车间　　　　　　　　　　　　38 000
　　　　　　　　　　——维修车间　　　　　　　　　　　　43 500

（2）分配差异。

借：制造费用——背包车间　　　　　　　　　　　　　　　3 544.50
　　　　　　——旅行箱车间　　　　　　　　　　　　　　3 492.70
　　管理费用　　　　　　　　　　　　　　　　　　　　　 152.80
　　贷：辅助生产成本——供电车间　　　　　　　　　　　4 617.80
　　　　　　　　　　——维修车间　　　　　　　　　　　2 572.20

【任务案例 2-15】代数分配法

仍以任务案例 2-11 的资料为例，采用代数分配法进行业务处理。

【任务实施】

步骤 1：设每度电的成本为 x，每个维修工时成本为 y。

步骤 2：根据交互服务关系建立方程组。

$$\begin{cases} 39\,617.8 + 200y = 100\,000x & (1) \\ 45\,122.2 + 2\,500x = 2\,900y & (2) \end{cases}$$

步骤3：解方程。

$$\begin{cases} x \approx 0.428\ 03 \\ y \approx 15.928\ 37 \end{cases}$$

步骤4：编制辅助生产费用分配表（见表2-28）。

表2-28 辅助生产费用分配表（代数分配法）

20××年2月　　　　　　　　　　　　　　　　　金额单位：元

辅助生产部门				供电车间	维修车间	合　计
待分配费用				39 717.80	45 122.20	84 840
劳务量				100 000	2 900	
单位成本				0.428 03	15.928 37	
应借账户	辅助生产成本	供电车间	耗用数量		200	
			分配金额		3 185.67	3 185.67
		维修车间	耗用数量	2 500		
			分配金额	1 070.08		1 070.08
	制造费用	背包车间	耗用数量	45 000	1 500	
			分配金额	19 261.35	23 892.56	43 153.91
		旅行箱车间	耗用数量	50 000	1 200	
			分配金额	21 401.50	19 114.05	40 515.55
	管理费用		耗用数量	2 500		
			分配金额	1 170.54		1 170.54
合　计				42 903.47	46 192.28	89 095.75

步骤5：编制会计分录。

借：辅助生产成本——供电车间　　　　　　　　　　3 185.67
　　　　　　　　——维修车间　　　　　　　　　　1 070.08
　　制造费用——背包车间　　　　　　　　　　　　43 153.91
　　　　　　——旅行箱车间　　　　　　　　　　　40 515.55
　　管理费用　　　　　　　　　　　　　　　　　　1 170.54
　贷：辅助生产成本——供电车间　　　　　　　　　　42 903.47
　　　　　　　　　——维修车间　　　　　　　　　　46 192.28

> **提示**　管理部门分配的电费数额1 170.54不是单位成本乘以耗用数量得来的，这是因为单位成本的计算过程存在四舍五入的问题，因此该数额是倒挤出来的，计算公式=39 717.8+3 185.67-1 070.08-19 261.35-21 401.5。

需要说明的是，辅助生产部门分配的金额合计为 89 095.75 元，这与待分配费用合计（84 840 元）相差 4 255.75 元，这是由于辅助生产车间之间交互分配费用（3 185.67 元、1 070.08 元）引起的。

知识窗

前面分别用了五种分配方法对世纪伟业箱包有限公司的辅助生产成本进行了分配。由于本例中辅助生产部门提供的都是劳务没有产品，不存在月末在产品的问题，因此，分配后辅助生产成本明细账无余额。如果辅助生产还提供产品，分配转出时计入"周转材料——低值易耗品"等；存在月末在产品，则辅助生产成本明细账会有余额。

任务拓展训练

训练 8：辅助生产费用的直接分配法。

某企业 2 月供电车间、供水车间的辅助生产成本分别为 90 000 元和 24 600 元。假定两个辅助生产车间提供的劳务量汇总表如表 2-29 所示。

表 2-29　辅助生产车间提供的劳务量汇总表

20××年 2 月

受　益　单　位		供　电（度）	供　水（吨）
辅助生产部门	供电车间		200
	供水车间	30 000	
基本生产部门		200 000	8 000
企业管理部门		70 000	
合　　计		300 000	8 200

要求：根据上述资料，编制 2 月辅助生产费用分配表（见表 2-30）及会计分录。

表 2-30　辅助生产费用分配表（直接分配法）

20××年 2 月

辅助生产部门			供电车间	供水车间	合　　计
待分配费用					
供应给辅助生产部门以外的劳务量					
费用分配率					
应借账户	制造费用	耗用数量			
		分配金额			

续表

辅助生产部门			供 电 车 间	供 水 车 间	合 计
应借账户	管理费用	耗用数量			
		分配金额			
	合 计				

训练9：辅助生产费用的交互分配法。

沿用训练1的资料，采用交互分配法分配辅助生产费用。

要求：编制本月辅助生产费用分配表（见表2-31）及会计分录。

表2-31 辅助生产费用分配表（交互分配法）

20××年1月　　　　　　　　　　　　　　　　　　金额单位：元

项　目			交互分配			对外分配		
辅助生产车间			供电车间	供水车间	合计	供电车间	供水车间	合计
待分配费用								
劳务供应总量								
费用分配率								
应借账户	辅助生产成本	供电车间	耗用数量						
			分配金额						
		供水车间	耗用数量						
			分配金额						
	制造费用		耗用数量						
			分配金额						
	管理费用		耗用数量						
			分配金额						
对外分配金额合计								

任务六　制造费用的归集与分配

【知识储备】

一、制造费用的内容

制造费用是指企业为生产产品或提供劳务而发生的、应计入产品成本但没有专设成本项目的各种生产费用。制造费用的内容较多，按照费用的发生与生产的关系，可将制造费用分为以下三类。

（1）间接用于产品生产的费用，如机物料消耗、生产车间厂房设备折旧、修理费、保险费、租赁费、生产车间照明费、取暖费、运输费、劳保费，以及季节性停产和生产设备修理期间的停工损失等。

（2）直接用于产品生产，但不要求单独核算，因此未专设成本项目的费用，如生产设备的折旧费、修理费、保险费、生产工具摊销、设计制图费、试验检验费等。

（3）生产部门用于组织和管理生产而发生的费用，如生产部门管理人员的工资及福利费、生产管理部门房屋及设备的折旧，生产管理部门的照明费、取暖费、差旅费、办公费等。这些费用虽具有管理费用的性质，但由于车间是从事生产活动的单位，其发生的管理费用与制造费用很难区分，因此，为了简化核算工作，这些费用也作为制造费用核算，并不计入管理费用。

二、科目的设置

企业应设置"制造费用"一级科目，制造费用的二级明细可以根据生产部门来设置。例如，在"制造费用"一级科目下设置"第一车间""第二车间""供电车间""供水车间"等。前已述及，辅助生产部门可以设置制造费用明细账，也可以不设置制造费用明细账，这根据企业自身情况来决定。这里所讲的制造费用核算是指基本生产车间制造费用的核算。

制造费用明细账中可以设置职工薪酬、折旧费、租赁费、机物料消耗、低值易耗品摊销、修理费、取暖费、水电费、办公费、差旅费、运输费、保险费、劳保费、设计制图费、试验检验费、停工损失等费用项目。费用项目的确定要根据具体情况而定，哪些项目经常发生，金额比重大，需要重点控制，就设置哪些项目。

三、制造费用的分配原则

在基本生产车间只生产一种产品的情况下，该基本生产车间所归集的制造费用是直接费用，应直接计入该种产品的成本；在基本生产车间生产多种产品的情况下，该基本生产车间所归集的制造费用是间接费用，应采用适当的方法分配计入各种产品的成本。下面讲的制造费用的分配方法就是指这种情况。

四、制造费用的分配方法

制造费用的分配方法通常有生产工时比例法、机器工时比例法、生产工人工资比例法及年度计划分配率法。

1. 生产工时比例法

生产工时比例法是指将车间发生的制造费用按照该车间所生产的各种产品的生产工时比例进行分配。如果企业产品的定额较准确，也可以用定额工时来分配。

$$制造费用分配率=\frac{制造费用总额}{各种产品生产工时总和}$$

$$某产品应分配的制造费用=该产品的生产工时\times 制造费用分配率$$

应用这种方法，能使产品分配的制造费用与劳动生产率联系起来。该方法是较好的分配方法，实际工作中应用得较多。

2. 机器工时比例法

机器工时比例法是指将车间发生的制造费用按照该车间所生产的各种产品的机器工时比例进行分配。

$$制造费用分配率=\frac{制造费用总额}{各种产品机器工时总和}$$

$$某产品应分配的制造费用=该产品的机器工时数\times 制造费用分配率$$

在机械化生产程度较高的生产部门，在制造费用中与机器设备使用有关的费用比重大，人工费用比重小，使用这种方法分配制造费用的分配结果较为准确。

3. 生产工人工资比例法

生产工人工资比例法是指按照各种产品生产工人实际工资比例分配制造费用的一种方法。

$$制造费用分配率=\frac{制造费用总额}{各种产品生产工人工资总额}$$

$$某产品应分配的制造费用=该产品的生产工人工资\times 制造费用分配率$$

采用这种方法分配制造费用，由于工资资料很容易获取，因此核算工作较简便。但需注意的是，采用这种方法的前提条件是各种产品的机械化程度差不多，否则，机械化程度高的产品虽然修理费、折旧费较高，但由于分配的工资费用少，负担的制造费用也少，这样分配是不合理的。

4. 年度计划分配率法

年度计划分配率法是指根据企业正常经营条件下的年度制造费用计划数（预算数）和预计产量的定额标准数预先计算分配率，然后按此分配率分配制造费用的一种方法。分配步骤如下。

（1）计算年度计划分配率。这里的定额标准可以是实际工时、机器工时或生产工人工资。

$$制造费用计划分配率=\frac{年度制造费用计划总额}{年度预计产量的定额标准数}$$

（2）按计划分配率分配制造费用。采用这种方法，不论每个月的制造费用是多少，都按照年度计划分配率进行分配。因此，制造费用总账账户及其所属明细科目很可能出现月末余额，实际制造费用大于已分配制造费用形成借方余额，实际制造费用小于已分配制造费用形成贷方余额。

某产品应分配的制造费用=该产品的实际产量定额标准×制造费用分配率

（3）分配差异。到年末时，按计划分配率分配的制造费用与制造费用实际数额之间一般会存在差异，将差异额按照已经分配的费用比例进行再分配，计入各产品的生产成本中。实际数大于已分配数的用蓝字补计，实际数小于已分配数的用红字冲减。

采用年度计划分配率法分配制造费用，由于每月按计划分配，平时不分配差异，因此核算比较简单。这种方法特别适用于季节性生产的企业，因为在这种企业中，产量随季节变化大。如果按实际发生的费用分配制造费用，则会造成每月的生产成本中的制造费用忽高忽低，而这不是生产部门本身原因引起的，不便于进行成本分析。

【任务案例2-16】生产工时比例法

将世纪伟业箱包有限公司20××年2月背包车间的生产费用归集到背包车间制造费用明细账中（具体数据见表2-32）（设辅助生产费用按直接法分配）。试用生产工时比例法分配制造费用（生产工时统计表见表2-33）。

表2-32 制造费用明细账

车间名称：背包车间　　　　　　　　　　　　　　　　　　　　　　　　　　　单位：元

20××年		凭证号数	摘要	借方									贷方	余额
月	日			机物料消耗	工资	福利费	保险费	折旧费	办公费	电费	维修费	合计		
2	28	略	分配材料费	200								200		200
2	28	略	分配工资薪酬		15 000							15 000		15 200
2	28	略	分配福利费等			2 100						2 100		17 300
2	28	略	分配保险费等				6 150					6 150		23 450
2	28	略	分配折旧费					880				880		24 330
2	28	略	分配办公费						80			80		24 410
2	28	略	分配辅助生产电费							18 450		18 450		42 860
2	28	略	分配辅助生产维修费								25 065	25 065		67 925
			本月合计	200	15 000	2 100	6 150	880	80	18 450	25 065	67 925		67 925

表2-33与分配工资费用的表2-11完全相同，为了学生学习方便和保证案例的完整性，在此列示。

表2-33 生产工时统计表

20××年2月　　　　　　　　　　　　　　　　　　　　　　　　　　　　　　单位：小时

背包车间		旅行箱车间	
男士背包	女士背包	男士旅行箱	女士旅行箱
3 500	4 800	3 800	3 000

【任务实施】

步骤 1：计算制造费用分配率。

制造费用分配率=67 925÷（3 500+4 800）≈8.18（元/小时）

步骤 2：计算各种产品应分配的制造费用。

男士背包应分配的制造费用=8.18×3 500=28 630（元）

女士背包应分配的制造费用=67 925-28 630=39 295（元）

步骤 3：编制会计分录。

借：基本生产成本——背包车间——男士背包　　　　　　　　28 630
　　　　　　　　　　　　　　——女士背包　　　　　　　　39 295
　　贷：制造费用——背包车间　　　　　　　　　　　　　　　　67 925

【任务案例 2-17】机器工时比例法

仍以任务案例 2-16 的资料为例。假定男士背包和女士背包的机器工时分别为 3 200 小时和 4 000 小时，试用机器工时比例法分配制造费用。

【任务实施】

步骤 1：计算制造费用分配率。

制造费用分配率=67 925÷（3 200+4 000）≈9.43（元/小时）

步骤 2：计算各种产品应分配的制造费用。

男士背包应分配的制造费用=9.43×3 200=30 176（元）

女士背包应分配的制造费用=67 925-30 176=37 749（元）

步骤 3：编制会计分录。

借：基本生产成本——背包车间——男士背包　　　　　　　　30 176
　　　　　　　　　　　　　　——女士背包　　　　　　　　37 749
　　贷：制造费用——背包车间　　　　　　　　　　　　　　　　67 925

【任务案例 2-18】生产工人工资比例法

仍以任务案例 2-16 的资料为例，试用生产工人工资比例法分配背包车间制造费用（工资费用分配表见表 2-34，该表同表 2-12）。

表 2-34　工资费用分配表

20××年2月　　　　　　　　　　　　　　　　金额单位：元

应借账户			成本或费用项目	分配标准（生产工时）	分配率	工资费用
总　账	二级账	明细账				
基本生产成本	背包车间	男士背包	直接人工	3 500		42 175
		女士背包	直接人工	4 800		57 825
		小　计		8 300	12.05	100 000

续表

应借账户			成本或费用项目	分配标准（生产工时）	分配率	工资费用
总账	二级账	明细账					
基本生产成本	旅行箱车间	男士旅行箱	直接人工	3 800		48 070
		女士旅行箱	直接人工	3 000		37 930
		小计		6 800	12.65	86 000
	基本生产成本小计					186 000
辅助生产成本	供电车间		直接人工			24 000
	维修车间		直接人工			28 000
	小计					52 000
制造费用	背包车间		工资			15 000
	旅行箱车间		工资			16 500
	小计					31 500
管理费用						80 000
合计						349 500

【任务实施】

步骤1：计算制造费用分配率。

制造费用分配率=67 925÷（42 175+57 825）≈0.68（元/小时）

步骤2：计算各种产品应分配的制造费用。

男士背包应分配的制造费用=0.68×42 175 = 28 679（元）

女士背包应分配的制造费用=67 925−28 679 = 39 246（元）

步骤3：编制会计分录。

借：基本生产成本——背包车间——男士背包　　　　　　28 679
　　　　　　　　　　　　　　　　——女士背包　　　　　　39 246
　　贷：制造费用——背包车间　　　　　　　　　　　　　　67 925

【任务案例2-19】年度计划分配率法

仍以任务案例2-16的资料为例。背包车间2月发生制造费用67 925元。假定背包车间20××年全年制造费用计划820 000元，男士背包全年计划产量5 900件，女士背包全年计划产量7 100件，男士背包的工时定额为7小时，女士背包的工时定额为8小时。假定20××年年末背包车间实际发生制造费用805 000元，已按计划分配制造费用780 000元，其中，男士背包已分配340 000元，女士背包已分配440 000元。试用年度计划分配率法分配制造费用（2月产品产量记录见表2-35）。

表 2-35 产量记录

20××年 2 月

产　品	期初在产品	本月投产	本月完工	月末在产品
男士背包	60	500	480	80
女士背包	45	600	580	65

【任务实施】

步骤 1：计算制造费用计划分配率。

制造费用计划分配率=820 000÷（5 900×7+7 100×8）≈8.36（元/小时）

步骤 2：计算各种产品应分配的制造费用。

男士背包应分配的制造费用=8.36×480×7＝28 089.6（元）

女士背包应分配的制造费用=8.36×580×8＝38 790.4（元）

步骤 3：编制 2 月背包车间分配制造费用会计分录。

借：基本生产成本——背包车间——男士背包　　　　　28 089.6
　　　　　　　　　　　　　　——女士背包　　　　　38 790.4
　　贷：制造费用——背包车间　　　　　　　　　　　　66 880

2 月背包车间实际发生制造费用 67 925 元，分配 66 880 元，本月分配制造费用金额和本月实际发生的制造费用金额不同。由此可见，采用这种方法每月制造费用账户一般有余额，有可能在借方，也有可能在贷方，月月滚动。

步骤 4：年末分配制造费用余额。

年末背包车间制造费用余额=805 000–780 000=25 000（元）

制造费用余额分配率=25 000÷（340 000+440 000）=0.032（元/小时）

男士背包分配制造费用余额=340 000×0.032=10 880（元）

女士背包分配制造费用余额=25 000–10 880=14 120（元）

步骤 5：编制年末分配制造费用余额会计分录。

借：基本生产成本——背包车间——男士背包　　　　　10 880
　　　　　　　　　　　　　　——女士背包　　　　　14 120
　　贷：制造费用——背包车间　　　　　　　　　　　　25 000

> **提示**　前面分别用了四种分配方法对世纪伟业箱包有限公司箱包车间的制造费用进行了分配，在实际工作中企业可以根据自身的实际情况合理地选用分配方法，但是在条件没有明显变化的情况下，不应随便改变分配方法，如确需改变，应在会计报表附注中予以说明。

任务拓展训练

训练 10：制造费用的生产工资比例法。

某企业 5 月第一车间制造费用总额 460 000 元，该车间生产 A 产品和 B 产品两种产品。该月 A 产品负担工资 105 000 元，B 产品负担工资 125 000 元。

要求：应用生产工人工资比例法分配制造费用，并编制会计分录。

训练 11：制造费用的年度计划分配率法。

某企业某生产车间全年制造费用计划为 448 800 元，全年产品计划产量为 A 产品 15 000 件，B 产品 21 000 件。单位产品工时定额：A 产品 4 小时，B 产品 2 小时。1 月产品实际产量：A 产品 1 300 件，B 产品 1 800 件。1 月实际发生制造费用 39 600 元。

假定年末，全年发生制造费用总额 460 000 元，已按计划分配 446 000 元，其中 A 产品已经分配 240 000 元，B 产品已经分配 206 000 元。

要求：1. 计算 1 月各种产品应分配的制造费用数额，并编制会计分录。

2. 分配年末制造费用差异，并编制会计分录。

任务七　生产损失的归集与分配

【知识储备】

一、生产损失的内容

生产损失是指企业在生产过程中发生的、不能形成正常产出的各种耗费。生产损失包括以下四种情况。

（1）原材料自然损耗或工艺原因使生产过程中的材料和人工超长消耗造成的损失。

（2）生产过程中产生的边角废料。

（3）生产了不合格品而造成的报废损失。

（4）生产设备发生故障被迫停工而造成的停工损失。

上述前两种情况在产品成本计算时，有的可以直接计入成本，有的可以作价入库，这里不再详述。下面重点讲述废品损失和停工损失。

二、科目的设置

单独核算废品损失和停工损失的企业应该单独设置"废品损失"和"停工损失"一级会计科目，在生产成本明细账中单独设置"废品损失"和"停工损失"成本项目，分别核算废品损失和停工损失。

月末将"废品损失"和"停工损失"科目发生额分别计入相关产品的基本生产成本明细账中的"废品损失"和"停工损失"成本项目中。

不单独核算废品损失的企业,可以不设置"废品损失"会计科目和"废品损失"成本项目。发生不可修复废品,只从全部产量中扣除废品数量,不再归集废品的生产成本,废品残料价值冲减"基本生产成本"账户的直接材料项目;发生可修复废品的修理费用,直接计入"基本生产成本"账户的相关项目。

不单独核算停工损失的企业,可以不设置"停工损失"会计科目和"停工损失"成本项目,只在回收残值时冲减"基本生产成本"账户,同时停工期间发生的各种费用,直接计入"制造费用"或"营业外支出"等。

三、废品损失的核算方法

废品损失是指在生产过程中由于某种原因造成的产品质量不符合规定技术标准而发生的没有价值的耗费。废品按能否修复分为可修复废品和不可修复废品。可修复废品是指经过修理可以使用,而且所花费的修理费用在经济上划算的废品;不可修复废品则是指技术上不能修复或修复费用在经济上不划算的废品。

1. 不可修复废品损失的核算

不可修复废品损失是指废品的生产成本扣除残料价值及应收赔偿款后的损失。废品生产成本的确定方法一般有两种:一种是按废品所耗实际费用计算废品损失,另一种是按废品所耗定额费用计算废品损失。

(1)按废品所耗实际费用计算废品损失。采用这种方法是指在废品报废时,将该产品的全部实际费用采用一定的分配方法在合格品与废品(如有月末在产品,还应该包括月末在产品)之间进行分配,计算出废品的实际成本。其计算公式如下。

$$\text{废品负担的材料费用} = \frac{\text{某产品直接材料费用总额}}{\text{完工合格品数量+废品数量或约当产量+月末在产品数量或约当产量}} \times \text{废品数量}$$

$$\text{废品负担的人工费用} = \frac{\text{某产品直接人工费用总额}}{\text{完工合格品数量+废品数量或约当产量+月末在产品数量或约当产量}} \times \text{废品数量}$$

$$\text{废品负担的制造费用} = \frac{\text{某产品制造费用总额}}{\text{完工合格品数量+废品数量或约当产量+月末在产品数量或约当产量}} \times \text{废品数量}$$

注:约当产量是指将在产品折合成相当于完工产品的数量,具体折合方式将在项目三中详细介绍。

① 结转废品生产成本的会计分录:

借:废品损失
　　贷:基本生产成本——某产品

②回收残料入库的会计分录：

借：原材料
　　贷：废品损失

③将废品净损失转入合格品成本中的会计分录：

借：基本生产成本
　　贷：废品损失

按废品的实际费用计算废品损失，虽然计算结果符合实际，但核算工作量较大。

（2）按废品所耗定额费用计算废品损失。采用这种方法是指按废品的数量和各项费用定额计算废品的定额成本，再将废品定额成本扣除废品残值或应收赔款后计算出废品损失。这种方法由于计算过程中不考虑废品实际发生的费用，核算工作比较简单，但适用于消耗定额和费用定额较准确的企业。

2. 可修复废品损失的核算

可修复废品损失是指废品在修复过程中发生的各项修复费用。可修复废品在修复前所发生的生产费用已计入基本生产成本账户，不需要转出。具体业务处理如下（假定企业单独核算废品损失）。

（1）发生修理费用的会计分录：

借：废品损失
　　贷：原材料
　　　　应付职工薪酬
　　　　制造费用

（2）确定应收赔款的会计分录：

借：其他应收款
　　贷：废品损失

（3）结转废品净损失的会计分录：

借：基本生产成本
　　贷：废品损失

四、停工损失的核算方法

停工损失是指企业生产部门在停工期间发生的各项费用，主要包括停工期间的生产工人工资、福利费、所耗燃料外购动力费用及制造费用等。

停工时车间应当填制停工报告单，并在考勤记录中登记。停工报告单中应详细列明停工范围、时间、原因及过失单位或个人等内容。会计部门要对停工报告单进行审核。只有经过审核的停工报告单，才能作为停工损失核算的原始凭证。为了简化核算，停工不满一个工作日的，一般不计算停工损失。

停工损失分两种情况：一种是季节性停工、修理期间的正常停工，另一种是自然灾害等非正常停工。

单独核算停工损失的业务处理如下（假定企业单独核算停工损失）。

（1）停工期间发生费用的会计分录：

借：停工损失
　　贷：制造费用
　　　　应付职工薪酬

（2）季节性停工、修理期间的正常停工费用等，计入产品成本的会计分录：

借：基本生产成本
　　贷：停工损失

（3）非正常停工损失计入营业外支出：

借：营业外支出
　　贷：停工损失

【任务案例 2-20】不可修复废品损失的核算（按实际费用计算）

某企业的基本生产车间本月生产甲产品 1 000 件，其中 10 件是不可修复废品。合格品与废品共同发生的生产费用：直接材料 280 000 元，直接人工 60 000 元，制造费用 87 000 元。原材料在生产开始时一次投入，产品生产工时：合格品 2 970 小时，废品 30 小时。废品残料回收价值 200 元（按废品所耗实际费用计算废品损失）。

【任务实施】

步骤 1：计算费用分配率。

由于原材料在生产开始时一次投入，所以废品所耗原材料与合格品相同，材料费可以按产量分配，直接人工和制造费用可以按工时分配。

直接材料分配率=280 000÷1 000=280（元/件）

直接人工分配率=60 000÷（2 970+30）=20（元/小时）

制造费用分配率=87 000÷（2 970+30）=29（元/小时）

步骤 2：编制不可修复废品损失计算表（见表 2-36）。

表 2-36　不可修复废品损失计算表

车间：基本生产车间

产品：甲产品　　　　　　　　　　　　　　　　　　　　　　　　　　　　金额单位：元

项　　目	产　量	直接材料	生产工时	直接人工	制造费用	合　　计
生产费用总额	1 000	280 000	3 000	60 000	87 000	427 000
费用分配率		280		20	29	

续表

项目	产量	直接材料	生产工时	直接人工	制造费用	合计
废品成本	10	2 800	30	600	870	4 270
减：残料价值		200				
废品损失		2 600		600	870	4 070

步骤3：根据不可修复废品损失计算表编制会计分录。

首先，结转废品生产成本：

借：废品损失——甲产品　　　　　　　　　　　　　　　　　4 270
　　贷：基本生产成本——甲产品　　　　　　　　　　　　　　　4 270

其次，残料入库：

借：原材料　　　　　　　　　　　　　　　　　　　　　　　200
　　贷：废品损失——甲产品　　　　　　　　　　　　　　　　　200

最后，将废品净损失转入产品生产成本：

借：基本生产成本——甲产品　　　　　　　　　　　　　　　4 070
　　贷：废品损失——甲产品　　　　　　　　　　　　　　　　4 070

步骤4：基本生产成本明细账如表2-37所示（假定本月产品全部完工）。

表2-37　基本生产成本明细账

车间：基本生产车间

产品：甲产品　　　　　　　　　　　　　　　　　　　　　　　　　　金额单位：元

20××年		凭证号数	摘要	借方					贷方	余额
月	日			直接材料	直接人工	制造费用	废品损失	合计		
1	31	略	分配材料费用	280 000				280 000		280 000
1	31	略	分配人工费用		60 000			60 000		340 000
1	31	略	分配制造费用			87 000		87 000		427 000
1	31	略	转出不可修复废品成本	2 800	600	870			4 270	422 730
1	31	略	转入废品净损失				4 070	4 070		426 800
1	31	略	结转完工入库合格品成本	277 200	59 400	86 130	4 070	426 800	426 800	0

注：由于篇幅的关系，该表所显示的明细账和实际工作中的基本生产成本多栏式明细账的格式略有不同。

【任务案例2-21】不可修复废品损失的核算（按定额费用计算）

某企业的基本生产车间本月在生产甲产品过程中产生不可修复废品10件。原材料在生产开始时一次投入，单位产品定额费用：原材料定额费用80元/件，人工费用10元/小时，制造费用9元/小时。废品的定额工时为20小时，废品残料回收价值为300元，按废品所耗定额费用计算废品损失。

【任务实施】

步骤1：编制不可修复废品损失计算表（见表2-38）。

表2-38 不可修复废品损失计算表

车间：基本生产车间

产品：甲产品 金额单位：元

项 目	产 量	直接材料	生产工时	直接人工	制造费用	合 计
定额费用		80元/件		10元/小时	9元/小时	
废品定额成本	10	800	20	200	180	1 180
减：残料价值		300				300
废品损失		500		200	180	880

步骤2：根据不可修复废品损失计算表编制会计分录。

首先，结转废品生产成本：

借：废品损失——甲产品　　　　　　　　　　　　　　　1 180
　　贷：基本生产成本——甲产品　　　　　　　　　　　　　1 180

其次，残料入库：

借：原材料　　　　　　　　　　　　　　　　　　　　　300
　　贷：废品损失——甲产品　　　　　　　　　　　　　　　300

最后，将废品净损失转入产品生产成本：

借：基本生产成本——甲产品　　　　　　　　　　　　　880
　　贷：废品损失——甲产品　　　　　　　　　　　　　　　880

【任务案例2-22】可修复废品损失的核算

某企业基本生产车间发生可修复废品20件，均为A产品。修复过程中发生材料费300元，修复人员工资1 500元。另查明车间工人李某应对10件废品的损失负责。

【任务实施】

步骤1：结转修复废品材料费用。

借：废品损失——A产品　　　　　　　　　　　　　　　300
　　贷：原材料　　　　　　　　　　　　　　　　　　　　　300

步骤2：结转修复废品人工费用。

借：废品损失——A产品　　　　　　　　　　　　　　　1 500
　　贷：应付职工薪酬——工资、奖金、津贴和补贴　　　　　1 500

步骤 3：责任人赔偿。

赔偿额=（300+1 500）÷20×3=270（元）

借：其他应收款——李某　　　　　　　　　　　　　　　270

　　贷：废品损失——A产品　　　　　　　　　　　　　　　270

步骤 4：将废品净损失计入生产成本。

借：基本生产成本——A产品　　　　　　　　　　　　　1 530

　　贷：废品损失——A产品　　　　　　　　　　　　　　1 530

> **提示**：上述任务案例中都是在假定企业单独设置"废品损失"和"停工损失"账户的情况下进行的业务处理，但在实际工作中企业是否单独设置"废品损失"和"停工损失"账户，要根据企业的具体情况和管理要求来决定。如果企业废品损失和停工损失很少发生或数量金额较小，可以不单独设置，否则应该单独设置账户来核算废品损失和停工损失，以期对之加强管理和控制。

任务拓展训练

训练 12：按实际费用核算不可修复废品损失。

某企业的基本生产车间本月生产 A 产品 1 000 件，其中 5 件是不可修复废品。合格品与废品共同发生的生产费用：直接材料 250 000 元，直接人工 80 000 元，制造费用 50 000 元。原材料在生产开始时一次投入，产品生产工时：合格品 4 980 小时，废品 20 小时。废品残料回收价值 100 元。

要求：按实际费用核算不可修复废品损失（见表 2-39），并编制会计分录。

表 2-39　不可修复废品损失计算表

车间：基本生产车间

产品：A 产品　　　　　　　　　　　　　　　　　　　　　　　　　　　金额单位：元

项　　目	产　　量	直接材料	生产工时	直接人工	制造费用	合　　计
生产费用总额						
费用分配率						
废品成本						
减：残料价值						
废品损失						

训练 13：按定额费用核算不可修复废品损失。

某企业的基本生产车间本月在生产 B 产品过程中产生不可修复废品 10 件。单位产品定额费用：原材料定额费用 200 元/件，人工费用 10 元/小时，制造费用 7 元/小时。废品完成的定额工时为 30 小时，废品残料回收价值为 500 元。

要求：按定额费用核算不可修复废品损失（见表 2-40），并编制会计分录。

表 2-40 不可修复废品损失计算表

车间：基本生产车间

产品：B 产品 金额单位：元

项 目	产 量	直接材料	生产工时	直接人工	制造费用	合 计
定额费用						
废品定额成本						
减：残料价值						
废品损失						

基础知识测评

一、单项选择题

1. 车间生产领用的一般性工具、用具，应计入（　　）账户。

A．销售费用　　　　　　　　B．制造费用

C．基本生产成本　　　　　　D．管理费用

2. 基本生产车间直接用于产品生产的原材料，应通过（　　）成本项目反映。

A．原材料　　　　　　　　　B．直接材料

C．原料及主要材料　　　　　D．外购材料

3. 下列应计入产品成本中直接人工项目的是（　　）。

A．车间管理人员工资　　　　B．生产工人工资

C．厂部管理人员工资　　　　D．独立销售机构人员工资

4. 车间厂房的折旧应计入（　　）科目。

A．基本生产成本　　　　　　B．辅助生产成本

C．制造费用　　　　　　　　D．管理费用

5. 辅助生产费用的顺序分配法，基本要求是（　　）。

A．受益少的分配在前，受益多的分配在后

B．费用少的分配在前，费用多的分配在后

C．受益多的分配在前，受益少的分配在后

D．费用多的分配在前，费用少的分配在后

6. 辅助生产费用的直接分配法是指（　　）。

A．先将辅助生产费用在辅助生产车间之间交互分配，然后再对外分配

B．先将辅助生产费用对外分配，然后在辅助生产车间之间交互分配

C．将各辅助生产车间的辅助生产费用直接对辅助生产部门以外的受益单位分配

D．将各辅助生产车间的辅助生产费用直接对所有的受益单位分配

7. 在各种辅助生产费用的分配方法中，（　　）的计算结果最精确。

A．交互分配法　　　　　　　　B．直接分配法

C．计划成本分配法　　　　　　D．代数分配法

8. 如果辅助生产车间规模不大，制造费用不多，为了简化核算工作，可以不单设制造费用明细账，其制造费用计入（　　）。

A．制造费用　　　　　　　　　B．基本生产成本

C．辅助生产成本　　　　　　　D．管理费用

9. 辅助生产费用采用计划成本分配法计算的辅助生产成本差异，为简化核算一般可以计入（　　）账户。

A．制造费用　　　　　　　　　B．基本生产成本

C．辅助生产成本　　　　　　　D．管理费用

10. 按生产工人工资分配制造费用，适用于（　　）的企业。

A．各种产品的机械化程度都很低　B．各种产品的机械化程度都很高

C．各种产品的机械化程度相差不大　D．各种产品的机械化程度相差较大

二、多项选择题

1. 原材料总账可以设如下二级科目（　　）。

A．辅助材料　　　　　　　　　B．原料及主要材料

C．备品备件　　　　　　　　　D．包装物

2. 周转材料总账可以设如下二级科目（　　）。

A．辅助材料　　B．低值易耗品　C．备品备件　　D．包装物

3. 原材料费用的常用分配方法有（　　）。

A．定额耗用量比例法　　　　　B．重量比例法

C．定额费用比例法　　　　　　D．材料费用比例法

4. 材料收发的原始凭证有（　　）。

A．限额领料单　B．领料单　　　C．退料单　　　D．领料登记表

5. 低值易耗品分配，借方可能计入的科目有（　　）。

A．制造费用　　　　　　　　　B．基本生产成本

C．辅助生产成本　　　　　　　D．应收账款

6. 职工薪酬包括（　　）。

A．工资、奖金　　　　　　　　B．职工福利

C．社会保险费　　　　　　　　D．辞退福利

7．辅助生产成本的分配方法有（　　）。

A．直接分配法　　　　　　　　B．交互分配法

C．生产工时比例法　　　　　　D．顺序分配法

8．制造费用的分配方法有（　　）。

A．生产工时比例法　　　　　　B．机器工时比例法

C．年度计划分配率法　　　　　D．直接分配法

9．可修复废品的修复费用应包括（　　）。

A．修复废品的材料费用　　　　B．修复废品的外购动力费用

C．修复废品的人工费用　　　　D．修复废品的销售费用

10．不可修复废品的净损失包括（　　）。

A．不可修复废品所耗的材料费用　　B．不可修复废品所耗的人工费用

C．不可修复废品的残料价值　　　　D．不可修复废品的应收赔款

三、判断题

1．制造业企业一般应设置"低值易耗品""包装物"一级科目。　　　　　　（　　）

2．用于维护生产设备的材料费用，应由辅助生产的产品或劳务负担。　　（　　）

3．如果某种材料构成产品的主要实体，则该材料的费用可以按产品的重量分配。（　　）

4．当定额耗用量较准确、多种产品共同耗用材料的情况较多时，比较适合采用定额费用比例法。　　　　　　　　　　　　　　　　　　　　　　　　　　　　（　　）

5．原材料费用不可以按重量比例分配。　　　　　　　　　　　　　　　（　　）

6．车间管理人员工资应计入制造费用。　　　　　　　　　　　　　　　（　　）

7．采用直接分配法分配辅助生产费用，程序简单，结果准确。　　　　　（　　）

8．制造费用账户期末是没有余额的。　　　　　　　　　　　　　　　　（　　）

9．辅助生产费用的交互分配法，先进行辅助生产车间之间的交互分配，再进行对外分配。
　　　　　　　　　　　　　　　　　　　　　　　　　　　　　　　　（　　）

10．辅助生产费用用代数分配法分配，计算结果最为准确。　　　　　　（　　）

岗位能力测评

1．某企业基本生产车间20××年2月生产A、B两种产品，共耗用原材料5 800千克，每千克的成本为18元。本月产量A产品为200件，B产品为180件；各个产品的消耗定额为A产品18千克，B产品12千克。

要求：用定额耗用量比例法分配原材料费用（见表2-41）。

表2-41　原材料费用分配表

车间：基本生产车间　　　　　　　　20××年2月　　　　　　　　金额单位：元

产品名称	产量（件）	单位消耗定额	定额消耗量	分配率	分配额
A产品					
B产品					
合计					

2．某企业有一个基本生产车间生产C、D两种产品，两个辅助生产车间为供暖车间和维修车间。某月C、D产品产量分别为120件和180件，发料汇总表如表2-42所示。

表2-42　发料汇总表　　　　　　　　金额单位：元

领料单位	金额
C产品直接材料	5 000
D产品直接材料	8 000
C、D产品共同领料	12 000
供暖车间领料	1 000
维修车间领料	1 500
基本生产车间一般耗用材料	500
管理部门领料	800
合计	28 800

要求：编制材料费用分配表（见表2-43），并编制会计分录（注：C、D产品共同耗用按产品产量进行分配）。

表2-43　材料费用分配表　　　　　　　　金额单位：元

应借账户		直接材料	共同耗用材料	分配标准（产量）	分配率	分配金额	材料费用合计
基本生产成本	C产品						
	D产品						
	小计						
辅助生产成本	供暖车间						
	维修车间						
	小计						

续表

应借账户	直接材料	共同耗用材料	分配标准（产量）	分配率	分配金额	材料费用合计
制造费用						
管理费用						
合　　计						

3. 某企业本月生产 E、F 两种产品，共发生生产工人工资 50 000 元，福利费 8 000 元。本月实际生产工时 10 000 小时，其中，E 产品工时 4 000 小时，F 产品 6 000 小时。

要求：按生产工时比例法分配工资费用，并编制会计分录。

4. 某企业本月生产 G、H 两种产品，G 产品实际工时 5 000 小时，H 产品实际工时 7 000 小时，辅助生产车间不单独设置制造费用明细账。工资资料如表 2-44 所示。

表 2-44　工资资料　　　　　　　　　　　　　　　金额单位：元

单　位	项　目	金额（元）
基本生产车间	生产工人工资	84 000
	管理人员工资	15 000
供暖车间	生产工人工资	11 000
	管理人员工资	5 000
维修车间	生产工人工资	14 000
	管理人员工资	8 000
管理部门	管理人员工资	18 000
合　计		155 000

要求：编制工资费用分配表（见表 2-45）和相关会计分录。

表 2-45　工资费用分配表　　　　　　　　　　　　　金额单位：元

应　借　账　户		生产工时	分配率	分配金额
基本生产成本	G 产品			
	H 产品			
	小　计			
制造费用				
辅助生产成本	供暖车间			
	维修车间			
	小　计			
管理费用				
合　计				

5．某企业设供电和维修两个辅助生产车间，本月供电车间发生生产费用 66 900 元，维修车间发生生产费用 51 000 元。计划单位成本：供电 1.25 元/度，维修 25 元/小时。辅助生产车间提供的劳务量汇总表如表 2-46 所示。（保留两位小数）

表 2-46 辅助生产车间提供的劳务量汇总表

受益单位		供电（度）	维修（小时）
辅助生产部门	供电车间		200
	维修车间	600	
基本生产部门	第一车间	25 000	500
	第二车间	18 000	900
企业管理部门		1 000	100
合　计		44 600	1 700

要求：

（1）采用直接分配法分配辅助生产费用，编制辅助生产费用分配表（见表 2-47）和相关会计分录。

表 2-47 辅助生产费用分配表（直接分配法） 　　　　　　　　金额单位：元

辅助生产部门			供电车间	维修车间	合　计
待分配费用					
供应给辅助生产部门以外的劳务量					
费用分配率					
应借账户	制造费用	第一车间 耗用数量			
		分配金额			
		第二车间 耗用数量			
		分配金额			
	管理费用	耗用数量			
		分配金额			
合　计					

（2）采用交互分配法分配辅助生产费用，编制辅助生产费用分配表（见表 2-48）和相关会计分录。

表 2-48　辅助生产费用分配表（交互分配法）　　　　　　　　　金额单位：元

项　　目			交　互　分　配			对　外　分　配		
辅助生产车间			供电车间	维修车间	合　计	供电车间	维修车间	合　计
待分配费用								
劳务供应总量								
费用分配率								
应借账户	辅助生产成本	供电车间	耗用数量						
^	^	^	分配金额						
^	^	维修车间	耗用数量						
^	^	^	分配金额						
^	制造费用	第一车间	耗用数量						
^	^	^	分配金额						
^	^	第二车间	耗用数量						
^	^	^	分配金额						
^	管理费用		耗用数量						
^	^	^	分配金额						
对外分配金额合计								

（3）采用顺序分配法分配辅助生产费用，编制辅助生产费用分配表（见表2-49）和相关会计分录。

表 2-49　辅助生产费用分配表（顺序分配法）　　　　　　　　　金额单位：元

辅助生产车间			维修车间	供电车间	合　　计
待分配费用						
劳务供应总量						
费用分配率						
应借账户	辅助生产成本	维修车间	耗用数量			
^	^	^	分配金额			
^	^	供电车间	耗用数量			
^	^	^	分配金额			
^	制造费用	第一车间	耗用数量			
^	^	^	分配金额			
^	^	第二车间	耗用数量			
^	^	^	分配金额			

续表

辅助生产车间		维修车间	供电车间	合 计
应借账户	管理费用 耗用数量			
	分配金额			
合 计				

（4）采用计划成本分配法分配辅助生产费用，编制辅助生产费用分配表（见表2-50）和相关会计分录。

表2-50 辅助生产费用分配表（计划成本分配法）　　金额单位：元

项　目			按计划成本分配			差 异 分 配			合　计
辅助生产车间			供电车间	维修车间	小 计	供电车间	维修车间	小 计	
待分配费用（或差异额）									
劳务供应总量									
计划成本（或分配率）									
应借账户	辅助生产成本	供电车间	耗用数量						
			分配金额						
		维修车间	耗用数量						
			分配金额						
	制造费用	第一车间	耗用数量						
			分配金额						
		第二车间	耗用数量						
			分配金额						
	管理费用		耗用数量						
			分配金额						
合 计									

（5）采用代数分配法分配辅助生产费用，编制辅助生产费用分配表（见表2-51）和相关会计分录。

表2-51 辅助生产费用分配表（代数分配法）　　金额单位：元

辅助生产部门	供电车间	维修车间	合 计
待分配费用			
劳务量			
单位成本			

续表

应借账户	辅助生产部门			供电车间	维修车间	合　计
	辅助生产成本	供电车间	耗用数量			
			分配金额			
		维修车间	耗用数量			
			分配金额			
	制造费用	第一车间	耗用数量			
			分配金额			
		第二车间	耗用数量			
			分配金额			
	管理费用		耗用数量			
			分配金额			
合　计						

6．某企业基本生产车间生产甲、乙两种产品，本月基本生产车间发生制造费用56 000元，本月甲产品的生产工时为4 000小时，乙产品的生产工时为6 000小时。

要求：分配本月制造费用，并编制会计分录。

7．某企业基本生产车间生产A、B两种产品，本月基本生产车间发生制造费用50 000元，本月A产品生产工人工资为20 000元，B产品生产工人工资为30 000元。

要求：分配本月制造费用，并编制会计分录。

8．某企业本年度计划制造费用为72 000元。该企业10月实际发生制造费用5 500元，本年度实际发生制造费用80 000元。该企业生产费用有关资料如表2-52所示。

表2-52　生产资料

产　品	年度计划产量（件）	单位产品定额工时（小时）	10月份实际产量（件）
A	5 000	3	400
B	3 000	7	200

要求：

（1）计算10月，A、B两种产品应负担的制造费用，并编制会计分录。

（2）假定该年年末已实际分配制造费用78 000元（其中，A产品已分配38 000元，B产品已分配40 000元），分配制造费用差异，并编制会计分录。（保留两位小数）

9．某企业的基本生产车间本月生产甲产品5 000件，其中50件是不可修复废品。合格品与废品共同发生的生产费用：直接材料700 000元，直接人工220 000元，制造费用160 000元。原材料在生产开始时一次投入，产品生产工时：合格品19 900小时，废品100小时。废品残料回收价值为 1 500 元。

要求：按废品所耗用实际费用计算废品损失，编制不可修复废品损失计算表（见表 2-53），以及结转废品成本与残料入库，结转废品净损失的会计分录。

表 2-53 不可修复废品损失计算表

车间：基本生产车间

产品：甲产品　　　　　　　　　　　　　　　　　　　　　　　　　　　　　金额单位：元

项　　目	产　量	直接材料	生产工时	直接人工	制造费用	合　计
生产费用总额						
费用分配率						
废品成本						
减：残料价值						
废品损失						

10．某企业的基本生产车间本月在生产丁产品过程中产生不可修复废品 40 件。单位产品定额费用：原材料定额费用 90 元/件，人工费用 10 元/小时，制造费用 8 元/小时。废品的定额工时为 60 小时，废品残料回收价值为 550 元。

要求：按废品所耗定额费用计算废品损失，编制不可修复废品损失计算表（见表 2-54），以及结转废品成本与残料入库、结转废品净损失的会计分录。

表 2-54 不可修复废品损失计算表

车间：基本生产车间

产品：丁产品　　　　　　　　　　　　　　　　　　　　　　　　　　　　　金额单位：元

项　　目	产　量	直接材料	生产工时	直接人工	制造费用	合　计
定额费用						
废品定额成本						
减：残料价值						
废品损失						

11．某企业基本生产车间发生可修复废品 30 件，均为丙产品。修复过程中发生材料费 2 000 元，修复人员工资 4 000 元。另查明车间班长王某应对 5 件废品的损失负责。

要求：计算废品损失，编制发生修复费用、将废品损失转入生产成本的会计分录。

项目三
生产费用在完工产品与月末在产品之间的分配

岗位要求

知识要求：

1. 理解在产品的含义。
2. 掌握生产费用在完工产品与月末在产品之间分配的各种操作方法。
3. 掌握每种分配方法的适用条件。
4. 掌握联产品和副产品的分配方法。

技能要求：

1. 能够根据企业生产的实际情况，正确选择费用分配方法。
2. 能够熟练运用各种分配方法进行生产费用的分配。
3. 能够熟练进行联产品和副产品的分配。

任务一 概 述

【知识储备】

通过项目二中生产费用的归集与分配后，本月应计入各种产品的生产费用均已计入了各种产品的"基本生产成本"明细账。如果月末这些产品全部完工，将没有期末在产品，则"基本生产成本"明细账当前所归集的生产费用，都将作为完工产品成本转入"库存商品"；如果月末这些产品全部未完工，则"基本生产成本"明细账当前所归集的生产费用，将全部作为期末在产品成本核算。但是通常情况下，月末某种产品既有完工产品又有月末在产品，那么"基本生产成本"明细账当前所归集的生产费用，将采用一定的分配方法在完工产品与月末在产品之间进行分配，这是成本核算的一项重要内容。

一、在产品和产成品的含义

在产品是指企业已经投入生产，但尚未最后完工，不能作为商品对外销售的产品，包括正在车间进行加工的产品、已经完成了一个或几个生产步骤但还需继续加工的半成品、已经完工但尚未验收入库的产成品、正在返修或等待返修的废品等。在产品一般在"基本生产成本"科目反映。

产成品是指已经完成全部生产过程、质量合格、已经验收入库、可以对外销售的完工产品。产成品一般在"库存商品"科目反映。

二、在产品的核算

核算在产品的成本，必须先确定在产品的数量。为了确定在产品的数量，企业必须具备账面核算资料和实际盘点资料，即在做好在产品的收发存的日常核算工作的同时，还要做好在产品的清查工作。

为了做好在产品的收发存日常核算工作，企业应在车间内按产品的品种和在产品的名称来设置在产品台账，根据领料凭证、在产品内部转移凭证及入库凭证，随时将在产品收发数量登记在在产品台账上。在产品台账的一般格式如表3-1所示。

表3-1 在产品台账

生产单位： 生产工序： 在产品名称： 计量单位：

年		摘要	收入		转出			结存		
月	日		凭证号	数量	凭证号	合格品	废品	已完工	未完工	废品

三、生产费用在完工产品与在产品之间的分配方法

生产费用在完工产品与在产品之间的分配方法有在产品不计算成本法、在产品按固定成本计算法、在产品按所耗原材料费用计算法、在产品按完工产品成本计算法、约当产量比例法、定额成本法、定额比例法等。

由于都是有关费用的分配问题，副产品和联产品的成本分配也放在这一项目中介绍。

任务二　在产品不计算成本法

【知识储备】

一、在产品不计算成本法的核算

在产品不计算成本法是指本月某种产品的"基本生产成本"明细账中所归集的生产费用，全部由本月的完工产品成本负担，月末在产品不负担生产费用。这种方法的特点是本月发生的生产费用就是完工产品成本。

二、在产品不计算成本法的适用

在产品不计算成本法适用于各月末在产品数量很少、管理上不要求计算在产品成本的产品。如果各月末在产品数量很少，则在产品占用的费用就很少，在产品不计算成本对完工产品成本的影响就较小，管理上又不要求计算在产品成本，为了简化核算，可以不计算在产品成本。

【任务案例 3-1】在产品不计算成本法

某企业基本生产车间甲产品月初无在产品成本，本月发生直接材料费用 65 000 元，人工费用 35 000 元，制造费用 42 000 元，合计 142 000 元。本月完工甲产品 1 000 千克，管理上不要求计算在产品成本。

【任务实施】

步骤 1：完工产品与月末在产品费用分配表如表 3-2 所示。

表 3-2　完工产品与月末在产品费用分配表

产品名称：甲产品　　　　　　　　　　　　　　　　　　　　　　　　金额单位：元

项　目	直接材料	直接人工	制造费用	合　计
月初在产品成本	0	0	0	0
本月生产费用	65 000	35 000	42 000	142 000
生产费用合计	65 000	35 000	42 000	142 000
本月完工产品成本	65 000	35 000	42 000	142 000
月末在产品成本	0	0	0	0

步骤 2：编制结转完工产品成本的会计分录。

借：库存商品——甲产品　　　　　　　　　　　　　　　　　142 000
　　贷：基本生产成本——甲产品　　　　　　　　　　　　　　142 000

步骤 3：计算完工产品单位成本（见表 3-3）。

甲产品单位成本＝142 000÷1 000＝142（元/千克）。

表 3-3　完工产品单位成本表

产品名称：甲产品　　　　　　　　　　　　　　　　　　　　　　　　　金额单位：元

项　目	直接材料	直接人工	制造费用	合　计
本月完工产品总成本	65 000	35 000	42 000	142 000
完工产品单位成本	65	35	42	142

任务拓展训练

训练 1：在产品盘盈盘亏的处理。

某企业的基本生产车间月末在在产品清查过程中发现：甲在产品盘盈 1 件，每件成本 120 元；乙在产品盘亏 25 件，每件成本 100 元。经查，盘亏的乙产品没有查到原因，盘盈的甲产品也没有查到原因，估计是收发差错。

要求：编制发生盘盈盘亏和处理盘盈盘亏的会计分录。

训练 2：在产品不计算成本法。

某企业开采钾长石矿，月末不计算在产品成本，本月发生直接材料 5 000 元，直接人工 50 000 元，制造费用 120 000 元。本月开采了 500 吨钾长石矿，求产品单位成本。

任务三　在产品按固定成本计算法

【知识储备】

一、在产品按固定成本计算法的核算

在产品按固定成本计算是指年内各个月份的在产品成本都按年初的在产品成本计算，在年内固定不变，每月不必计算在产品成本的实际金额。企业每年年末要对年末的在产品进行盘点，据此确定年末在产品的成本，作为下一年度的在产品固定成本。采用这种方法，各月的月初、月末在产品成本都等于年初数，各月发生的生产费用就是完工产品成本。

二、在产品按固定成本计算法的适用

在产品按固定成本计算法适用于各个月末在产品数量变化不大的产品。因为各月末在产品数量变化不大,则各月末在产品成本差异额就不大,因此,是否计算各月末在产品成本差异,对完工产品成本的影响就不大。为了简化核算,可以将在产品成本按年初固定数计算。

【任务案例3-2】在产品按固定成本计算法

某企业基本生产车间甲产品8月初在产品成本:直接材料1 000元,直接人工1 200元,制造费用800元。8月发生直接材料费用72 000元,人工费用80 000元,制造费用52 000元。该企业月末在产品成本按固定成本法计算。

【任务实施】

步骤1: 完工产品与月末在产品费用分配表如表3-4所示。

表3-4　完工产品与月末在产品费用分配表

产品名称:甲产品　　　　　　　　　　　　　　　　　　　　　　　　　金额单位:元

项　目	直接材料	直接人工	制造费用	合　计
月初在产品成本	1 000	1 200	800	3 000
本月生产费用	72 000	80 000	52 000	204 000
生产费用合计	73 000	81 200	52 800	207 000
本月完工产品成本	72 000	80 000	52 000	204 000
月末在产品成本	1 000	1 200	800	3 000

步骤2: 结转完工产品成本。

借:库存商品——甲产品　　　　　　　　　　　　　　　204 000
　　贷:基本生产成本——甲产品　　　　　　　　　　　　　　　204 000

提示: 采用在产品按固定成本计算法,需要注意一点,那就是在产品固定成本的及时修订。在年末,应根据实际盘点的在产品数量,确认年末在产品的实际成本,据此计算12月的完工产品成本,并将计算出的年末在产品成本,作为下一年度各月末的固定在产品成本。这样做可以避免修订间隔时间过长,在产品固定成本严重脱离实际的情况发生。

任务拓展训练

训练3: 在产品按固定成本计算法。

某企业基本生产车间DY-1产品在产品成本按固定成本计算法计算。5月初在产品成本:

直接材料 800 元,直接人工 1 000 元,制造费用 1 100 元。5 月发生直接材料费用 68 000 元,人工费用 87 000 元,制造费用 52 000 元。

要求:编制完工产品与月末在产品费用分配表(见表 3-5)及结转完工产品成本的会计分录。

表 3-5 完工产品与月末在产品费用分配表

产品名称:DY-1　　　　　　　　　　　　　　　　　　　　　　　　　金额单位:元

项　目	直接材料	直接人工	制造费用	合　计
月初在产品成本				
本月生产费用				
生产费用合计				
本月完工产品成本				
月末在产品成本				

任务四　在产品按所耗原材料费用计算法

【知识储备】

一、在产品按所耗原材料费用计算法的核算

在产品按所耗原材料费用计算是指月末只按在产品所耗原材料的费用来计算在产品成本,其他费用均由完工产品负担。采用这种方法,当月的全部生产费用减去在产品所占用的材料费用后的余额,即完工产品成本。

如果原材料是在生产开始时一次投入的,则可以按照在产品和完工产品的数量比例分配材料费用,否则,还要用约当产量比例法分配材料费用(约当产量比例法将在任务六中阐述)。

二、在产品按所耗原材料费用计算法的适用

在产品按所耗原材料费用计算法适用于原材料费用在产品成本中所占比重较大的产品。由于原材料费用在产品成本中所占比重较大,人工费用和制造费用所占比重较小,因此在产品是否计算人工费用和制造费用对完工产品成本的影响就不大。为了简化核算,可以按所耗原材料费用计算在产品成本。

【任务案例 3-3】在产品按所耗原材料费用计算法

某企业基本生产车间 L 产品在产品成本按所耗原材料费用计算法计算。5 月初在产品成本:直接材料 2 100 元,在产品无直接人工和制造费用。5 月发生直接材料费用 54 000 元,人工费用 62 000 元,制造费用 42 000 元。原材料在 L 产品的成本中所占比重较大,原材料在生产开

始时一次投入，本月月初在产品 20 件，本月投产 541 件，月末完工 550 件。

【任务实施】

步骤 1：计算月末在产品数量。

月末在产品数量=20+541−550=11（件）

步骤 2：计算原材料分配率。

原材料分配率=（2 100+54 000）÷（550+11）=100（元/件）

步骤 3：计算月末在产品占用的原材料费。

月末在产品占用的原材料费=11×100=1 100（元）

步骤 4：计算完工产品原材料费。

完工产品原材料费=2 100+54 000−1 100=55 000（元）

步骤 5：完工产品与月末在产品费用分配表如表 3-6 所示。

表 3-6 完工产品与月末在产品费用分配表

产品名称：L 产品　　　　　　　　　　　　　　　　　　　　　　　　　　金额单位：元

项　目	直接材料	直接人工	制造费用	合　计
月初在产品成本	2 100	0	0	2 100
本月生产费用	54 000	62 000	42 000	158 000
生产费用合计	56 100	62 000	42 000	160 100
本月完工产品成本	55 000	62 000	42 000	159 000
月末在产品成本	1 100	0	0	1 100

步骤 6：编制结转完工产品会计分录。

借：库存商品——L 产品　　　　　　　　　　　　　　159 000

　　贷：基本生产成本——L 产品　　　　　　　　　　　　159 000

任务拓展训练

训练 4：在产品按所耗原材料费用计算法。

某企业基本生产车间 H 产品在产品成本按所耗原材料费用计算法计算。7 月初在产品成本：直接材料 2 500 元，在产品无直接人工和制造费用。7 月发生直接材料费用 77 500 元，人工费用 54 000 元，制造费用 48 000 元。原材料在生产开始时一次投入，本月月初在产品 20 件，本月投产 480 件，月末完工 465 件。

要求：编制完工产品与月末在产品费用分配表（见表 3-7）及结转完工产品成本的会计分录。

表 3-7 完工产品与月末在产品费用分配表

产品名称：H 产品　　　　　　　　　　　　　　　　　　　　　　　　金额单位：元

项　目	直接材料	直接人工	制造费用	合　计
月初在产品成本				
本月生产费用				
生产费用合计				
本月完工产品成本				
月末在产品成本				

任务五　在产品按完工产品成本计算法

【知识储备】

一、在产品按完工产品成本计算法的核算

在产品按完工产品成本计算法是指月末将在产品视同完工产品，按两者的数量比例来分配生产费用。

二、在产品按完工产品成本计算法的适用

在产品按完工产品成本计算法适用于在产品已接近完工、只是尚未包装或验收入库的产品。由于在产品已经加工完毕，只是未包装或验收，则其所占用的材料费用、人工费用、制造费用与完工产品比较没有太大差别，因此，在产品按完工产品成本分配生产费用，对完工产品成本的影响不是很大。为了简化核算，可以按完工产品成本计算在产品成本。

【任务案例 3-4】在产品按完工产品成本计算法

某企业基本生产车间甲产品在产品成本按完工产品成本计算法计算。4 月初在产品成本：直接材料 2 340 元，直接人工 2 500 元，制造费用 1 680 元。4 月发生直接材料费用 54 700 元，人工费用 44 000 元，制造费用 38 000 元。本月月初在产品 10 件，本月投产 300 件，月末完工 280 件。在产品已接近完工，只是没有验收入库，计算完工产品成本。

【任务实施】

步骤 1：计算月末在产品数量。

月末在产品数量=10+300−280=30（件）

步骤 2：分配材料费用。

材料费用分配率=（2 340+54 700）÷（280+30）=184（元/件）

在产品材料费用=184×30= 5 520（元）

完工产品材料费用=184×280= 51 520（元）

步骤3：分配人工费用。

人工费用分配率=（2 500+44 000）÷（280+30）=150（元/件）

在产品人工费用=150×30= 4 500（元）

完工产品材料费用=150×280= 42 000（元）

步骤4：分配制造费用。

制造费用分配率=（1 680+38 000）÷（280+30）=128（元/件）

在产品制造费用=128×30= 3 840（元）

完工产品制造费=128×280= 35 840（元）

步骤5：完工产品与月末在产品费用分配表如表3-8所示。

表3-8 完工产品与月末在产品费用分配表

产品名称：甲产品　　　　　　　　　　　　　　　　　　　　　金额单位：元

项　目	直接材料	直接人工	制造费用	合　计
月初在产品成本	2 340	2 500	1 680	6 520
本月生产费用	54 700	44 000	38 000	136 700
生产费用合计	57 040	46 500	39 680	143 220
本月完工产品成本	51 520	42 000	35 840	129 360
月末在产品成本	5 520	4 500	3 840	13 860

步骤6：编制结转完工产品成本会计分录。

借：库存商品——甲产品　　　　　　　　　　129 360
　　贷：基本生产成本——甲产品　　　　　　　　　　129 360

任务拓展训练

训练5：在产品按完工产品成本计算法。

某企业基本生产车间乙产品在产品成本按所完工产品成本计算法计算。10月初在产品成本：直接材料4 500元，直接人工7 800元，制造费用8 500元。10月发生直接材料费用55 500元，人工费用40 200元，制造费用42 500元。本月月初在产品15件，本月投产285件，月末完工290件。

要求：编制完工产品与月末在产品费用分配表（见表3-9）及结转完工产品成本的会计分录。

表 3-9 完工产品与月末在产品费用分配表

产品名称：乙产品　　　　　　　　　　　　　　　　　　　　　　　　　　　金额单位：元

项　目	直接材料	直接人工	制造费用	合　计
月初在产品成本				
本月生产费用				
生产费用合计				
本月完工产品成本				
月末在产品成本				

任务六　约当产量比例法

【知识储备】

一、在产品约当产量比例法的核算

将在产品数量按照完工程度折算为相当于完工产品的数量，即约当产量。约当产量比例法是指将月初在产品成本与本月生产费用之和按完工产品数量和月末在产品约当产量的比例进行分配。具体计算公式如下：

$$在产品约当产量 = 在产品数量 \times 完工率$$

$$某项费用分配率 = \frac{该项费用总额}{完工产品数量 + 月末在产品约当产量}$$

$$完工产品应分配该项费用 = 完工产品产量 \times 费用分配率$$

$$月末在产品应分配该项费用 = 月末在产品约当产量 \times 费用分配率$$

完工率的计算方式有两种：投料程度和完工程度。

（一）按投料程度计算在产品约当产量——分配材料费用

在分配材料费用时计算在产品约当产量一般按投料程度来计算。投料方式不同，投料程度的确定方式也有所不同。一般来讲，投料方式有以下三种。

（1）原材料在生产开始时一次投入，即在第一道工序的一开始就将该产品所需的原材料全部投入。在这种情况下，无论在产品完工程度如何，每件在产品所耗用的材料费用都与完工产品所耗用的材料费用相同，因此，在产品投料程度为100%。

（2）原材料分工序投入，即在每道工序开始时一次投入。投料程度的计算如下。

某工序在产品的投料程度=单位在产品上道工序止累计投入的材料费用+单位在产品在本道工序投入的材料费用÷单位完工产品所耗用的材料费用

某工序在产品约当产量=该工序在产品数量×该工序在产品的投料程度

（3）原材料随生产过程陆续投入，则材料的投料程度与生产工时的投入大体一致，因此可以按完工程度来计算在产品约当产量。

（二）按完工程度计算在产品约当产量——分配人工及制造费用等

在分配人工及制造费用等成本项目时，一般用完工程度计算在产品约当产量。某工序在产品的完工程度的计算如下。

某工序在产品的完工程度=单位在产品前面各道工序累计工时定额+在产品本道工序工时定额×50%÷单位完工产品工时定额

某工序在产品约当产量=该工序在产品数量×该工序在产品的完工程度

注意，式中"在产品本道工序工时定额"之所以乘以50%，是因为该道工序中每件在产品的完工程度不同，为了简便核算，都按平均完工程度50%来计算。

二、在产品约当产量比例法的适用

在产品约当产量比例法适用于月末在产品数量较大（不能不计算），各个月末在产品数量变化较大（不能按固定成本计算），产品成本中原材料费用和人工、制造费用的比重相差不大（不能按所耗材料费用计算），在产品尚未接近完工（不能按完工产品成本计算）的产品。换句话说，就是没有什么特殊情况，约当产量比例法是普遍适用的。

【任务案例3-5】约当产量比例法

某企业生产乙产品，生产费用明细表如表3-10所示。原材料在生产开始时一次投入，本月完工产品300件，月末在产品50件，月末在产品的完工程度均按50%计算。用约当产量比例法计算完工产品成本与月末在产品成本。

表3-10 生产费用明细表

产品名称：乙产品　　　　　　　　　　　　　　　　　　　　　　　　　金额单位：元

项　　目	直接材料	直接人工	制造费用	合　　计
月初在产品成本	8 000	1 000	1 200	10 200
本月生产费用	62 000	51 000	58 000	171 000
生产费用合计	70 000	52 000	59 200	181 200

【任务实施】

步骤1：计算投料程度和分配材料费用的在产品约当产量。

由于原材料在生产开始时一次投入，投料程度为100%，则：

在产品约当产量1=50×100%=50（件）

步骤2：分配材料费用。

材料费用分配率=70 000÷（300+50）=200（元/件）

完工产品材料费=200×300=60 000（元）

月末在产品材料费=200×50=10 000（元）

步骤3：计算分配人工费用和制造费用的在产品约当产量。

在产品约当产量2= 50×50%=25（件）

步骤4：分配人工费用。

人工费用分配率=52 000÷（300+25）=160（元/件）

完工产品人工费用=160×300=48 000（元）

月末在产品人工费用=160×25=4 000（元）

步骤5：分配制造费用。

制造费用分配率=59 200÷（300+25）≈182.15（元/件）

完工产品制造费用=182.15×300=54 645（元）

月末在产品制造费用=59 200–54 645= 4 555（元）

步骤6：计算完工产品成本。

完工产品成本=60 000+48 000+54 645= 162 645（元）

步骤7：结转完工产品成本。

借：库存商品——乙产品　　　　　　　　　　　　　　　　　　　162 645

　　贷：基本生产成本——乙产品　　　　　　　　　　　　　　　　162 645

【任务案例3-6】 约当产量比例法（原材料在生产开始时一次投入）

仍以前述世纪伟业箱包有限公司20××年2月的资料为例。假定其辅助生产费用的分配采用直接分配法，其制造费用的分配采用生产工时比例法，背包车间男士背包基本生产成本明细账如表3-11所示，各工序在产品资料如表3-12所示，背包车间产量记录如表3-13所示。原材料在生产开始时一次投入，采用约当产量比例法计算完工产品成本。

表3-11 基本生产成本明细账

车间：背包车间

产品：男士背包　　　　　　　　　　　　　　　　　　　　　　　　　　　金额单位：元

20××年		凭证号数	摘要	借方				贷方	余额
月	日			直接材料	直接人工	制造费用	合计		
2	1		期初余额	35 000	7 800	3 500	46 300		46 300
2	28	略	分配材料费用	290 560.84			290 560.84		336 860.84
2	28	略	分配人工费用		42 175		42 175		379 035.84

续表

20××年		凭证号数	摘 要	借 方				贷 方	余 额
月	日			直接材料	直接人工	制造费用	合 计		
2	28	略	分配福利费		5 904.50		5 904.50		384 940.34
2	28	略	分配社会保险等		17 291.75		17 291.75		402 232.09
2	28	略	分配制造费用			28 630	28 630		430 862.09

表 3-12 各工序在产品资料

产品：男士背包　　　　　　　　　　20××年2月　　　　　　　　　　单位：个

工 序	在产品数量	各工序工时定额
第一工序	20	2
第二工序	30	4
第三工序	30	1.3

表 3-13 背包车间产量记录

20××年2月　　　　　　　　　　单位：个

产 品	期初在产品	本月投产	本月完工	月末在产品
男士背包	60	500	480	80
女士背包	45	600	580	65

【任务实施】

步骤1：计算投料程度和分配材料费用的约当产量。

由于原材料在生产开始时一次投入，投料程度为100%，则：

在产品约当产量1=80×100%=80（个）

步骤2：分配材料费用。

材料费用合计=35 000+290 560.84= 325 560.84（元）

材料费用分配率=325 560.84÷（480+80）≈581.36（元/个）

本月完工产品材料费=581.36×480 = 279 052.80（元）

月末在产品材料费= 325 560.84–279 052.80=46 508.04（元）

步骤3：计算完工程度和分配人工、制造费用等的在产品约当产量。

计算各工序的完工程度：

第一工序完工程度=2×50%÷（2+4+1.3）≈13.7%

第二工序完工程度=（2+4×50%）÷（2+4+1.3）≈54.79%

第三工序完工程度=（2+4+1.3×50%）÷（2+4+1.3）≈91.1%

在产品约当产量 2=20×13.7%+30×54.79%+30×91.1%≈2.74+16.44+27.33=46.51（个）

步骤4：分配人工费用。

人工费用合计=7 800 + 42 175+ 5 904.5 + 17 291.75 =73 171.25（元）

人工费用分配率=73 171.25÷（480+46.51）≈138.97（元/个）

完工产品人工费用=138.97×480= 66 705.60（元）

月末在产品人工费用=73 171.25−66 705.60=6 465.65（元）

步骤5：分配制造费用。

制造费用合计=3 500+28 630= 32 130（元）

制造费用分配率=32 130÷（480+46.51）≈61.02（元/个）

完工产品制造费用=480×61.02= 29 289.60（元）

月末在产品制造费用=32 130−29 289.60=2 840.40（元）

步骤6：计算完工产品成本。

完工产品成本=279 052.80+66 705.60+29 289.60=375 048（元）

步骤7：结转完工产品成本。

借：库存商品——男士背包　　　　　　　　　　　　　　　375 048
　　贷：基本生产成本——背包车间——男士背包　　　　　　375 048

结转后男士背包基本生产成本明细账如表3-14所示。

表3-14　基本生产成本明细账

车间：背包车间

产品：男士背包　　　　　　　　　　　　　　　　　　　　　　金额单位：元

20××年		凭证号数	摘要	借方				贷方	余额
月	日			直接材料	直接人工	制造费用	合计		
2	1		期初余额	35 000	7 800	3 500	46 300		46 300
2	28	略	分配材料费用	290 560.84			290 560.84		336 860.84
2	28	略	分配人工费用		42 175		42 175		379 035.84
2	28	略	分配福利费		5 904.50		5 904.50		384 940.34
2	28	略	分配社会保险等		17 291.75		17 291.75		402 232.09
2	28	略	分配制造费用			28 630	28 630		430 862.09
2	28		本月生产费用合计	325 560.84	73 171.25	32 130	430 862.09		430 862.09
2	28	略	结转完工产品成本	279 052.80	66 705.60	29 289.60	375 048	375 048	55 814.09
2	28		月末在产品成本	46 508.04	6 465.65	2 840.40	55 814.09		55 814.09

【任务案例3-7】约当产量比例法（原材料分工序投入）

某企业生产的H产品本月生产费用明细表如表3-15所示。本月完工H产品200件，月末在产品30件，在产品资料如表3-16所示。原材料分工序投入，并且都是在每道工序开始时一次投入，采用约当产量比例法计算完工产品成本。

表 3-15　生产费用明细表

产品名称：H 产品　　　　　　　　　　　　　　　　　　　　　　　　　　　　　金额单位：元

项　目	直 接 材 料	直 接 人 工	制 造 费 用	合　　计
月初在产品成本	2 000	1 500	1 000	4 500
本月生产费用	78 000	62 000	28 000	168 000
生产费用合计	80 000	63 500	29 000	172 500

表 3-16　在产品资料

产品：H 产品　　　　　　　　　　　　　　　　　　　　　　　　　　　　　　　　单位：个

工　序	在产品数量	各工序投料量	各工序工时定额
第一工序	12	3 千克	6
第二工序	18	1 千克	2

【任务实施】

步骤 1：计算投料程度和分配材料费用的约当产量。

由于材料分工序投入，并且都是在每道工序开始时投入，则：

第一工序在产品投料程度=3÷（3+1）×100%=75%

第二工序在产品投料程度=（3+1）÷（3+1）×100%=100%

在产品约当产量 1=12×75%+18×100%=27（个）

步骤 2：分配材料费用。

材料费用分配率=80 000÷（200+27）≈352.42（元/个）

完工产品材料费用=352.42×200=70 484（元）

月末在产品材料费用=80 000–70 484=9 516（元）

步骤 3：计算完工程度和分配人工、制造费用等的在产品约当产量 2。

计算各工序的完工程度：

第一工序完工程度=6×50%÷（6+2）=37.5%

第二工序完工程度=（6+2×50%）÷（6+2）=87.5%

在产品约当产量 2=12×37.5%+18×87.5%=4.5+15.75=20.25（个）

步骤 4：分配人工费用。

人工费用分配率=63 500÷（200+20.25）≈288.31（元/个）

完工产品人工费用=288.31×200=57 662（元）

月末在产品人工费用=63 500–57 662=5 838（元）

步骤 5：分配制造费用。

制造费用分配率=29 000÷（200+20.25）≈131.67（元/个）

完工产品制造费用=131.67×200=26 334（元）

月末在产品制造费用=29 000–26 334=2 666（元）

步骤 6：编制完工产品与月末在产品费用分配表（见表3-17）。

表3-17　完工产品与月末在产品费用分配表

产品名称：H产品　　　　　　　　　　　　　　　　　　　　　　　　　金额单位：元

项　目	直接材料	直接人工	制造费用	合　计
月初在产品成本	2 000	1 500	1 000	4 500
本月生产费用	78 000	62 000	28 000	168 000
生产费用合计	80 000	63 500	29 000	172 500
完工产品成本	70 484	57 662	26 334	154 480
月末在产品成本	9 516	5 838	2 666	18 020

步骤 7：结转完工产品成本。

借：库存商品——H产品　　　　　　　　　　　　　　　　154 480

　　贷：基本生产成本——H产品　　　　　　　　　　　　　　　154 480

提示　以上讲的都是分工序来确定在产品的投料程度或完工程度的，也可以不分工序来确定。例如，有的产品各个工序在产品数量和加工量都相差不多。为了简便核算，可以确定一个平均完工程度作为各个工序在产品的完工程度，一般确定为50%。因为在这种情况下，后面工序在产品多加工的程度可以弥补前面工序在产品少加工的程度，可以将全部在产品的完工程度确定为50%。

任务拓展训练

训练 6：在产品约当产量比例法。

某企业基本生产车间生产甲产品，5月初在产品成本：直接材料2 500元，直接人工1 800元，制造费用2 000元。5月发生直接材料费用75 000元，人工费用52 000元，制造费用38 000元。原材料在生产开始时一次投入，本月月末完工450件，月末在产品50件。5月月末在产品资料如表3-18所示。

表 3-18　5 月月末在产品资料

产品名称：甲产品　　　　　　　　　　　　　　　　　　　　　　　　　　　　单位：个

工　序	在产品数量	各工序工时定额
第一工序	10	2
第二工序	22	3
第三工序	18	5

要求：1. 编制完工产品与 5 月月末在产品费用分配表。

2. 编制结转完工产品成本的会计分录。

任务七　定额成本法

【知识储备】

一、定额成本法的核算

定额成本法是指根据月末在产品的数量和单位定额成本来确定月末在产品成本，将其从本月全部生产费用中扣除，以求得本月完工产品成本。采用这种方法，实际成本脱离定额成本的差异全部由完工产品承担。其计算公式如下。

月末在产品定额成本=月末在产品数量×在产品单位成本定额

完工产品成本=本月生产费用总额-月末在产品定额成本

从上述公式可以看出，定额成本法的关键是如何确定月末在产品的定额成本。月末在产品定额成本的确定一般是分成本项目进行的。对于多工序产品的计算方式如下。

（一）确定月末在产品的定额材料成本

投料方式不同，在产品定额材料成本的确定也有所不同。

（1）原材料在生产开始时一次投入的，在产品不论处于哪道工序，其所耗费的材料费用都与完工产品相同。公式如下。

单位在产品材料费用定额=单位完工产品材料费用定额

在产品定额材料成本=月末在产品数量×单位在产品材料费用定额

（2）原材料分工序投入，并且在每道工序开始时一次投入。在产品定额材料费用的计算公式如下。

某工序在产品材料费用定额=单位在产品上道工序止累计材料费用定额+本工序材料费用定额

某工序在产品定额材料成本=本工序在产品数量×本工序在产品材料费用定额

在产品定额材料成本=所有工序在产品定额材料成本之和

（3）原材料随生产过程陆续投入，在分工序的情况下在产品定额材料成本的计算公式如下：

某工序在产品材料费用定额=单位在产品上道工序止累计材料费用定额+本工序材料费用定额×50%

某工序在产品定额材料费用=本工序在产品数量×本工序在产品材料费用定额

在产品定额材料费用=所有工序在产品定额材料费用之和

在不分工序的情况下，可以简便核算，在产品的材料费用定额可以按照完工产品材料费用定额的 50%来计算。

（二）确定月末在产品的定额工时

确定月末在产品的定额工时，计算公式如下：

某工序单位在产品工时定额=单位在产品上道工序止累计工时定额+本工序工时定额×50%

某工序在产品定额工时=本工序在产品数量×本工序在产品工时定额

在产品定额工时=所有工序在产品定额工时之和

（三）确定月末在产品的定额人工成本和定额制造费用

月末在产品定额人工成本=月末在产品定额工时×每小时工资定额

月末在产品定额制造费用=月末在产品定额工时×每小时制造费用定额

（四）确定月末在产品的定额成本

月末在产品定额成本=月末在产品定额材料成本+月末在产品定额人工成本+月末在产品定额制造费用

二、定额成本法的适用

从上述计算过程可以看出，定额成本法适用于各项消耗定额和费用定额比较准确、稳定，且各月月末在产品数量变化不大的产品。首先，定额资料准确，则实际成本脱离定额成本的差异就不会很大，这些差异全部由完工产品承担对完工产品成本的影响就不大。其次，定额消耗要稳定，否则在修订定额的月份，月末在产品成本按新的定额计算，这样完工产品成本中还包含了一部分因定额修订而产生的差异，如果定额不准确，则这部分差异大，不利于完工产品的成本计算。最后，各月末在产品数量变化不能过大。如果各月末在产品数量变化过大，则各月计入单位完工产品成本的实际脱离定额的差异变化就较大，对完工产品成本计算的影响就较大，因此，要求各月末在产品数量变化不大。

【任务案例 3-8】定额成本法

某企业生产 Y 产品，生产过程分两道工序，工时定额：第一工序 2 小时，第二工序 3 小时。

费用定额：直接人工 10 元/小时，制造费用 8 元/小时。原材料在生产开始时一次投入，完工产品的材料费用定额为 100 元/件。月末在产品产量：第一工序 10 件，第二工序 15 件。本月生产费用明细表如表 3-19 所示，计算并结转完工产品成本。

表 3-19　本月生产费用明细表

产品名称：Y 产品　　　　　　　　　　　　　　　　　　　　　　　　　　　　　金额单位：元

项　　目	直 接 材 料	直 接 人 工	制 造 费 用	合　　计
月初在产品成本	2 000	1 000	1 500	4 500
本月生产费用	68 000	35 000	40 000	143 000
生产费用合计	70 000	36 000	41 500	147 500

【任务实施】

步骤 1：确定在产品材料费用定额。

根据题意，因为原材料在生产开始时一次投入，所以无论哪道工序的在产品的材料费用定额都与完工产品材料费用定额相同，均为 100 元。

步骤 2：计算在产品定额材料费用。

在产品定额材料费用=100×（10+15）=2 500（元）

步骤 3：计算各工序的工时定额及在产品定额工时。

第一工序的工时定额=2×50%=1（小时）

第二工序的工时定额=2+3×50%=3.5（小时）

第一工序在产品的定额工时=10×1=10（小时）

第二工序在产品的定额工时=15×3.5=52.5（小时）

在产品定额工时总额=10+52.5=62.5（小时）

步骤 4：计算在产品定额人工费用。

在产品定额人工费用=10×62.5=625（元）

步骤 5：计算在产品定额制造费用。

在产品定额制造费用=8×62.5=500（元）

步骤 6：编制完工产品与月末在产品费用分配表（见表 3-20）。

表 3-20　完工产品与月末在产品费用分配表

产品名称：Y 产品　　　　　　　　　　　　　　　　　　　　　　　　　　　　　金额单位：元

项　　目	直 接 材 料	直 接 人 工	制 造 费 用	合　　计
月初在产品成本	2 000	1 000	1 500	4 500
本月生产费用	68 000	35 000	40 000	143 000
生产费用合计	70 000	36 000	41 500	147 500

续表

项　　目	直接材料	直接人工	制造费用	合　　计
月末在产品定额成本	2 500	625	500	3 625
完工产品成本	67 500	35 375	41 000	143 875

步骤7：结转完工产品成本。

借：库存商品——Y产品　　　　　　　　　　　　143 875
　　贷：基本生产成本——Y产品　　　　　　　　　　　　143 875

任务拓展训练

训练7：定额成本法。

某企业生产A产品，生产过程分三道工序，工时定额：第一工序1小时，第二工序3小时，第三工序2小时。费用定额：直接人工12元/小时，制造费用10元/每小时。原材料在生产开始时一次投入，完工产品的材料费用定额为150元。月末在产品产量：第一工序5件，第二工序10件，第三工序8件。本月生产费用明细表如表3-21所示，计算并结转完工产品成本。

表3-21　本月生产费用明细表

产品名称：A产品　　　　　　　　　　　　　　　　　　　　　　　　　　　金额单位：元

项　　目	直接材料	直接人工	制造费用	合　　计
月初在产品成本	3 000	2 000	1 800	6 800
本月生产费用	57 000	48 000	42 200	147 200
生产费用合计	60 000	50 000	44 000	154 000
月末在产品定额成本				
本月完工产品成本				

要求：编制完工产品与月末在产品费用分配表及结转完工产品成本的会计分录。

任务八　定额比例法

【知识储备】

一、定额比例法的核算

定额比例法，是指根据完工产品和月末在产品的定额消耗量或定额费用比例，来分配本月生产费用，在分配时分项目计算。分配材料费用时，用材料定额消耗量或定额费用分配；分配人工费用、制造费用等其他费用时，用定额工时分配。

（一）分配直接材料费用

分配直接材料费用的计算公式如下：

直接材料费用分配率=（月初在产品原材料费用+本月发生的原材料费用）÷（完工产品定额原材料耗用量或费用+月末在产品定额原材料耗用量或费用）

完工产品应分配的直接材料费用=完工产品定额原材料耗用量或费用×直接材料费用分配率

月末在产品应分配的直接材料费用=月初在产品原材料费用+本月发生的原材料费用−完工产品应分配的直接材料费用

（二）分配人工费用、制造费用

人工费用、制造费用的计算公式如下：

人工费用或制造费用分配率=（月初在产品人工费用或制造费用+本月发生的人工费用或制造费用）÷（完工产品定额工时+月末在产品定额工时）

完工产品应分配的人工费用或制造费用=完工产品定额工时×人工费用或制造费用分配率

月末在产品应分配的人工费用或制造费用=月初在产品人工费用或制造费用+本月发生的人工费用或制造费用−完工产品应分配的人工费用或制造费用

二、定额比例法的适用

定额比例法适用于各种消耗定额或费用定额比较准确、稳定，但各月末在产品数量变化较大的产品。如果各月末在产品数量变化较大，则各月实际脱离定额的差异变化就较大，如果仍用定额成本法，将这些差异完全由完工产品来承担，势必对完工产品成本产生影响，而用定额比例法，实际脱离定额的差异由完工产品与月末在产品按比例共同承担，可以减少对各月完工产品成本计算的影响。

【任务案例 3-9】定额比例法

某企业生产 B 产品，生产费用明细表如表 3-22 所示。

表 3-22　生产费用明细表

产品名称：B 产品　　　　　　　　　　　　　　　　　　　　　　　　　　　金额单位：元

项　　目	直接材料	直接人工	制造费用	合　　计
月初在产品成本	2 500	2 200	1 800	6 500
本月生产费用	51 000	45 000	42 000	138 000
生产费用合计	53 500	47 200	43 800	144 500

原材料在生产开始时一次投入，完工产品的材料费用定额为120元，完工产品工时定额为10小时，月末在产品工时定额为5小时，本月完工400件，月末在产品50件，结转完工产品成本。

【任务实施】

步骤1：分配直接材料费用。

直接材料费用分配率=53 500÷（120×400+120×50）≈0.99

完工产品应分配的直接材料费用=120×400×0.99=47 520（元）

月末在产品应分配的直接材料费用=53 500–47 520=5 980（元）

步骤2：分配直接人工费用。

直接人工费用分配率=47 200÷（10×400+5×50）≈11.11（元/小时）

完工产品应分配的直接人工费用=10×400×11.11= 44 440（元）

月末在产品应分配的直接人工费用=47 200–44 440= 2 760（元）

步骤3：分配制造费用。

制造费用分配率=43 800÷（10×400+5×50）≈10.31（元/小时）

完工产品应分配的制造费用=10×400×10.31= 41 240（元）

月末在产品应分配的直接人工费用= 43 800–41 240=2 560（元）

步骤4：编制完工产品与月末在产品费用分配表（见表3-23）。

表3-23 完工产品与月末在产品费用分配表

产品名称：B产品　　　　　　　　　　　　　　　　　　　　　　金额单位：元

项　　目	直接材料	直接人工	制造费用	合　　计
月初在产品成本	2 500	2 200	1 800	6 500
本月生产费用	51 000	45 000	42 000	138 000
生产费用合计	53 500	47 200	43 800	144 500
本月完工产品成本	47 520	44 440	41 240	133 200
月末在产品成本	5 980	2 760	2 560	11 300

步骤5：编制结转完工产品成本的会计分录。

借：库存商品——B产品　　　　　　　　　　　　　　　　133 200

　　贷：基本生产成本——B产品　　　　　　　　　　　　　　133 200

知识窗

从以上计算可以看出，采用定额比例法必须取得完工产品和月末在产品的定额消耗量（或定额费用）和定额工时资料。完工产品的定额消耗量（或定额费用）和定额工时，用完工产品的数量乘以单位完工产品消耗量定额（或费用定额）、工时定额求得；月末在产品的定额消耗量（或定额费用）和定额工时，用月末在产品的数量乘以单位在产品消耗量定额（或费用定额）、工时定额求得。这样计算对于在产品种类不多、生产工序较少的企业来说，核算工作量不大，但是对于在产品种类繁多、生产工序较多的企业，核算工作量较大。在这种情况下，月末在产品的定额数据可以用倒挤的方式求得。

月末在产品定额消耗量（费用或工时）＝月初在产品定额消耗量（费用或工时）+本月投入的定额消耗量（费用或工时）−本月完工产品的定额消耗量（费用或工时）

另外，由于以上公式的存在，月初在产品定额资料加上本月发生的定额资料就等于完工产品定额资料与月末在产品定额资料之和，因此，也存在如下公式：

直接材料费用分配率＝（月初在产品直接材料费用+本月发生的直接材料费用）÷[月初在产品定额消耗量（或费用）+本月投入的定额消耗量（或费用）]

直接人工、制造费用分配率＝（月初在产品直接人工费用、制造费用+本月发生的直接人工费用、制造费用）÷（月初在产品定额工时+本月投入的定额工时）

任务拓展训练

训练8： 定额比例法。

某企业生产甲产品，生产费用明细表如表3-24所示。

表3-24 生产费用明细表

产品名称：甲产品　　　　　　　　　　　　　　　　　　　　　　　　　　金额单位：元

项　　目	直接材料	直接人工	制造费用	合　　计
月初在产品成本	4 000	3 700	3 500	11 200
本月生产费用	56 000	45 000	40 000	141 000
生产费用合计	60 000	48 700	43 500	152 200

甲产品的原材料在生产开始时一次投入，完工产品的材料消耗量定额为10千克，完工产品工时定额为8小时，月末在产品工时定额为4小时，本月完工200件，月末在产品30件。

要求：编制完工产品与月末在产品费用分配表（见表3-25）及结转完工产品成本的会计分录。

表3-25 完工产品与月末在产品费用分配表

产品名称：甲产品　　　　　　　　　　　　　　　　　　　　　　　　　　金额单位：元

项　　目	直接材料	直接人工	制造费用	合　　计
月初在产品成本				
本月生产费用				

续表

项　　目	直接材料	直接人工	制造费用	合　计
生产费用合计				
本月完工产品成本				
月末在产品成本				

训练 9：定额比例法。

某企业生产 A 产品，生产费用明细表、定额费用表如表 3-26、表 3-27 所示。

表 3-26　生产费用明细表

产品名称：A 产品　　　　　　　　　　　　　　　　　　　　　　　　　　　金额单位：元

项　　目	直接材料	直接人工	制造费用	合　计
月初在产品成本	5 000	4 200	3 800	13 000
本月生产费用	55 000	50 000	46 000	151 000
生产费用合计	60 000	54 200	49 800	164 000

表 3-27　定额费用表

产品名称：A 产品　　　　　　　　　　　　　　　　　　　　　　　　　　　金额单位：元

项　　目	定额原材料费用	定额工时
月初在产品	4 900	1 200
本月投产产品	55 000	9 000
本月完工产品	54 000	8 500

要求：编制完工产品与月末在产品费用分配表（见表 3-28）及结转完工产品成本的会计分录。

表 3-28　完工产品与月末在产品费用分配表

产品名称：A 产品　　　　　　　　　　　　　　　　　　　　　　　　　　　金额单位：元

项　　目	直接材料	直接人工	制造费用	合　计
月初在产品成本				
本月生产费用				
生产费用合计				
本月完工产品成本				
月末在产品成本				

任务九　联产品和副产品的成本分配

【知识储备】

一、联产品的定义

联产品，是指使用同种原料，经过同一生产过程同时生产出来的两种或两种以上的主要产品。联产品的生产特点：在生产开始时，各产品尚未分离，同一加工过程中对联产品的联合加工。当生产过程进行到一定生产步骤时，产品才会分离。在分离点前发生的生产成本，称为联合成本。分离点，是指在联产品生产过程中，投入相同原料，经过同一生产过程，分离为各种联产品的时点。分离后的联产品，有的可以直接销售，有的还需要进一步加工才可以销售。

二、联产品成本的计算

联产品成本计算通常分为以下两个阶段进行。

1. 计算联合成本

联合成本是联产品分离前发生的生产成本，由于联产品还没有分离，因此可按一个成本核算对象设置一个成本明细账进行归集，然后将其总额按一定的分配方法，在各联产品之间进行分配。所用的方法一般有售价法、实务数量法等。

2. 计算分离后的加工成本

分离后应按照各种联产品分别设置明细账来归集分离后所发生的加工成本。

具体来讲，联产品成本计算的一般程序如下。

（1）将分离前的产品作为成本计算对象，设置成本明细账。联产品在分离之前，不能按照各种产品分别计算成本，只能按分离前的产品作为成本计算对象，设置成本明细账。

（2）归集并计算联合成本。分离点前所发生的生产费用，全部归集在分离前的产品成本中，即联合成本。

（3）计算各种联产品的成本。在分离点后，可按一定的分配方法将联合成本在各联产品之间进行分配，分别确定各种产品的成本。具体的分配方法有相对销售价格分配法、实物数量法等。联产品的在产品一般比较稳定，可不计算期初期末在产品成本，本期发生的生产成本全部为联产品的完工产品成本。

① 相对销售价格分配法。采用这种方法，联合成本是按分离点上每种产品的销售价格比例进行分配的。这就要求每种产品在分离点时的销售价格有可靠的计量。如果联产品在分离点即可销售，则可采用销售价格进行分配；如果这些产品尚需要进一步加工才可销售，则要对分离点上的销售价格进行估计，此时，也可采用可变现净值进行分配。

② 实物数量法。这种方法是指将联合成本以产品的实物数量为基础进行分配。这里的"实物数量",可以是数量,也可以是重量。实物数量法通常适用于所生产的产品的价格很不稳定或无法直接确定的情况。计算方法如下。

单位数量(或重量)成本=联合成本÷各种联产品的总数量(或重量)

(4)计算联产品分离后的加工成本。联产品分离后继续加工的,按各种产品分别设置明细账,归集其分离后发生的加工成本。

三、副产品的定义

副产品,是指在同一生产过程中,使用同种原料,在生产主产品的同时附带生产出来的非主要产品。它的产量取决于主产品的产量,随主产品产量变动而变动。例如,苯、蒽、萘等是焦炭生产过程的副产品。

四、副产品的成本分配

在分配主产品和副产品的生产成本时,一般先确定副产品的生产成本,然后再确定主产品的生产成本。确定副产品生产成本的方法有不计算副产品成本扣除法、副产品成本按固定价格或计划价格计算法、副产品只计算加工成本法、联合成本在主副产品之间分配法及副产品作价扣除法等。副产品作价扣除法需要从产品售价中扣除继续加工成本、销售费用、销售税金及相应的利润,即

副产品扣除单价=单位售价−(继续加工单位成本+单位销售费用+单位销售税金+合理的单位利润)

【任务案例3-10】联产品相对销售价格分配法

某公司生产A产品和B产品,A产品和B产品是联产品。某年1月共发生联合加工成本48 000元,A、B产品分离点上的销售价格总额:A产品40 000元,B产品80 000元。试分配联合成本。

【任务实施】

步骤1:计算联合成本分配率。

联合成本分配率=48 000÷(40 000+80 000)=0.4

步骤2:分别计算联产品成本。

A产品应负担的联合成本=40 000×0.4=16 000(元)

B产品应负担的联合成本=80 000×0.4=32 000(元)

步骤3:设置A、B产品明细账。

A、B产品如果还需进一步加工,应分别设置明细账。16 000元和32 000元分别是A、B产品明细账的期初余额,在此不再赘述。

【任务案例 3-11】联产品实物数量法

某公司生产 A 产品和 B 产品,A 产品和 B 产品是联产品。某年 8 月共发生联合成本 36 000 元,A、B 产品分离点上的销售数量:A 产品 45 千克,B 产品 55 千克。试分配联合成本。

【任务实施】

步骤 1:计算联合成本分配率。

联合成本分配率=36 000÷(45+55)=360(元/千克)

步骤 2:分别计算联产品成本。

A 产品应负担的联合成本=360×45=16 200(元)

B 产品应负担的联合成本=360×55=19 800(元)

【任务案例 3-12】副产品成本按价格计算

某公司生产 A 产品的同时,还生产了副产品 B。B 产品可直接对外销售。公司规定 B 产品的售价为 200 元/千克。某年 8 月,分离前联合成本总额为 160 000 元,B 产品的产量为 50 千克。试按售价计算副产品成本。

【任务实施】

步骤 1:计算副产品的成本。

副产品 B 的成本=200×50=10 000(元)

步骤 2:计算主产品成本。

主产品 A 的成本=160 000−10 000=150 000(元)

【任务案例 3-13】副产品作价扣除法

某公司生产甲产品的同时,还生产了副产品乙,乙产品分离后需进一步加工方可对外销售。公司规定乙产品的售价为 150 元/千克。某年 2 月甲、乙产品分离前生产成本总额为 150 000 元,其中,直接材料 80 000 元,直接人工 45 000 元,制造费用 25 000 元。乙产品继续加工发生直接人工费 2 000 元,制造费用 3 000 元。当月生产甲产品 1 200 千克,全部完工,乙产品 400 千克,乙产品的市场售价为 100 元/千克,单位税金和利润 30 元/千克。假定甲产品无月初在产品,试按作价扣除法计算副产品成本。

【任务实施】

步骤 1:计算副产品乙应负担的联合成本。

乙负担的联合成本=400×(100−30)−(2 000+3 000)=23 000(元)

步骤 2:计算副产品成本占联合成本的比例。

副产品成本占联合成本的比例=23 000÷150 000×100%=15.3%

步骤 3:计算副产品各成本项目的数额。

直接材料=80 000×15.3%=12 240(元)

直接人工=45 000×15.3%=6 885（元）

制造费用=23 000-12 240-6 885=3 875（元）

步骤 4：计算主产品各成本项目的数额，填写副产品和主产品成本计算单（见表 3-29 和表 3-30）。

直接材料=80 000-12 240=67 760（元）

直接人工=45 000-6 885=38 115（元）

制造费用=25 000-3 875=21 125（元）

表 3-29 副产品成本计算单

产品名称：乙产品　　　　　　　　　　　　　　　　　　　　　　　　　　金额单位：元

项　目	直接材料	直接人工	制造费用	合　计
分摊的联合成本	12 240	6 885	3 875	23 000
加工成本		2 000	3 000	5 000
总成本	12 240	8 885	6 875	28 000
单位成本	30.60	22.21	17.19	70

表 3-30 主产品成本计算单

产品名称：甲产品　　　　　　　　　　　　　　　　　　　　　　　　　　金额单位：元

项　目	直接材料	直接人工	制造费用	合　计
生产费用合计	80 000	45 000	25 000	150 000
乙分摊的联合成本	12 240	6 885	3 875	23 000
甲分摊的联合成本	67 760	38 115	21 125	127 000
甲产品单位成本	56.47	31.76	17.60	105.83

步骤 5：编制分离乙产品的会计分录。

借：库存商品——甲产品　　　　　　　　　　　　　　　127 000

　　基本生产成本——乙产品　　　　　　　　　　　　　23 000

　　贷：基本生产成本——甲产品　　　　　　　　　　　150 000

任务拓展训练

训练 10：副产品作价扣除法。

某公司生产 A 产品的同时，还生产了 B 副产品，B 产品分离后需进一步加工方可对外销售。公司规定 B 产品的售价为 80 元/千克。某年 10 月 A、B 产品分离前生产成本总额为 100 000 元，其中，直接材料 70 000 元，直接人工 20 000 元，制造费用 10 000 元。B 产品继续加工发生直接人工费 3 000 元，制造费用 1 000 元。当月生产 A 产品 1 300 千克，全部完工，B 产品 600 千克，B 产品的市场售价为 120 元/千克，单位税金和利润 40 元。假定 A 产品 8 月初无月初在产品。试按作价扣除法计算副产品成本。

要求：填制表 3-31、表 3-32，试按作价扣除法计算副产品成本，编制完工产品入库的会计分录。

表 3-31　副产品成本计算单

产品名称：B 产品　　　　　　　　　　　　　　　　　　　　　　　　　金额单位：元

项　目	直接材料	直接人工	制造费用	合　计
分摊的联合成本				
加工成本				
总成本				
单位成本				

表 3-32　主产品成本计算单

产品名称：A 产品　　　　　　　　　　　　　　　　　　　　　　　　　金额单位：元

项　目	直接材料	直接人工	制造费用	合　计
生产费用合计				
B 分摊的联合成本				
A 分摊的联合成本				
A 产品单位成本				

基础知识测评

一、单项选择题

1. 各月末在产品数量较多、各月末在产品数量变化较大、材料费用在产品成本中的比重不大的产品，适用于用（　　）来分配完工产品和月末在产品成本。

　A．不计算在产品成本法

　B．约当产量比例法

　C．在产品按所耗原材料费用计价法

　D．在产品按完工产品成本计价法

2. 在产品按固定成本计价法，适用于（　　）。

　A．各月末在产品数量很少的产品

　B．各月末在产品数量较多，但各月末在产品数量变化不大的产品

　C．材料费用在产品成本中所占比重较大的产品

D．定额较准确的产品

3．在产品不计算成本法适用于（　　）。

A．各月末在产品数量很少的产品

B．各月末在产品数量较多，但各月末在产品数量变化较大的产品

C．材料费用在产品成本中所占比重较大的产品

D．定额较准确的产品

4．在（　　）情况下，可以直接按完工产品和月末在产品的数量比例来分配材料费用。

A．原材料在生产开始时一次投入

B．原材料分工序投入，且在每道工序的一开始投入

C．原材料根据生产需要而投入

D．原材料随生产进度陆续投入

5．在分工序生产的情况下，某工序的完工程度为（　　）。

A．本工序的工时定额÷单位完工产品的工时定额

B．（前道工序止单位产品累计工时定额+本工序工时定额的50%）÷完工产品的定额工时

C．本工序工时定额的50%÷单位完工产品的工时定额

D．（前道工序止单位产品累计工时定额+本工序工时定额的50%）÷单位完工产品的工时定额

6．定额成本法适用于（　　）。

A．在产品数量较少，且定额比较准确的产品

B．定额比较准确、稳定，各月末在产品数量变化较大的产品

C．定额比较准确、稳定，各月末在产品数量变化不大的产品

D．各月末在产品数量变化较大的产品

7．采用定额成本法进行完工产品和月末在产品之间的费用分配（　　）。

A．实际脱离定额的差异全部由完工产品成本负担

B．实际脱离定额的差异全部由月末在产品成本负担

C．实际脱离定额的差异由完工产品和月末在产品按数量比例分摊

D．实际脱离定额的差异由完工产品和月末在产品按定额费用比例分摊

8．采用约当比例法，当各工序在产品数量和单位产品在各工序的加工量都相差不多的情况下，全部在产品的完工程度可以按（　　）平均计算。

A．100%　　　　B．50%　　　　C．80%　　　　D．25%

9．对于定额比较准确、稳定、各月末在产品数量变化不大的产品，生产费用在完工产品和月末在产品成本之间分配，通常可以采用（　　）。

A．约当产量比例法　　　　B．定额比例法

C．定额成本法　　　　D．计划成本法

10. 如果在产品成本中原材料费用所占比重较大，为了简化核算，可以采用（　　）计算月末在产品成本。

A．在产品成本忽略不计法

B．在产品成本按固定成本计价法

C．在产品成本按完工产品成本计价法

D．在产品按所耗原材料费用计价法

二、多项选择题

1．采用约当产量比例法计算月末在产品成本，在产品约当产量按（　　）计算。

A．完工百分比　　B．完工程度　　C．投料程度　　D．完工工时

2．某企业的甲产品经两道工序加工而成，原材料是在每道工序的工序开始时一次投入的，两道工序的投料量分别为400千克和600千克，则每道工序的投料程度分别为（　　）。

A．40%　　　　B．20%　　　　C．100%　　　　D．70%

3．在产品按年初在产品成本固定计算的方法，适用于（　　）的产品。

A．各月末在产品数量较多　　　　B．各月末在产品数量较少

C．各月末在产品数量变化较大　　D．各月末在产品数量变化较小

4．投料形式主要有（　　）。

A．原材料在生产开始时一次投入

B．原材料在每道工序生产开始时一次投入

C．原材料随生产过程陆续投入

D．原材料随机投入

5．企业在产品成本可以按（　　）计算。

A．固定成本　　　　　　　　B．定额成本

C．完工产品成本　　　　　　D．原材料成本

6．关于定额成本法，下列说法正确的有（　　）。

A．定额成本法适用于定额比较稳定、准确，各月末在产品数量变化不大的产品

B．定额成本法适用于定额比较稳定、准确，各月末在产品数量变化大的产品

C．实际脱离定额的差异全部由完工产品负担

D．实际脱离定额的差异由完工产品和月末在产品成本按定额比例分担

7．某企业的乙产品经过两道工序加工而成，两道工序的工时定额分别为20小时和30小时，两道工序的在产品完工程度分别为（　　）。

A．20%　　　　B．10%　　　　C．70%　　　　D．50%

8．关于定额比例法，下列说法正确的有（　　）。

A．按定额费用（耗用量、工时）比例将生产费用在完工产品与月末在产品之间分配

B．定额比例法适用于定额比较稳定、准确，各月末在产品数量变化较小的产品

C．实际脱离定额的差异全部由完工产品负担

D．实际脱离定额的差异由完工产品和月末在产品成本按定额比例分担

9．关于投料程度，下列说法不正确的是（　　）。

A．如果原材料在生产开始时一次投入，则可以按数量比例在完工产品和月末在产品之间分配材料费用

B．如果原材料在生产开始时一次投入，则投料程度为100%

C．如果原材料随生产过程陆续投入，在产品的投料程度应为本工序在产品的工时定额除以完工产品的工时定额

D．如果原材料分工序投入，并在每道工序的开始一次投入，该工序在产品的投料程度应为本工序在产品的工时定额除以完工产品的工时定额

10．下列说法正确的是（　　）。

A．按完工产品成本计算月末在产品成本的前提条件是在产品接近完工

B．定额比例法适用于各月末在产品数量变化不大的产品

C．采用定额成本法计算月末在产品成本的前提条件是要有稳定、准确的定额

D．不计算月末在产品成本法适用于月末在产品较少的产品

三、判断题

1．如果月末没有在产品，就不用将生产费用在完工产品与月末在产品之间分配。（　　）

2．在产品按固定成本计价法适用于月末在产品数量较多，但各月末在产品数量变化不大的产品。（　　）

3．某工序在产品的完工程度为本工序的工时定额与完工产品工时定额之比。（　　）

4．在产品按所耗原材料费用计算法适用于原材料费用在产品成本中的比重较大的产品。（　　）

5．采用定额成本法和定额比例法计算在产品成本，计算结果应该一致。（　　）

6．约当产量比例法适用于月末在产品数量较大、各月末在产品数量变化较大、原材料费用在产品成本中所占比重较大的产品。（　　）

7．定额成本法适用于消耗定额和费用定额较准确、稳定，各月末在产品数量变化不大的产品。（　　）

8．在产品按固定成本计算法，适用于月末在产品数量较多，且各月末在产品数量变化较大的产品。（　　）

9．在产品成本按固定成本计价时，本月生产费用就是本月完工产品成本。（　　）

10．任何企业都可以采用定额成本法在完工产品与月末在产品之间分配生产费用。（　　）

岗位能力测评

1. 某企业生产的甲产品，原材料成本占产品成本比重较大，材料在生产开始时一次投入，本月月初在产品成本为6 000元，均为材料费用，月初在产品数量100件，本月投产300件，本月发生生产费用35 000元。其中，材料费30 000元，人工费3 000元，制造费用2 000元。本月生产完工产品320件，无废品。

要求：采用按所耗原材料费用计价法计算月末在产品成本。

2. 某企业的H1产品经过三道工序加工而成，原材料分工序投入，并在每道工序生产开始时一次投入，各工序在产品在本工序的加工程度均为50%。各工序的材料消耗定额和工时定额资料如表3-33所示。

表3-33 生产资料表

工 序	材料消耗定额（千克）	工时定额（小时）	在产品数量（件）
1	60	40	200
2	40	20	400
3	100	60	200

要求：分别计算分配材料费用的月末在产品约当产量和分配人工、制造费用的月末在产品约当产量。（保留两位小数）

3. 某企业生产乙产品，生产费用明细表如表3-34所示。原材料在生产开始时一次投入，本月完工产品300件，月末在产品50件，月末在产品的完工程度均按50%计算。

要求：用约当产量比例法计算完工产品成本与月末在产品成本。（保留两位小数）

表3-34 生产费用明细表

产品名称：乙产品　　　　　　　　　　　　　　　　　　　　　　　　　金额单位：元

项　目	直接材料	直接人工	制造费用	合　计
月初在产品成本	16 000	1 800	2 400	20 200
本月生产费用	124 000	102 000	116 000	342 000
生产费用合计	140 000	103 800	118 400	362 200

4. 某企业生产丙产品，该产品由两道工序加工而成，原材料在生产开始时一次投入。完工产品的定额资料：材料费用定额200元/件，人工费用定额2元/小时，制造费用定额3元/小时。本月完工丙产品1 200件，月末在产品300件。分工序工时定额、月末在产品数量，如表3-35所示。

表 3-35　生产资料表

工　序	材料消耗定额（元/件）	工时定额（小时）	在产品数量（件）
1	200	10	200
2	200	20	100

要求：用定额成本法计算完工产品成本与月末在产品成本，并填制表 3-36。（保留两位小数）

表 3-36　完工产品与月末在产品费用分配表

产品名称：丙产品　　　　　　　　　　　　　　　　　　　　　　　　　　金额单位：元

项　目	直接材料	直接人工	制造费用	合　计
月初在产品成本	30 000	25 000	28 000	83 000
本月生产费用	130 000	75 000	112 000	317 000
生产费用合计	160 000	100 000	140 000	400 000
月末在产品定额成本				
本月完工产品成本				

5．某企业生产丁产品，本月完工 200 件，月末在产品 150 件，原材料在生产开始时一次投入，完工产品材料消耗定额 20 千克，完工产品工时定额 40 小时，月末在产品工时定额 25 小时。有关生产费用资料如表 3-37 所示，采用定额比例法计算完工产品成本和月末在产品成本。

表 3-37　完工产品与月末在产品费用分配表

产品名称：丁产品　　　　　　　　　　　　　　　　　　　　　　　　　　金额单位：元

项　目	直接材料	直接人工	制造费用	合　计
月初在产品成本	4 000	3 000	2 000	9 000
本月生产费用	61 000	47 000	38 500	146 500
生产费用合计	65 000	50 000	40 500	155 500

要求：编制完工产品与月末在产品费用分配表（见表 3-38）。

表 3-38　完工产品与月末在产品费用分配表

产品名称：丁产品　　　　　　　　　　　　　　　　　　　　　　　　　　金额单位：元

项　目	直接材料	直接人工	制造费用	合　计
月初在产品成本				
本月生产费用				
生产费用合计				

续表

项　　目	直接材料	直接人工	制造费用	合　　计
完工产品成本				
月末在产品成本				

6. 某公司生产 P 产品的同时，还生产了 N 产品，P 产品分离后需进一步加工方可对外销售。公司规定 N 产品的售价为 110 元/千克。某年 5 月 P、N 产品分离前生产成本总额为 130 000 元，其中，直接材料 70 000 元，直接人工 40 000 元，制造费用 20 000 元。N 产品继续加工发生直接人工费 4 000 元，制造费用 1 500 元。当月生产 P 产品 1 200 千克，全部完工，N 产品 500 千克，N 产品的市场售价为 90 元/千克，单位税金和利润 30 元。假定 P 产品 5 月无月初在产品。

要求：填制表 3-39、表 3-40，试按作价扣除法计算副产品成本，编制完工产品入库的会计分录。

表 3-39　副产品成本计算单

产品名称：N 产品　　　　　　　　　　　　　　　　　　　　　　　　　　　　金额单位：元

项　　目	直接材料	直接人工	制造费用	合　　计
分摊的联合成本				
加工成本				
总成本				
单位成本				

表 3-40　主产品成本计算单

产品名称：P 产品　　　　　　　　　　　　　　　　　　　　　　　　　　　　金额单位：元

项　　目	直接材料	直接人工	制造费用	合　　计
生产费用合计				
N 分摊的联合成本				
P 分摊的联合成本				
P 产品单位成本				

项目四
产品成本计算的基本方法

岗位要求

知识要求：

1. 了解企业管理要求对产品成本计算的影响。
2. 掌握产品成本计算各种方法的概念。
3. 掌握品种法、分批法和分步法适用范围、特点及相应的账务处理。
4. 掌握品种法和简化分批法的核算程序。
5. 掌握平行结转分步法和综合结转分步法的基本核算程序与区别。
6. 掌握综合结转分步法的成本还原方法。

技能要求：

1. 能够明确生产的分类、生产特点对产品成本计算的影响。
2. 能够说出产品成本计算的基本方法。
3. 能够说出综合结转分步法和分项结转分步法的异同。
4. 能够在实际工作中熟练应用品种法、分步法和分批法。

任务一 概 述

【知识储备】

一、企业的生产类型及特点

产品成本是在生产过程中形成的，因此生产的特点在很大程度上影响成本计算方法的特点；另外，成本计算是为成本管理提供资料的，采用什么方法，提供哪些资料，要考虑成本管理的要求。当然，成本管理的要求也脱离不开生产的特点。以上两个方面的关系说明企业在确定产品成本计算方法时，必须从企业的具体情况出发，同时考虑企业的生产特点和进行成本管理的要求。

不同部门、行业企业的生产特点千差万别，对工业企业，可以根据生产工艺过程和生产组织的特点划分为不同类型。

（一）按照生产工艺过程的特点分类

按照生产工艺过程的特点，工业企业的生产可分为单步骤生产和多步骤生产两种。

单步骤生产，也称简单生产，是指生产工艺过程不能间断或不能或不需要分散在不同地点进行的生产，通常只由一个企业整体进行，不需要多个企业协作生产，生产周期较短，工艺较简单。例如，发电、玻璃制品的熔制、采掘、化肥生产、铸件熔铸等。

多步骤生产，也称复杂生产，是指产品的生产工艺过程由若干可以间断的生产步骤所组成的生产，生产活动可以分别在不同的时间、不同的地点进行，可以由一个企业的不同车间进行，生产周期较长，工艺较复杂。多步骤生产按其产品的加工方式，又可分为连续式多步骤生产和装配式多步骤生产。连续式多步骤生产是指投入生产的原材料到产品完工要依次经过各生产步骤的连续加工的生产，如纺织、造纸、钢铁、服装加工和搪瓷生产等。装配式多步骤生产是先将原材料平行加工成零件、部件，然后将零件、部件装配成产成品，如机械制造、仪表制造、汽车制造等。

（二）按照生产组织的特点分类

按照生产组织的特点，工业企业生产可分为大量生产、成批生产和单件生产三种。

大量生产，是指不断重复品种相同的产品的生产。在这种生产类型的企业或车间中，产品的品种较少，而且比较稳定，如采掘、面粉、化肥、纺织业的生产。

成批生产，是指按规定的产品批别和数量进行的生产。在这种生产类型的企业或车间中，产品的品种较多，而且具有一定的重复性，如服装、机械生产。成批生产按照产品批量的大小，又可以分为大批生产和小批生产，大批生产类似于大量生产，小批生产类似于单件生产。

单件生产，是指根据订货单位的要求生产个别的、性质特殊的产品。在这种生产类型的企业或车间中，产品的品种较多，而且很少重复，如造船生产、重型机械、飞机生产等。

在一般情况下，简单生产大多是大量生产，连续式复杂生产一般属于大量大批生产，装配式复杂生产可以是大量生产，也可以是成批生产或单件生产。

二、生产类型的特点及成本管理的要求对产品成本计算的影响

（一）生产类型的特点对产品成本计算的影响

生产工艺过程的特点和生产组织的特点相结合，可形成不同的生产类型。单步骤生产和连续式多步骤生产，一般是大量大批生产，可分别称为大量大批单步骤生产和大量大批连续式多步骤生产。平行式多步骤生产，可以是大量生产，也可以是成批生产，还可以是单件生产，前一种可称为大量大批平行式多步骤生产，后两种可统称为单件小批平行式多步骤生产。以上四种生产类型，是就整个企业而言的，主要是基本生产车间的特点及类型。

构成产品成本计算方法的主要因素有成本计算对象、成本计算期及生产费用在完工产品与在产品之间的分配，生产特点对这三方面因素都有影响。

1. 对成本计算对象的影响

从生产工艺过程特点看：

（1）单步骤生产由于工艺过程不能间断，必须以产品为成本计算对象，按产品品种分别计算成本。

（2）连续式多步骤生产，需要以步骤为成本计算对象，既按步骤又按品种计算各步骤半成品成本和产品成本。

（3）平行式多步骤生产，不需要按步骤计算半成品成本，而以产品品种为成本计算对象。

从产品生产组织特点看：

（1）在大量生产情况下，只能按产品品种为成本计算对象计算产品成本。

（2）大批生产，不能按产品批别计算成本，而只能按产品品种为成本计算对象计算产品成本。

（3）如果大批生产的零件、部件按产品批别投产，也可按批别或件别为成本计算对象计算产品成本。

（4）小批、单件生产，由于产品批量小，一批产品一般可以同时完工，可按产品批别为成本计算对象计算产品成本。

2. 对成本计算期的影响

在大量、大批生产中，由于生产连续不断地进行，每月都有完工产品，因此产品成本要定期在每月末进行，与生产周期不一致。在小批、单件生产中，产品成本只能在某批、某件产品完工以后计算，因此成本计算是不定期进行的，而与生产周期一致。

3. 对完工产品与在产品之间费用分配的影响

在单步骤生产中，生产费用不必在完工产品与在产品之间进行分配。

在多步骤生产中，是否需要在完工产品与在产品之间分配费用，很大程度上取决于生产组织的特点。在大量、大批生产中，由于生产不间断进行，而且经常有在产品，因此在计算成本时，就需要采用适当的方法，将生产费用在完工产品与在产品之间进行分配。

在小批、单件生产中，如果成本计算期与生产周期一致，在每批、每件产品完工前，产品成本明细账中所登记的生产费用就是月末在产品的成本；完工后，所登记的费用就是完工产品的成本，因此不存在完工产品与在产品之间分配费用的问题。

上述三方面是相互联系、相互影响的，其中生产类型对成本计算对象的影响是主要的。不同的成本计算对象决定了不同的成本计算期和生产费用在完工产品与在产品之间的分配。因此，成本计算对象的确定，是正确计算产品成本的前提，也是区别各种成本计算方法的主要标志。

（二）管理要求对产品成本计算的影响

（1）单步骤生产或管理上不要求分步骤计算成本的多步骤生产，以品种或批别为成本计算对象，采用品种法或分批法。

（2）管理上要求分步骤计算成本的多步骤生产，以生产步骤为成本计算对象，采用分步法。

（3）在产品品种、规格繁多的企业，管理上要求尽快提供成本资料，简化成本计算工作，可采用分类法计算产品成本。

（4）在定额管理基础较好的企业，为加强定额管理工作，可采用定额法。

三、产品成本计算的方法

产品成本计算的方法有基本方法和辅助方法，其中，基本方法有品种法、分批法和分步法。辅助方法有分类法和定额法。

产品成本计算的辅助方法，一般应与基本方法结合起来使用，而不能单独使用。

任务二 品 种 法

【知识储备】

为了适应各类型生产的特点和不同的管理要求，在产品成本计算工作中存在着三种不同的成本计算对象，从而有三种不同的成本计算方法。

一、品种法的含义和适用范围

（一）品种法的含义

品种法，是以产品品种为成本计算对象来归集生产费用、计算产品成本的一种方法。

（二）品种法的适用范围

（1）品种法主要适用于大量大批的单步骤生产的企业，如发电、采掘等企业。

（2）在大量大批多步骤生产的企业中，如果企业生产规模较小，而且成本管理上又不要求提供各步骤的成本资料，也可以采用品种法计算产品成本。

（3）企业的辅助生产（如供水、供电、供汽等）车间也可以采用品种法计算其劳务成本。

二、品种法的特点

（一）以产品品种作为成本计算对象，设置产品成本明细账或成本计算单，归集生产费用

采用品种法，如果企业或生产单位只生产一种产品，成本计算对象就是该种产品的名称。生产成本明细账按该种产品设置，发生的所有生产费用都直接计入该种产品的生产成本明细账，不需要也不存在在各成本核算对象之间进行分配。如果生产多种产品，则应该按产品的品种分别设置生产成本明细账，发生的直接费用可以直接计入各生产成本明细账，间接费用需要单独归集后采取适当的分配方法，在各成本计算对象之间分配后，再计入各成本计算对象的生产成本明细账中。

在大量大批单步骤生产的企业中，如果只生产一种产品，企业或生产单位生产周期较短，期末在产品没有或极少，也不存在在本期完工产品和期末在产品之间分配费用的问题，如供水、供电、采掘等企业。

（二）成本计算定期按月进行

在大量大批生产的企业中，其生产是连续不断进行的，不可能等产品全部完工后才计算其实际成本，成本计算期与会计报告期一致（定期按月），但与生产周期不一致。

（三）月末在产品费用的处理

月末计算产品成本时，如果没有在产品或在产品数量很少，就不需要计算在产品成本，成本明细账和计算单上所登记的全部生产费用，就是该产品的完工产品总成本；如果月末在产品数量较多，则需将成本明细账和计算单上所归集的生产费用，采用适当的方法在完工产品与在产品之间进行分配，从而计算出完工产品和月末在产品成本。

三、品种法的计算程序

采用品种法计算产品成本时，可按以下几个步骤进行。

品种法的核算程序图

（一）开设成本费用明细账

按产品品种开设产品成本明细账或成本计算单，并按成本项目设置专栏。如果有月初在产品，在"基本生产成本明细账"中过入月初在产品成本。同时，还应开设"辅助生产成本明细账"（按生产车间或品种）和"制造费用明细账"（按生产车间），账内按成本项目或费用项目设置专栏。

（二）分配各种要素费用

（1）根据货币资金支出业务，按用途分类汇总各种付款凭证，登记各项费用。

（2）根据领用材料的凭证和退料凭证及有关分配标准，编制材料费用分配表，分配材料费用，并登记有关明细账。

（3）根据各车间、部门工资结算凭证及工资薪酬附加费的计提办法，编制工资薪酬及工资薪酬附加费分配表，分配工资薪酬各项费用，并登记有关明细账。

（4）根据各车间、部门计提固定资产折旧的方法，编制折旧费用分配表，分配折旧费用，并登记有关明细账。

（5）根据利息支出计算表和其他费用记录，编制利息支出分配表和其他费用分配表，并登记有关明细账。

（三）分配辅助生产费用

根据各种费用分配表和其他有关资料登记的"辅助生产成本明细账"上归集的费用，采用适当的方法（直接分配法、顺序分配法、交互分配法、代数分配法、计划成本分配法），编制辅助生产费用分配表，分配辅助生产费用。

（四）分配基本生产车间制造费用

根据各种费用分配表和其他有关资料登记的基本生产车间"制造费用明细账"上归集的费用，采用一定的方法（生产工时比例分配法、生产工人工资比例法、机器工时比例法、年度计划分配率法等）在各种产品之间进行分配，编制制造费用分配表，并将分配结果登记在"基本生产成本明细账"和"成本计算单"上。

（五）分配计算各种完工产品成本和在产品成本

根据各种费用分配表和其他有关资料登记的"基本生产成本明细账"和"成本计算单"上归集的生产费用，月末应采用适当的方法（不计算在产品成本法、在产品按年初固定成本计价法、在产品按所耗原材料费用计价法、约当产量比例法、在产品按完工产品成本计算法、在产品按定额成本计价法和定额比例法）分配计算各种完工产品成本和在产品成本。如果月末没有在产品，则本月发生的生产费用就全都是完工产品成本。

（六）结转产成品成本

根据各成本计算单中计算出来的本月完工产品成本，汇总编制完工产品成本汇总表，计算出完工产品总成本和单位成本,并进行结转。

四、品种法的优缺点

品种法是最基本的产品成本计算方法。采用这种方法,既不要求按照产品批别计算成本,也不要求按照产品生产步骤计算成本,只要求按照产品的品种计算产品成本。它适用于产品品种单一、生产周期较短的大量大批单步骤生产。如果生产的产品步骤复杂,而且是小批单件生产的就不适合采用这种方法。

【任务案例 4-1】品种法举例

海通公司设有一个基本生产车间,大量生产甲产品和乙产品,其生产工艺过程属于单步骤生产。根据生产特点和管理要求,采用品种法计算甲、乙两种产品成本。按成本管理要求,该企业的产品成本只设置"直接材料""直接人工""制造费用"三个成本项目。该企业另设有机修、供电两个辅助生产车间,为基本生产车间及其他部门提供产品和服务。辅助生产车间不设置"制造费用"科目,车间发生的间接费用直接计入各车间辅助生产成本明细账。

20××年 3 月的有关资料如下:

(1)月初在产品成本。甲、乙两种产品月初在产品成本如表 4-1 所示。

表 4-1 甲、乙两种产品月初在产品成本

20××年 3 月 金额单位:元

摘 要	直接材料	直接人工	制造费用	合 计
甲产品月初在产品成本	254 000	32 500	3 500	290 000
乙产品月初在产品成本	146 000	16 500	3 500	166 000

(2)本月产品的生产数量。甲产品本月完工 500 件,月末在产品 100 件,实际生产工时 100 000 小时;乙产品本月完工 200 件,月末在产品 40 件,实际生产工时 50 000 小时。甲、乙两种产品的原材料都在生产开始时一次投入,加工费用发生比较均衡,月末在产品完工程度均为 50%。

(3)本月发生的生产费用。

① 本月耗用材料汇总表如表 4-2 所示。

表 4-2 耗用材料汇总表

20××年 3 月 金额单位:元

领料部门		材料类别		合 计
		原材料	周转材料	
基本生产车间耗用	甲产品耗用	800 000	10 000	810 000
	乙产品耗用	600 000	5 000	605 000

续表

领料部门		材料类别		合 计
		原材料	周转材料	
基本生产车间耗用	小 计	1 400 000	15 000	1 415 000
	共同耗用	28 000		28 000
车间一般消耗		2 000	100	2 100
辅助生产车间耗用	供电车间耗用	2 000		2 000
	机修车间耗用	1 500		1 500
	小 计	3 500		3 500
企业管理部门耗用		1 000	500	1 500
合 计		1 434 500	15 600	1 450 100

甲、乙两种产品共同耗用材料按甲、乙两种产品直接耗用材料的比例进行分配。

② 本月职工薪酬结算汇总表如表4-3所示。

表4-3 职工薪酬结算汇总表

20××年3月　　　　　　　　　　　　　　　　　金额单位：元

人员类别		应付工资总额	应计提各项附加（36%）*	合 计
基本生产车间	产品生产工人	400 000	144 000	544 000
	车间管理人员	20 000	7 200	27 200
	小 计	420 000	151 200	571 200
辅助生产车间	供电车间	5 000	1 800	6 800
	机修车间	6 000	2 160	8 160
	小 计	11 000	3 960	14 960
企业管理部门人员		10 000	3 600	13 600
合 计		441 000	158 760	599 760

注：*应计提各项附加包括养老保险、医疗保险、失业保险；工会经费、职工福利费、教育经费。

养老保险：公司为每位员工按月工资的20%计提并上缴养老保险；每位职工按月工资8%计缴个人部分，且由公司代扣代缴。

医疗保险：公司按每位职工月工资的6%计提并缴纳医疗保险，每位职工按月工资1.5%计缴个人部分，且由公司代扣代缴。

失业保险：公司按每位职工月工资的2%计提并缴纳失业保险，每位职工按月工资1%计缴个人部分，且由公司代扣代缴。

工会经费：公司按每位职工月工资的2%计提并向当地地税机关缴纳工会经费。

职工福利费：公司按工资总额的3.5%计提。

教育经费：公司按职工月工资总额的2.5%计提。

③ 本月应计提固定资产折旧费用 25 000 元,其中,基本生产车间折旧 10 000 元,企业管理部门折旧 6 000 元,供电车间折旧 5 000 元,机修车间折旧 4 000 元。

④ 以银行存款支付基本生产车间负担的办公费 1 000 元,水费 2 000 元,差旅费 1 400 元,设计制图费 2 600 元;供电车间负担的水费 500 元;机修车间负担的办公费 400 元;企业管理部门负担的办公费 5 000 元,水费 1 000 元,招待费 800 元。

⑤ 以现金支付基本生产车间负担的办公费 250 元,市内交通费 150 元;供电车间负担的市内交通费 100 元;机修车间负担的办公费 400 元;企业管理部门负担的办公费 1 500 元,市内运输费 100 元。

要求根据该企业 20××年 3 月的资料,确定甲、乙两种产品在品种法下的成本计算程序和相应的账务处理。

【任务实施】

步骤1:设置有关成本费用明细账和开设成本计算单。

企业开设甲产品和乙产品成本明细账、两张成本计算单,成本项目设置"直接材料"、"直接人工"和"制造费用"。按机修车间和供电车间分设两本辅助生产成本明细账,开设制造费用明细账。

步骤2:归集和分配本月发生的各项费用。

根据各项生产费用发生的原始凭证和其他有关资料,编制各项要素费用分配表,分配各项要素费用。

① 根据原材料用途归类的领退料凭证和有关的分配标准,编制材料费用分配表(见表4-4)。

表4-4 材料费用分配表

20××年3月　　　　　　　　　　　　金额单位:元

应借科目		间接计入			直接计入	合计
		耗用材料(千克)	分配率	分配额		
生产成本——基本生产成本	甲产品	800 000		16 000	810 000	826 000
	乙产品	600 000		12 000	605 000	617 000
	小计	1 400 000	0.02	28 000	1 415 000	1 443 000
生产成本——辅助生产成本	供电车间				2 000	2 000
	机修车间				1 500	1 500
	小计				3 500	3 500
制造费用	物料消耗				2 100	2 100
管理费用	物料消耗				1 500	1 500
合计						1 450 100

根据材料费用分配表（见表4-4），编制发出材料的会计分录。

借：生产成本——基本生产成本——甲产品　　　　　　826 000
　　　　　　　　　　　　　　——乙产品　　　　　　617 000
　　生产成本——辅助生产成本——供电车间　　　　　　2 000
　　　　　　　　　　　　　　——机修车间　　　　　　1 500
　　制造费用——物料消耗　　　　　　　　　　　　　　2 100
　　管理费用——物料消耗　　　　　　　　　　　　　　1 500
　　贷：原材料　　　　　　　　　　　　　　　　　　1 450 100

② 根据各车间、部门的工资薪酬计算凭证和应计提工资薪酬各项附加，编制工资薪酬及各项附加分配表（见表4-5）。

表4-5　工资薪酬及各项附加分配表

20××年3月　　　　　　　　　　　　　　　　　　　　金额单位：元

应借科目		工　资			应计提各项附加	
		生产工时（小时）	分配率	分配额	提取率	分配额
生产成本——基本生产成本	甲产品	100 000		266 700		96 012
	乙产品	50 000		133 300		47 988
	小　计	150 000	2.667	400 000		144 000
生产成本——辅助生产成本	供电车间			5 000		1 800
	机修车间			6 000		2 160
	小　计			11 000		3 960
制造费用	职工薪酬			20 000		7 200
管理费用	职工薪酬			10 000		3 600
合　计				441 000	36%	158 760

根据工资薪酬及应计提各项附加分配表（见表4-5），编制会计分录。

借：生产成本——基本生产成本——甲产品　　　　　　362 712
　　　　　　　　　　　　　　——乙产品　　　　　　181 288
　　生产成本——辅助生产成本——供电车间　　　　　　6 800
　　　　　　　　　　　　　　——机修车间　　　　　　8 160
　　制造费用——职工薪酬　　　　　　　　　　　　　27 200
　　管理费用——职工薪酬　　　　　　　　　　　　　13 600
　　贷：应付职工薪酬　　　　　　　　　　　　　　　599 760

③ 根据本月固定资产折旧原值和折旧率，计算本月应计提固定资产折旧费用分配表（见

表 4-6)。

表 4-6 折旧费用分配表

20××年3月　　　　　　　　　　　金额单位：元

会计科目	明细科目	费用项目	分配金额
制造费用	基本生产车间	折旧费	10 000
生产成本——	供电车间	折旧费	5 000
辅助生产成本	机修车间	折旧费	4 000
管理费用	企业管理部门	折旧费	6 000
合　计			25 000

根据折旧费用分配表（见表4-6），编制会计分录。

借：制造费用——基本生产车间　　　　　　　　　　　10 000
　　生产成本——辅助生产成本——机修车间　　　　　4 000
　　　　　　　　　　　　　　　——供电车间　　　　5 000
　　管理费用——企业管理部门　　　　　　　　　　　 6 000
　贷：累计折旧　　　　　　　　　　　　　　　　　　 25 000

④ 根据付款凭证汇总的有关资料，编制其他费用分配表（见表4-7）。

表 4-7 其他费用分配表

20××年3月　　　　　　　　　　　金额单位：元

会计科目	明细科目	办公费	水电费	其　他	合　计
制造费用	基本生产车间	1 250	2 000	4 150	7 400
生产成本——	供电车间		500	100	600
辅助生产成本	机修车间	800			800
管理费用		6 500	1 000	900	8 400
合　计		8 550	3 500	5 150	17 200

根据其他费用分配表，编制会计分录。

借：制造费用——办公费　　　　　　　　　　　　　　1 250
　　　　　　——水电费　　　　　　　　　　　　　　2 000
　　　　　　——其他　　　　　　　　　　　　　　　4 150
　　生产成本——辅助生产成本——机修车间　　　　　800
　　　　　　　　　　　　　　——供电车间　　　　　600
　　管理费用——办公费　　　　　　　　　　　　　　6 500

——水电费　　　　　　　　　　　　　　　　　　　1 000
　　——其他　　　　　　　　　　　　　　　　　　　　900
　　贷：银行存款　　　　　　　　　　　　　　　　　　　　17 200

⑤ 根据上述各种费用分配表及编制的会计分录，登记有关基本生产成本明细账（见表4-8、表4-9）、辅助生产成本明细账（见表4-10、表4-11）和制造费用明细账（见表4-12）。

表4-8　基本生产成本明细账

产品名称：甲产品　　　　　　　　　　　　　　　　　　　　　　　　　　　金额单位：元

| 20××年 ||凭证号数| 摘　要 | 直接材料 | 直接人工 | 制造费用 | 合　计 |
月	日						
3	1		月初在产品成本	254 000	32 500	3 500	290 000
3	31	略	材料费用分配表	826 000			826 000
	31	略	工资薪酬及计提各项附加分配表		362 712		362 712
	31	略	生产用电分配表				
	31	略	制造费用分配表				
	31	略	本月生产费用合计				
	31	略	本月累计				
	31	略	结转完工入库产品成本				
	31	略	月末在产品成本				

表4-9　基本生产成本明细账

产品名称：乙产品　　　　　　　　　　　　　　　　　　　　　　　　　　　金额单位：元

| 20××年 ||凭证号数| 摘　要 | 直接材料 | 直接人工 | 制造费用 | 合　计 |
月	日						
2	28		月初在产品成本	146 000	16 500	3 500	166 000
3	31	略	材料费用分配表	617 000			617 000
	31	略	工资及各项计提分配表		181 288		181 288
	31	略	生产用电分配表				
	31	略	制造费用分配表				
	31	略	本月生产费用合计				
	31	略	本月累计				
	31	略	结转完工入库产品成本				
	31	略	月末在产品成本				

表 4-10 辅助生产成本明细账

车间名称：供电车间　　　　　　　　　　　　　　　　　　　　　　　　　　　金额单位：元

20××年		凭证号数	摘　要	直接材料	直接人工	制造费用	合　计
月	日						
3	31	略	材料费用分配表	2 000			2 000
	31	略	工资及各项计提分配表		6 800		6 800
	31	略	计提折旧费			5 000	5 000
	31	略	其他费用			600	600
	31	略	本月合计	2 000	6 800	5 600	14 400
	31	略	结转各受益部门				

表 4-11 辅助生产成本明细账

车间名称：机修车间　　　　　　　　　　　　　　　　　　　　　　　　　　　金额单位：元

20××年		凭证号数	摘　要	直接材料	直接人工	制造费用	合　计
月	日						
3	31	略	材料费用分配表	1 500			1 500
	31	略	工资及各项计提分配表		8 160		8 160
	31	略	计提折旧费			4 000	4 000
	31	略	其他费用			800	800
	31	略	本月合计	1 500	8 160	4 800	14 460
	31	略	结转各受益部门				

表 4-12 制造费用明细账

车间名称：基本生产车间　　　　　　　　　　　　　　　　　　　　　　　　　金额单位：元

20××年		凭证号数	摘　要	材料费	人工费	折旧费	办公费	水电费	修理费	其他	合　计
月	日										
3	31	略	材料费用分配表	2 100							2 100
	31	略	工资及各项计提分配表		27 200						27 200
	31	略	计提折旧费分配表			10 000					10 000
	31	略	其他费用分配表				1 250	2 000		4 150	7 400
	31	略	辅助生产分配表								
	31	略	本月合计								
	31	略	结转制造费用								

步骤3：分配辅助生产费用。

根据辅助生产成本明细账归集的待分配本月辅助生产费用和辅助生产车间本月劳务供应量，采用计划成本分配法分配辅助生产费用，并据以登记有关基本生产成本明细账、制造费用和期间费用明细账等。

本月供电和机修车间提供的劳务量如表4-13所示。

表4-13 供电和机修车间提供的劳务量

受益部门		供电车间（度）	机修车间（小时）
供电车间			400
机修车间		2 000	
基本生产车间	产品生产	30 000	
	一般消耗	5 000	2 000
	小　计	35 000	2 000
企业管理部门		8 000	1 600
合　计		45 000	4 000

每度电的计划成本为0.34元，每小时机修费用的计划成本为3.50元；成本差异全部由管理费用负担。产品生产用电按车间生产甲、乙两种产品的生产工时比例分配，其中，甲产品的生产工时为100 000小时，乙产品的生产工时为50 000小时（见表4-14）。分配计入产品成本计算单中"直接材料"成本项目，分配结果如表4-15所示。

表4-14 产品生产用电分配表

20××年3月　　　　　　　　　　　　　　　　　　金额单位：元

产　品	生产工时（小时）	分配率	分配金额
甲产品	100 000		6 800
乙产品	50 000		3 400
合　计	150 000	0.068	10 200

表4-15 辅助生产费用分配表

20××年3月　　　　　　　　　　　　　　　　　　金额单位：元

项　目	按计划成本分配		
辅助生产车间	供电车间	维修车间	合　计
待分配费用	14 400	14 460	28 860
劳务供应总量	45 000	4 000	
计划成本（分配率）	0.34	3.5	

续表

项　目				按计划成本分配		
辅助生产车间				供电车间	维修车间	合　计
应借账户	辅助生产成本	供电车间	数量		400	
			金额		1 400	1 400
		机修车间	数量	2 000		
			金额	680		680
	基本生产成本	甲产品（金额）		6 800		6 800
		乙产品（金额）		3 400		3 400
		小　计	数量	30 000		
			金额	10 200		10 200
	制造费用		数量	5 000	2 000	
			金额	1 700	7 000	8 700
	管理费用		数量	8 000	1 600	
			金额	2 720	5 600	8 320
合　计				15 300	14 000	29 300

注：供电车间成本差异=14 400+1 400−15 300=500（元）

机修车间成本差异=14 460+680−14 000=1 140（元）

根据辅助生产费用分配表（见表4-14及表4-15），编制会计分录。

① 结转辅助生产计划成本。

借：生产成本——辅助生产成本——供电车间　　　　　　　　1 400
　　　　　　　　　　　　　　　——机修车间　　　　　　　　　680
　　生产成本——基本生产成本——甲产品　　　　　　　　　　6 800
　　　　　　　　　　　　　　　——乙产品　　　　　　　　　3 400
　　制造费用——水电费　　　　　　　　　　　　　　　　　　1 700
　　　　　　——修理费　　　　　　　　　　　　　　　　　　7 000
　　管理费用——水电费　　　　　　　　　　　　　　　　　　2 720
　　　　　　——修理费　　　　　　　　　　　　　　　　　　5 600
　　贷：生产成本——辅助生产成本——供电车间　　　　　　 15 300
　　　　　　　　　　　　　　　　——机修车间　　　　　　 14 000

② 结转辅助生产成本差异，成本差异全部计入管理费用。

借：管理费用　　　　　　　　　　　　　　　　　　　　　　1 640
　　贷：生产成本——辅助生产成本——供电车间　　　　　　　　500
　　　　　　　　　　　　　　　　——机修车间　　　　　　　1 140

辅助生产分配完毕，辅助生产成本明细账和制造费用明细账如表4-16～表4-18所示。

表4-16 辅助生产成本明细账

车间名称：供电车间　　　　　　　　　　　　　　　　　　　　　　　金额单位：元

20××年		凭证号数	摘　要	直接材料	直接人工	制造费用	合　计
月	日						
3	31	略	材料费用分配表	2 000			2 000
	31	略	工资及各项计提分配表		6 800		6 800
	31	略	计提折旧费			5 000	5 000
	31	略	其他费用			600	600
	31	略	分配辅助生产修理费			1 400	1 400
	31	略	本月合计	2 000	6 800	7 000	15 800
	31	略	结转各受益部门	2 000	6 800	7 000	15 800

表4-17 辅助生产成本明细账

车间名称：机修车间　　　　　　　　　　　　　　　　　　　　　　　金额单位：元

20××年		凭证号数	摘　要	直接材料	直接人工	制造费用	合　计
月	日						
3	31	略	材料费用分配表	1 500			1 500
	31	略	工资及各项计提分配表		8 160		8 160
	31	略	计提折旧费			4 000	4 000
	31	略	其他费用			800	800
	31	略	分配辅助生产电费			680	680
	31	略	本月合计	1 500	8 160	5 480	15 140
	31	略	结转各受益部门	1 500	8 160	5 480	15 140

表4-18 制造费用明细账

车间名称：基本生产车间　　　　　　　　　　　　　　　　　　　　　金额单位：元

20××年		凭证号数	摘　要	材料费	人工费	折旧费	办公费	水电费	修理费	其他	合计
月	日										
3	31	略	材料费用分配表	2 100							2 100
	31	略	工资及各项计提分配表		27 200						27 200
	31	略	计提折旧费分配表			10 000					10 000
	31	略	其他费用分配表				1 250	2 000		4 150	7 400
	31	略	辅助生产分配表					1 700	7 000		8 700

续表

20××年		凭证号数	摘　要	材料费	人工费	折旧费	办公费	水电费	修理费	其他	合计
月	日										
	31	略	本月合计	2 100	27 200	10 000	1 250	3 700	7 000	4 150	55 400
	31	略	结转制造费用								

步骤 4：分配基本生产车间制造费用。

根据本月基本生产车间制造费用明细账归集的制造费用总额，按甲、乙两种产品的生产工时比例分配制造费用，编制制造费用分配表（见表 4-19），并登记基本生产成本明细账和有关成本计算单。

表 4-19　制造费用分配表

20××年 3 月　　　　　　　　　　　　　　　金额单位：元

产　品	生产工时（小时）	分　配　率	分配金额
甲产品	100 000		36 930
乙产品	50 000		18 470
合　计	150 000	0.369 3	55 400

根据制造费用分配表（见表 4-19），编制会计分录。

借：生产成本——甲产品　　　　　　　　　　　　　36 930
　　　　　　——乙产品　　　　　　　　　　　　　18 470
　贷：制造费用　　　　　　　　　　　　　　　　　55 400

制造费用分配完毕，基本生产成本明细账及制造费用明细账如表 4-20~表 4-22 所示。

表 4-20　基本生产成本明细账

产品名称：甲产品　　　　　　　　　　　　　　　　　　　　　金额单位：元

20××年		凭证号数	摘　要	直接材料	直接人工	制造费用	合　计
月	日						
3	1		月初在产品成本	254 000	32 500	3 500	290 000
3	31	略	材料费用分配表	826 000			826 000
	31	略	工资薪酬及计提各项附加分配表		362 712		362 712
	31	略	生产用电分配表			6 800	6 800
	31	略	制造费用分配表			36 930	36 930
	31	略	本月生产费用合计	826 000	362 712	43 730	1 232 442
	31	略	本月累计	1 080 000	395 212	47 230	1 522 442

表 4-21　基本生产成本明细账

产品名称：乙产品　　　　　　　　　　　　　　　　　　　　　　　　　　　　金额单位：元

20××年		凭证号数	摘要	直接材料	直接人工	制造费用	合计
月	日						
2	28		月初在产品成本	146 000	16 500	3 500	166 000
3	31	略	材料费用分配表	617 000			617 000
	31	略	工资及各项计提分配表		181 288		181 288
	31	略	生产用电分配表			3 400	3 400
	31	略	制造费用分配表			18 470	18 470
	31	略	本月生产费用合计	617 000	181 288	21 870	820 158
	31	略	本月累计	763 000	197 788	25 370	986 158

表 4-22　制造费用明细账

车间名称：基本生产车间　　　　　　　　　　　　　　　　　　　　　　　　金额单位：元

20××年		凭证号数	摘要	材料费	人工费	折旧费	办公费	水电费	修理费	其他	合计
月	日										
3	31	略	材料费用分配表	2 100							2 100
	31	略	工资及各项计提分配表		27 200						27 200
	31	略	计提折旧费分配表			10 000					10 000
	31	略	其他费用分配表				1 250	2 000		4 150	7 400
	31	略	辅助生产分配表					1 700	7 000		8 700
	31	略	本月合计	2 100	27 200	10 000	1 250	3 700	7 000	4 150	55 400
	31	略	结转制造费用	2 100	27 200	10 000	1 250	3 700	7 000	4 150	55 400

步骤5：在完工产品和在产品之间分配生产费用。

根据各产品成本计算单归集的生产费用合计数和有关生产数量记录，在完工产品和月末在产品之间分配生产费用。

该企业本月甲产品完工入库500件，月末在产品100件；乙产品完工入库200件，月末在产品40件。按约当产量比例法分别计算甲、乙两种产品的完工产品成本和月末在产品成本。月末在产品约当产量计算表如表4-23和表4-24所示。

表 4-23 在产品约当产量计算表

产品名称：甲产品　　　　　　　　　　　　　　　　　　　　　　　　　　　　　单位：件

成 本 项 目	月末在产品数量	在产品完工程度（%）	约 当 产 量
直接材料	100	100	100
直接人工	100	50	50
制造费用	100	50	50

表 4-24 在产品约当产量计算表

产品名称：乙产品　　　　　　　　　　　　　　　　　　　　　　　　　　　　　单位：件

成 本 项 目	月末在产品数量	在产品完工程度（%）	约 当 产 量
直接材料	40	100	40
直接人工	40	50	20
制造费用	40	50	20

根据甲、乙两种产品的月末在产品约当产量，采用约当产量比例法在甲、乙两种产品的完工产品与月末在产品之间分配生产费用，编制产品成本计算单，如表 4-25 和表 4-26 所示。

表 4-25 产品成本计算单

20××年 3 月

产品名称：甲产品　　　　　　　　产成品：500 件　　　　　　　　在产品：100 件

摘　　要	直 接 材 料	直 接 人 工	制 造 费 用	合　　计
月初在产品成本	254 000	32 500	3 500	290 000
本月发生生产费用	826 000	362 712	43 730	1 232 442
生产费用合计	1 080 000	395 212	47 230	1 522 442
在产品约当量	100	50	50	
完工产品数量+在产品约当产量	600	550	550	
分配率（单位成本）	1 800	718.57	85.87	2 592.08
完工产品总成本	900 000	359 285	42 935	1 302 220
月末在产品成本	180 000	35 927	4 295	220 222

表 4-26 产品成本计算单

20××年 3 月

产品名称：乙产品　　　　　　　　产成品：200 件　　　　　　　　在产品：40 件

摘　　要	直 接 材 料	直 接 人 工	制 造 费 用	合　　计
月初在产品成本	146 000	16 500	3 500	166 000

续表

摘 要	直接材料	直接人工	制造费用	合 计
本月发生生产费用	617 000	181 288	21 870	820 158
生产费用合计	763 000	197 788	25 370	986 158
在产品约当量	40	20	20	
完工产品数量+在产品约当产量	240	220	220	
分配率（单位成本）	3 179.17	899.04	115.32	4 193.53
完工产品总成本	635 834	179 808	23 064	838 706
月末在产品成本	127 166	17 980	2 306	147 452

步骤 6：编制完工产品成本汇总表。

根据表 4-25 和表 4-26 中的分配结果，编制完工产品成本汇总表（见表 4-27）。

表 4-27 编制完工产品成本汇总表

20××年 3 月　　　　　　　　　　　　　　　　　　　　　金额单位：元

成本项目	甲产品（500 件）		乙产品（200 件）	
	总成本	单位成本	总成本	单位成本
直接材料	900 000	1 800	635 834	3 179.17
直接人工	359 285	718.57	179 808	899.04
制造费用	42 935	85.87	23 064	115.32
合 计	1 302 220	2 604.44	838 706	4 193.53

根据完工产品成本汇总表，结转完工入库产品的生产成本，编制会计分录。

借：库存商品——甲产品　　　　　　　　　　　　　　1 302 220
　　　　　　——乙产品　　　　　　　　　　　　　　　838 706
　　贷：生产成本——基本生产成本——甲产品　　　　1 302 220
　　　　　　　　　　　　　　　　——乙产品　　　　　838 706

完工产品成本结转完毕，基本生产成本明细账如表 4-28 和表 4-29 所示。

表 4-28 基本生产成本明细账

产品名称：甲产品　　　　　　　　　　　　　　　　　　　　金额单位：元

20××年		凭证号数	摘 要	直接材料	直接人工	制造费用	合 计
月	日						
3	1		月初在产品成本	254 000	32 500	3 500	290 000
3	31	略	材料费用分配表	826 000			826 000

续表

20××年		凭证号数	摘 要	直接材料	直接人工	制造费用	合 计
月	日						
	31	略	工资薪酬及计提各项附加分配表		362 712		362 712
	31	略	生产用电分配表			6 800	6 800
	31	略	制造费用分配表			36 930	36 930
	31	略	本月生产费用合计	826 000	362 712	43 730	1 232 442
	31	略	本月累计	1 080 000	395 212	47 230	1 522 442
	31	略	结转完工入库产品成本	900 000	359 285	42 935	1 302 220
	31	略	月末在产品成本	180 000	35 927	4 295	220 222

表 4-29 基本生产成本明细账

产品名称：乙产品　　　　　　　　　　　　　　　　　　　　　　　　　　金额单位：元

20××年		凭证号数	摘 要	直接材料	直接人工	制造费用	合 计
月	日						
2	28		月初在产品成本	146 000	16 500	3 500	166 000
3	31	略	材料费用分配表	617 000			617 000
	31	略	工资及各项计提分配表		181 288		181 288
	31	略	生产用电分配表			3 400	3 400
	31	略	制造费用分配表			18 470	18 470
	31	略	本月生产费用合计	617 000	181 288	21 870	820 158
	31	略	本月累计	763 000	197 788	25 370	986 158
	31	略	结转完工入库产品成本	635 834	179 808	23 064	838 706
	31	略	月末在产品成本	127 166	17 980	2 306	147 452

任务拓展训练

训练 1：掌握品种法。

某企业设有一个基本车间和供电、锅炉两个辅助车间，大量生产甲、乙两种产品。根据生产特点和管理要求采用品种法计算产品成本。有关成本计算资料如下。

1. 月初在产品成本

甲产品月初在产品成本为 40 000 元，其中，直接材料 20 000 元，直接人工 12 000 元，制造费用 8 000 元；乙产品无月初在产品成本。

2．本月生产数量

甲产品本月实际生产工时 40 500 小时，本月完工 800 件，月末在产品 400 件，在产品原材料已全部投入，加工程度为 50%。乙产品本月实际生产工时 27 000 小时，本月完工 500 件，月末无在产品。

供电车间本月供电 306 000 度，其中，锅炉车间 30 000 度，产品生产 200 000 度，基本生产车间一般消耗 10 000 度，厂部管理部门消耗 66 000 度；锅炉车间本月供气 14 500 立方米，其中，供电车间 1 000 立方米，基本生产车间 10 000 立方米，企业管理部门 3 500 立方米。

3．本月发生生产费用

（1）本月发出材料汇总表如表 4-30 所示。

表 4-30　发出材料汇总表

材料类别：20××年 6 月　　　　　　　　　　　　　　　　　　　金额单位：元

领料用途：原材料	直接领用	共同耗用	合　计
产品生产直接消耗	300 000	60 000	360 000
甲产品	200 000		200 000
乙产品	100 000		100 000
基本生产车间一般消耗	4 000		4 000
供电车间消耗	62 000		62 000
锅炉车间消耗	10 000		10 000
企业管理部门消耗	6 000		6 000
合　计	382 000	60 000	442 000

（2）本月职工薪酬结算汇总表如表 4-31 所示。

表 4-31　职工薪酬结算汇总表

20××年 6 月　　　　　　　　　　　　　　　　　　　金额单位：元

人员类别		应付工资总额	应计提各项附加	合　计
基本生产车间	产品生产工人	270 000	37 800	307 800
	车间管理人员	8 000	1 120	9 120
	小　计	278 000	38 920	316 920
辅助生产车间	供电车间人员	10 000	1 400	11 400
	锅炉车间人员	12 000	1 680	13 680
	小　计	22 000	3 080	25 080
企业管理部门人员		30 000	4 200	34 200
合　计		330 000	46 200	376 200

（3）本月应提折旧费 49 000 元，其中，基本生产车间 30 000 元，供电车间 6 000 元，锅炉车间 5 000 元，企业管理部门 8 000 元。

（4）本月以银行存款支付修理费 5 000 元，其中，基本生产车间 2 000 元、供电车间 1 200 元、锅炉车间 800 元，企业管理部门 1 000 元。

（5）本月以现金支付的费用为 6 000 元，其中，基本生产车间办公费 1 400 元、供电车间办公费 400 元、锅炉车间办公费 200 元、修理费 800 元，企业管理部门办公费 600 元、差旅费 2 600 元。

（6）本月以银行存款支付的费用为 71 000 元，其中，基本生产车间水费 2 000 元、办公费 1 000 元，供电车间外购电力和水费 40 000 元，锅炉车间水费 20 000 元、办公费 800 元、修理费 1 200 元，企业管理部门办公费 1 800 元、差旅费 4 000 元、招待费 200 元。

要求：

1．开设甲产品、乙产品成本计算单；开设供电车间、锅炉车间生产成本明细账；开设基本生产车间制造费用明细账。其他总账和明细账从略。供电车间发生的制造费用分别计入各自生产成本明细账，不通过制造费用账户。

2．根据资料进行费用分配和成本计算，编制会计分录并计入有关账户。具体要求如下：

（1）根据甲、乙两种产品直接耗用原材料比例分配共同用料，根据发出材料汇总表和分配结果编制会计分录并计入有关账户，如表 4-32 所示。

表 4-32 直接材料费用分配表

20××年6月　　　　　　　　　　　　　　　　　　　　　　　　金额单位：元

产 品	直接材料	分配率	分配金额	合 计
甲产品				
乙产品				
合 计				

（2）根据甲、乙两种产品的实际生产工时分配产品生产工人工资和各项附加，根据应付工资和附加分配表，编制会计分录并计入有关账户，如表 4-33 所示。

表 4-33 直接人工费用分配表

20××年6月　　　　　　　　　　　　　　　　　　　　　　　　金额单位：元

产 品	生产工时（小时）	工资分配		工资各项附加分配	
		分配率	分配金额	分配率	分配金额
甲产品	40 500				
乙产品	27 000				
合 计	67 500				

（3）编制计提本月折旧的会计分录并计入有关账户。

（4）编制本月以银行存款支付费用的会计分录并计入有关账户。

（5）编制本月以现金支付费用的会计分录并计入有关账户。

（6）编制本月以银行存款支付费用的会计分录并计入有关账户。

（7）根据以上内容编制供电车间和锅炉车间辅助生产成本明细账（见表4-34和表4-35）。

（8）编制本月辅助生产费用分配表（计划成本分配法）和产品生产用电分配表（生产工时分配法）。辅助生产车间计划单位成本为电每度0.40元，锅炉供汽每立方米4.60元，成本差异计入管理费用。根据辅助生产费用分配表和产品生产用电分配表（见表4-36和表4-37）编制会计分录并计入有关账户。

（9）编制基本生产车间制造费用分配表（生产工时分配法），根据分配的结果编制会计分录并计入有关账户（见表4-38和表4-39）。

（10）采用约当产量比例法计算甲产品月末在产品成本，编制结转甲、乙两种产品的产品成本计算单（见表4-40和表4-41）。

表 4-34 辅助生产成本明细账

车间名称：供电车间　　　　　　　　　　　　　　　　　　　　　　　金额单位：元

20××年		凭证号数	摘　　要	直接材料	直接人工	制造费用	合　计
月	日						
6	30	略	材料费用分配表				
	30	略	工资及各项附加分配表				
	30	略	计提折旧费				
	30	略	支付修理费				
	30	略	购办公用品				
	30	略	付水电费				
	30	略	分配蒸汽费				
	30	略	本月合计				
	30	略	结转各受益部门				

表 4-35 辅助生产成本明细账

车间：锅炉车间　　　　　　　　　　　　　　　　　　　　　　　　金额单位：元

20××年		凭证号数	摘　　要	直接材料	直接人工	制造费用	合　计
月	日						
6	30	略	材料费用分配表				
	30	略	工资及各项附加分配表				

续表

20××年		凭证号数	摘　要	直接材料	直接人工	制造费用	合　计
月	日						
	30	略	计提折旧费				
	30	略	支付修理费				
	30	略	购办公用品				
	30	略	付水电费				
	30	略	分配电费				
	30	略	本月合计				
	30	略	结转各受益部门				

表4-36　辅助生产费用分配表

20××年6月

受益部门		供电车间（度）		锅炉车间（立方米）	
		劳务量	金　额	劳务量	金　额
待分配费用					
劳务供应量					
计划单位成本					
供电车间					
机修车间					
基本生产车间	产品生产				
	一般消耗				
	小　计				
企业管理部门					
合计（计划成本）					
实际成本					
成本差异					

表4-37　产品生产用电分配表

20××年6月　　　　　　　　　　　　　　　　　　　　金额单位：元

产　品	生　产　工　时	分　配　率	分　配　金　额
甲产品			
乙产品			
合　计			

表 4-38 制造费用明细账

车间名称：基本生产车间　　　　　　　　　　　　　　　　　　　　　　　　金额单位：元

| 20××年 ||凭证号数| 摘　要 | 材料费 | 人工费 | 折旧费 | 办公费 | 水电费 | 修理费 | 其他 | 合计 |
月	日										
6	30	略	材料费用分配表								
	30	略	工资及各项附加分配表								
	30	略	计提折旧费分配表								
	30	略	其他费用分配表								
	30	略	辅助生产分配表								
	30	略	本月合计								
	30	略	结转制造费用								

表 4-39 制造费用分配表

20××年 6 月　　　　　　　　　　　　　　　　　金额单位：元

产　品	生产工时（小时）	分配率	分配金额
甲产品			
乙产品			
合　计			

表 4-40 产品成本计算单

20××年 6 月

产品名称：甲产品　　　　　　　　产成品：　件　　　　　　　　在产品：　件

摘　要	直接材料	直接人工	制造费用	合　计
月初在产品成本				
本月发生生产费用				
生产费用合计				
在产品约当量				
总约当产量				
分配率（单位成本）				
完工产品总成本				
月末在产品成本				

表 4-41 产品成本计算单

20××年6月

产品名称：乙产品　　　　　　　　产成品：　　件　　　　　　　　在产品：　　件

摘　要	直接材料	直接人工	制造费用	合　计
月初在产品成本				
本月发生生产费用				
生产费用合计				
在产品约当量				
总约当产量				
分配率（单位成本）				
完工产品总成本				
月末在产品成本				

任务三　分　批　法

【知识储备】

一、分批法的含义和适用范围

（一）分批法的含义

分批法是按照产品批别或订单号作为成本计算对象，归集生产费用、计算产品成本的一种方法。在小批、单件生产的情况下，企业通常是按照订货单位的订单签发生产通知单组织生产的，即产品的品种和每批产品的批量往往是根据客户的订单确定的，因此按照产品批号计算产品成本，往往也就是按照订单计算产品成本。所以分批法也称订单法。

（二）分批法的适用范围

分批法适用于小批生产和单件生产。例如，精密仪器、专用设备、重型机械和船舶的制造，某些特殊或精密铸件的熔铸，新产品的试制和机器设备的修理，以及辅助生产的工具模具制造等。

适用于分批法的工厂或车间通常有下列几种。

（1）根据购买者订单来组织生产的企业。

（2）产品种类经常变动的小规模制造企业。

（3）专门进行修理业务的工厂。

（4）新产品试制车间。

这些企业的共同特点是一批产品通常不重复生产，即使重复生产也是不定期的。

二、分批法的特点

（一）以产品批别作为成本计算对象

分批法的成本计算对象是按照购货单位的产品订单确定的。按照产品批别计算产品成本，往往也是按照订单计算产品成本的。

分批法的成本计算对象，原则上是购货单位的订单。在实际工作中，由于不同购货单位订单的具体要求不同，因此产品的批别同订单也不一定相同。如何组织产品生产、确定成本计算对象，还要视具体情况而定。

一般来说，在分批法下合理划分批别、组织生产，应注意以下几点。

（1）如果在一张订单中规定的产品不止一种，为了便于管理，应按产品的品种划分批别来组织生产，计算成本。

（2）如果在一张订单中只规定一种产品，但这种产品数量较大，不便于集中一次投产，或者订货单位要求分批交货，也可以分为数批来组织生产，计算成本。

（3）如果在一张订单中只规定一件产品，但这件产品属于大型复杂的产品，价值较大，生产周期较长（如大型船舶制造），也可以按产品的结构分解成若干部分，分批组织生产，计算成本。

（4）如果在同一时期内，企业接到不同购货单位要求生产同一产品的几张订单，为了更加经济合理地组织生产，也可以将相同品种和规格的产品合为一批组织生产，计算成本。在这种情况下，分批法的成本计算对象，就不是购货单位的某一订单，而是企业生产计划部门签发下达的生产通知单或生产指令单。单内应对该批生产任务进行编号，称为产品批号或生产指令号。

按照产品批别来组织生产时，生产计划部门签发生产通知单后下达车间，并通知会计部门。会计部门应根据产品批号设立产品成本明细账，并按产品批别来归集、分配生产费用。成本计算期发生的生产费用中，若为直接费用则可直接计入各批产品成本明细账；若为间接费用则要采用适当的分配方法，在各批产品之间进行分配，然后分别计入各产品成本明细账。

（二）产品成本计算期与产品生产周期一致

为了保证各批产品成本计算的正确性，各批产品成本明细账的设立和登记，应与生产任务通知单的签发和结束密切配合，协调一致。按批别计算产品成本，同一批产品通常同时完工，即使陆续完工，一般也要等到同一批产品全部完工后一起交货或入库。各批或各订单产品的成本总额，通常是在其完工以后（完工月份月末）计算确定。分批法下，产品成本计算是不定期的，成本计算期通常与该批产品的生产周期一致，而与会计报告期不一致。

（三）一般不需要在完工产品与在产品之间分配生产费用

按分批法计算产品成本，因为一般是在该批产品全部完工时才计算该批产品成本，所以月末如果某批产品全部完工，该批产品归集的全部生产费用就是该批产品的完工产品成本；若该批产品未完工，则全部为在产品成本。所以采用分批法计算产品成本，月末一般不需要在完工产品与在产品之间分配生产费用。

只有在一批产品跨月陆续完工、陆续交货的情况下,为了按期确定损益,才需要在月末计算该批产品完工产品与在产品成本。在这种情况下,为了减少成本计算的工作量,可以采用简便的方法,即按计划单位成本、定额单位成本或最近一期相同产品的实际单位成本来计算完工产品成本,将完工产品成本从产品成本明细账转出后,余额作为在产品成本。待该批产品全部完工时再计算该批产品的实际总成本和单位成本,但对已经转出的完工产品成本,不必做账面调整。

如果一批产品批量较大,陆续交货的时间过长,为了减少在完工产品与月末在产品之间分配费用的工作,提高成本计算的正确性和及时性,也可以适当缩小产品的批量,以较小的批量分批生产,尽量使同一批产品能够同时完工,避免跨月陆续完工。

三、分批法的分类

按照核算程序不同,分批法分为一般分批法和简化分批法。

(一)一般分批法

1. 按照产品批别(或订单)设置生产成本明细账

根据产品批别或订单(或产品生产通知单)开设生产成本明细账(产品成本计算单)。生产成本明细账可按车间、成本项目分设专栏,用以归集和分配生产费用,计算各批产品的实际总成本和单位成本。

2. 根据原始凭证,按照产品批别进行归集和分配各项要素费用

直接费用要根据费用发生时取得或填制的原始凭证上的订单号、生产通知单号、批别号,计入有关的产品成本明细账,对于多批产品共同发生的直接材料和直接人工等费用,则应在费用原始凭证上注明费用的用途,以便按费用项目归集,按照企业确定的费用分配方法,在各批产品(各受益对象)之间进行分配以后,再分别计入各批产品生产成本明细账。

3. 归集和分配辅助生产费用

把各订单、生产通知单、各批产品直接耗用的辅助生产产品、劳务的成本,直接计入各有关产品成本明细账内。各车间和企业管理部门一般消耗的辅助生产产品、劳务的成本,直接计入各车间的制造费用及管理费用明细账。

4. 归集和分配制造费用

月末,企业应根据各车间的制造费用明细账汇总的费用总额,按照规定的分配方法,分配计入有关的产品成本明细账。

5. 编制产品成本计算表计算完工产品成本

当某订单、生产通知单或某批产品完工、检验合格后,车间应对属于该完工批次所剩余的半成品和材料进行盘点计价,办理退库手续,并填制"完工通知单",及时送交会计部门,以

便结算成本。会计部门收到车间送来的完工通知单后，检查该产品成本明细账及有关凭证，是否将有关直接、间接费用全部正确地登记入账。然后把产品成本明细账上已归集的成本费用加计总数，扣除退库的材料、半成品及废料价值，得到产成品的实际总成本，除以完工数量，即产品的单位成本。根据产品成本明细账和原始凭证资料，即可编制产品成本计算表。月末，未完工订单的产品成本明细账所归集的生产费用即在产品成本。

（二）简化分批法

1. 简化分批法的含义

在一些小批单件生产的企业或车间，如机械制造厂或修配厂中，同一月内投产的产品批数往往很多，有的多至几十批甚至上百批，而且月末未完工的批数也较多。在这种情况下，如果将当月发生的各种间接费用在各批产品之间进行分配，而不管各批产品是否已经完工，则费用分配工作极为繁重。为了简化核算工作并及时计算产品成本，在投产批数较多且月末未完工批数较多的企业或车间，对间接费用的分配可采用一种简化的分批法——累计分配法。

简化分批法，是指每月发生的各项间接费用，不是按月在各批产品之间进行分配，而是将这些间接费用先分别累计起来，到某批产品完工时，按照完工产品的累计工时的比例，在各批完工产品之间再进行分配。

采用这种方法，仍应按照产品批别设立产品成本明细账，但在各批产品完工之前，账内只需按月登记直接费用（如原材料费用）和生产工时。每月发生的各项间接费用，不必按月在各批产品之间进行分配，而是先将其在专设的基本生产成本二级账中，按成本项目分别累计起来，只是在有完工产品的月份，才按照完工产品累计生产工时的比例，在各批完工产品之间分配间接费用，计算、登记各批完工产品成本。

2. 简化分批法的特点

（1）必须设立基本生产成本二级账。从计算产品实际成本的角度来说，采用其他成本计算方法，可以不设立基本生产成本二级账。但是，采用简化分批法，则必须设立基本生产成本二级账。设立二级账的作用：一是，按月提供企业或车间全部产品的累计生产费用和生产工时（实际生产工时或定额生产工时）资料。为此，在基本生产成本二级账中，不仅应该按成本项目登记全部产品的月初在产品费用、本月生产费用和累计生产费用，还要登记全部产品的月初在产品生产工时、本月生产工时和累计生产工时。二是，在有完工产品的月份，计算登记全部产品累计间接费用分配率，以及完工产品总成本和月末在产品总成本。

（2）增设生产工时专栏。为了便于计算完工批别的产品成本，在生产成本明细账和基本生产成本二级账中，应增设生产工时专栏，用以反映各批产品的累计生产工时情况。

（3）间接费用只在有完工产品的月份才进行分配。每月发生的间接费用，不按月在各批产品之间进行分配，而是先在基本生产成本二级账中累计起来，在有完工产品的月份，才在各批完工产品之间进行分配，计算完工产品成本。

采用简化分批法可以大大简化生产费用的分配和登记工作，月末未完工产品的批数越多，核算工作就越简化。

3. 简化分批法的计算程序

（1）设置产品成本明细账和基本生产成本二级账，在账内增设生产工时专栏。

（2）根据要素费用分配表和有关的工时记录，分别登记基本生产成本二级账，并根据有关费用汇总表，登记产品成本明细账的直接材料和生产工时数。

（3）计算完工产品成本，某批产品当月完工，要根据基本生产成本二级账中的累计间接费用和累计总工时，计算各项累计间接费用分配率，从而确定某批完工产品应负担的某项间接费用。该批产品的直接费用加上分配的间接费用，即该批完工产品的总成本。

$$全部产品某项累计间接费用分配率=\frac{全部产品该项累计间接费用额}{全部产品累计生产工时}$$

$$某批完工产品应负担的某项间接费用 = 该批完工产品累计生产工时 \times 全部产品该项累计间接费用分配率$$

4. 简化分批法的优缺点

（1）优点。采用简化分批法，由于生产费用的横向分配工作和纵向分配工作，是利用累计的间接费用分配率，在产品完工时合并一次完成，因此大大简化了生产费用的分配和登记工作。月末未完工产品的批数越多，核算工作就越简单。

（2）缺点。简化分批法只适用于同一月份投产的产品批数很多，且月末未完工批数较多的企业。如果月末未完工产品的批数不多，则不宜采用这种方法。在这种情况下，绝大多数产品的批号仍然要分配登记各项间接费用，核算工作量减少不多，但计算的准确性却会受到影响。另外，这种方法在各月间接费用水平相差悬殊的情况下也不宜采用，否则就会影响各月产品成本的准确性。

【任务案例 4-2】分批法举例

凯莱茵公司的产品成本计算采用分批法，根据购买单位订货单的要求，小批生产 A、B 两种产品。生产资料如下。

（1）20××年 9 月的生产情况如下。

批号 0801：A 产品 5 台，8 月投产，本月全部完工，验收入库。

批号 0802：A 产品 9 台，8 月投产，本月尚未完工。

批号 0901：B 产品 100 台，本月投产，月末完工 80 台，本月交货，在产品 20 台。

（2）成本资料如下。

燃料动力费、人工费用和制造费用均按工时分配。

B 产品由于跨月完工，分批交货，本月可以按计划成本结转完工产品成本。其计划成本为 5 072 元/台，其中，直接材料 3 512 元，燃料动力 275 元，直接人工 435 元，制造费用 850 元。

月初在产品成本及本月发生的生产成本如表4-42和表4-43所示。

表4-42 月初在产品成本　　　　　　　　　　　　　　　　　　　　　　金额单位：元

批　号	产　品	直接材料	燃料和动力	直接人工	制造费用	合　计
0801#	A	29 600	3 040	4 020	10 700	47 360
0802#	A	122 400	14 640	18 640	54 620	210 300

表4-43 本月发生的生产成本　　　　　　　　　　　　　　　　　　　　金额单位：元

批　号	产　品	直接材料	燃料和动力	直接人工	制造费用	工　时	费用合计
0801#	A	54 260				3 500	
0802#	A	316 200				4 000	
0901#	B	505 800				8 000	
合　计		876 260	81 000	126 000	240 000	15 500	

要求：采用分批法，计算完工产品的生产成本。

【任务实施】

步骤1：将生产费用在各批次间分配。

燃料和动力分配率=81 000÷15 500=5.23（元/小时）

直接人工分配率=126 000÷15 500=8.13（元/小时）

制造费用分配率=240 000÷15 500=15.48（元/小时）

分别计算各个批次本月发生的生产成本，如表4-44所示。

表4-44 本月发生的生产成本　　　　　　　　　　　　　　　　　　　　金额单位：元

批　号	产　品	直接材料	燃料和动力	直接人工	制造费用	工　时	费用合计
0801#	A	54 260	18 305	28 455	54 180	3 500	155 200
0802#	A	316 200	20 920	32 520	61 920	4 000	431 560
0901#	B	505 800	41 775	65 025	123 900	8 000	736 500
合　计		876 260	81 000	126 000	240 000	15 500	1 323 260

步骤2：登记该企业生产A、B产品的基本生产成本明细账，如表4-45~表4-47所示。

批号0801 A产品全部完工，故所有的生产费用都是完工产品成本。

批号0802 A产品全部没有完工，故所有的生产费用都是月末在产品成本。

批号0901 B产品跨月陆续完工交货，可以按计划成本先结转成本。

表 4-45　基本生产成本明细账

批号：0801　　　　产品名称：A 产品　　　　投产日期：8 月 9 日　　　　批量：5 台
订货单位：×××　　完工日期：9 月 28 日　　本月完工：5 台

20××年		凭证号数	摘　要	直接材料	燃料和动力	直接人工	制造费用	合　计
月	日							
9	1		月初在产品成本	29 600	3 040	4 020	10 700	47 360
9	30	略	材料费用分配表	54 260				54 260
	30	略	动力费用分配表		18 305			18 305
	30	略	工资及各项计提分配表			28 455		28 455
	30	略	制造费用分配表				54 180	54 180
	30	略	本月生产费用合计	54 260	18 305	28 455	54 180	155 200
	30	略	本月累计	83 860	21 345	32 475	64 880	202 560
	30	略	结转完工入库产品成本	83 860	21 345	32 475	64 880	202 560
	30	略	月末在产品成本					

表 4-46　基本生产成本明细账

批号：0802　　　　产品名称：A 产品　　　　投产日期：8 月 19 日　　　批量：9 台
订货单位：×××　　完工日期：9 月 30 日　　本月完工：0 台

20××年		凭证号数	摘　要	直接材料	燃料和动力	直接人工	制造费用	合　计
月	日							
9	1		月初在产品成本	122 400	14 640	18 640	54 620	210 300
9	30	略	材料费用分配表	316 200				316 200
	30	略	动力费用分配表		20 920			20 920
	30	略	工资及各项计提分配表			32 520		32 520
	30	略	制造费用分配表				61 920	61 920
	30	略	本月生产费用合计	316 200	20 920	32 520	61 920	431 560
	30	略	本月累计	438 600	35 560	51 160	116 540	641 860
	30	略	结转完工入库产品成本					
	30	略	月末在产品成本	438 600	35 560	51 160	116 540	641 860

表 4-47 基本生产成本明细账

批号：0901　　　　产品名称：B 产品　　　　投产日期：9 月 5 日　　　　批量：100 台
订货单位：×××　　完工日期：9 月 30 日　　本月完工：80 台

20××年		凭证号数	摘要	直接材料	燃料和动力	直接人工	制造费用	合　计
月	日							
9	30	略	材料费用分配表	505 800				505 800
	30	略	动力费用分配表		41 775			41 775
	30	略	工资及各项计提分配表			65 025		65 025
	30	略	制造费用分配表				123 900	123 900
	30	略	本月生产费用合计	505 800	41 775	65 025	123 900	736 500
	30	略	结转完工入库产品成本	280 960	22 000	34 800	68 000	405 760
	30	略	月末在产品成本	224 840	19 775	30 225	55 900	330 740

注：完工产品成本按计划成本结转。

步骤 3：编制结转完工产品的会计分录。

（1）根据基本生产成本明细账（见表 4-45）及产成品入库单，结转批号 0801A 产品成本。

借：库存商品——A 产品　　　　　　　　　　　　　　202 560
　　贷：生产成本——基本生产成本——批号 0801A 产品　　202 560

（2）根据基本生产成本明细账（见表 4-47）及产成品入库单，结转批号 0901B 产品成本。

借：库存商品——B 产品　　　　　　　　　　　　　　405 760
　　贷：生产成本——基本生产成本——批号 0901B 产品　　405 760

【任务案例 4-3】简化分批法举例

铭达企业小批生产多种产品，该企业 6 月的各批产品情况如下。

批号 94408：甲产品 9 件，4 月投产，本月完工。

批号 94519：乙产品 8 件，5 月投产，本月完工 5 件。

批号 94523：丙产品 12 件，5 月投产，尚未完工。

批号 94601：丁产品 10 件，6 月投产，尚未完工。

要求采用简化分批法计算成本。

【任务实施】

步骤 1：该企业设立基本生产成本二级账（各批次全部产品总成本），如表 4-48 所示。

表 4-48 基本生产成本二级账

20××年		凭证号数	摘要	直接材料	生产工时	直接人工	制造费用	合计
月	日							
6	1	略	月初在产品成本	123 550	39 780	35 404	111 383	270 337
	30	略	本月发生生产费用	40 750	58 420	52 976	163 577	257 303
	30	略	本月累计	164 300	98 200	88 380	274 960	527 640
	30	略	全部产品累计间接费用分配率			0.90	2.80	
	30	略	结转完工入库产品成本	63 130	33 030	29 727	92 484	185 341
	30	略	月末在产品成本	101 170	65 170	58 653	182 476	342 229

注：上表中的"结转完工入库产品成本"数额，要在本月做完各完工批次结转后再填入该二级账。本月末只有 94 408 批次完工，只转入 94 408 批次完工数额。

该企业的直接材料费用为直接费用，该企业采用计时工资制度，因此直接人工费用为间接费用。

全部产品累计间接费用分配率计算如下：

累计直接人工费用分配率 = $\dfrac{88\,380}{98\,200}$ = 0.90

累计制造费用分配率 = $\dfrac{274\,960}{98\,200}$ = 2.80

步骤 2：设立各批产品基本生产成本明细账，分别如表 4-49~表 4-52 所示。

表 4-49 基本生产成本明细账

批号：94408　　　产品名称：甲产品　　　投产日期：4月12日　　　批量：9件
订货单位：×××　　完工日期：6月28日

20××年		摘要	直接材料	生产工时	直接人工	制造费用	合计
月	日						
4	30	本月发生生产费用	31 220	11 220			
5	30	本月发生生产费用	18 980	7 590			
6	30	本月发生生产费用	12 930	14 220			
	30	累计数及累计间接费用分配率	63 130	33 030	0.90	2.80	
	30	结转完工入库产品成本	63 130	33 030	29 727	92 484	185 341
	30	完工产品单位成本	7 014.44		3 303	10 276	20 593.44

表 4-50　基本生产成本明细账

批号：94519　　　　产品名称：乙产品　　　　投产日期：5月2日　　　　批量：8件
订货单位：×××　　完工日期：6月30日　　　本月完工：5件

| 20××年 || 摘　要 | 直接材料 | 生产工时 | 直接人工 | 制造费用 | 合　计 |
月	日
5	30	本月发生生产费用	38 400	8 620			
6	30	本月发生生产费用		15 880			

注：批号94519产品，月末部分完工，部分在产，批量小，不需要计算产品成本。

表 4-51　基本生产成本明细账

批号：94523　　　　产品名称：丙产品　　　　投产日期：5月20日　　　　批量：12件
订货单位：×××　　完工日期：

| 20××年 || 摘　要 | 直接材料 | 生产工时 | 直接人工 | 制造费用 | 合　计 |
月	日
5	30	本月发生生产费用	34 950	12 350			
6	30	本月发生生产费用	15 450	15 110			

表 4-52　基本生产成本明细账

批号：94601　　　　产品名称：丁产品　　　　投产日期：6月13日　　　　批量：10件
订货单位：×××　　完工日期：

| 20××年 || 摘　要 | 直接材料 | 生产工时 | 直接人工 | 制造费用 | 合　计 |
月	日
6	30	本月发生生产费用	12 370	13 210			

步骤3：做出相关的账务处理。

根据基本生产成本明细账（见表4-49）及产成品入库单，结转批号94408甲产品成本。

借：库存商品——甲产品　　　　　　　　　　　　　　185 341
　　贷：生产成本——基本生产成本——甲产品　　　　　　　　185 341

任务拓展训练

训练2：掌握一般分批法。

某企业生产甲、乙两种产品，生产组织属于小批生产，采用分批法计算产品成本。20××年6月该企业的生产情况和生产耗费资料如表4-53所示。

表 4-53 各批产品本月发生的生产费用　　　　　　　　　　金额单位：元

批　号	直 接 材 料	直 接 人 工	制 造 费 用	合　计
AX1		9 000	7 800	16 800
AX2	15 000	48 000	36 000	99 000
AX3	18 000	52 000	39 000	109 000

（1）6月生产的产品批号。

批号AX1甲产品6台，5月投产，本月完工。

批号AX2甲产品15台，本月投产，本月未完工。

批号AX3乙产品10台，本月投产，计划下月完工，月末提前完工7台，购买方急等要货，按计划成本结转完工产品成本。AX3计划成本为11 000元/台，其中，直接材料1 900元，直接人工5 300元，制造费用3 800元。

（2）本月的成本资料。

批号AX1甲产品的月初在产品费用：直接材料9 800元，直接人工4 600元，制造费用3 200元。

要求：根据上述资料采用一般分批法计算本月产品成本，登记各批次产品的成本明细账（见表4-54~表4-56），编制结转完工产品成本的会计分录。

表 4-54 产品成本明细账

产品批号：AX1　　　　　批量：6台　　　　　投产日期：5月
产品名称：甲产品　　　　完工：6台　　　　　完工日期：6月　　　　金额单位：元

摘　　要	直接材料	直接人工	制造费用	合　计
月初在产品成本				
本月生产费用				
本月生产费用合计				
完工产品成本				
单位成本				

表 4-55 产品成本明细账

产品批号：AX2　　　　　批量：15台　　　　投产日期：6月
产品名称：甲产品　　　　完工：0台　　　　　完工日期：　　　　　金额单位：元

摘　　要	直接材料	直接人工	制造费用	合　计
月初在产品成本				
本月生产费用				

表 4-56　产品成本明细账

产品批号：AX3　　　　　　　批量：10 台　　　　　投产日期：6 月
产品名称：乙产品　　　　　　完工：7 台　　　　　　完工日期：6 月　　　　金额单位：元

摘　要	直接材料	直接人工	制造费用	合　计
月初在产品成本				
本月生产费用				
本月生产费用合计				
完工产品成本				
单位成本				
月末在产品成本				

训练 3：掌握简化分批法。

某企业产品生产批次较多，采用分批法计算成本。11 月产品生产的相关资料如下。

（1）产量记录和直接费用、工时资料如表 4-57 所示。

表 4-57　产量记录和直接费用、工时资料　　　　　　　　　　金额单位：元

批　号	产品名称	批　量	投产日期	工时记录 月份	工时记录 工时（小时）	材料费用 月份	材料费用 材料费	备　注
204#	A	40 台	2 月 16 日	2	200	2	5 760	4 月完工 40 台
				3	600	3	4 380	
				4	500	4	660	
306#	B	20 台	3 月 8 日	3	200	3	3 400	4 月完工 10 台，跨月交货
				4	800	4	2 560	
401#	C	30 台	4 月 5 日	4	200	4	7 500	未完成

注：306#产品原材料一次投入，本月在产品完工程度 50%。

（2）基本生产二级账如表 4-58 所示。

表 4-58　基本生产二级账　　　　　　　　　　　　金额单位：元

月	日	摘　要	材料费	工时（小时）	工　资	制造费用	合　计
4	1	期初余额	13 540	1 000	470	540	14 550
4	30	本月发生	10 720	1 500	780	960	12 460
		累计	24 260	2 500	1 250	1 500	27 010
		累计分配率					
		转出完工产品成本		2 000			
	30	期末余额					

要求：采用简化分批法计算各批产品成本，并完成基本生产二级账（见表 4-59~表 4-61）。

表 4-59　基本生产成本二级账

产品批号：204　　　　　　　　　投产日期：2月16日　　　　　　　产品批量：40台
产品名称：A产品　　　　　　　　完工日期：4月　　　　　　　　　金额单位：元

月	日	摘　要	原材料	生产工时（小时）	工资及福利费	制造费用	合　计
2	28	本月发生					
3	31	本月发生					
4	30	本月发生					

表 4-60　基本生产成本二级账

产品批号：306　　　　　　　　　投产日期：3月8日　　　　　　　产品批量：20台
产品名称：B产品　　　　　　　　完工数量：10台　　　　　　　　金额单位：元

月	日	摘　要	原材料	生产工时（小时）	工资及福利费	制造费用	合　计
3	31	本月发生					
4	30	本月发生					

表 4-61　基本生产成本二级账

产品批号：401　　　　　　　　　投产日期：4月5日　　　　　　　产品批量：30台
产品名称：C产品　　　　　　　　完工日期：　月　　　　　　　　金额单位：元

月	日	摘　要	原材料	生产工时（小时）	工资及福利费	制造费用	合　计
4	30	本月发生					

任务四 分 步 法

【知识储备】

一、分步法的含义和适用范围

（一）分步法的含义

产品成本计算的分步法，是以产品的生产步骤作为成本计算对象，分别归集生产费用、计算产品成本的一种方法。

采用分步法计算产品成本是由于不同企业对于生产步骤成本管理有不同要求，出于简化成本核算工作的考虑，按照产品生产步骤来归集生产费用，计算产品成本。各个生产步骤成本的计算和结转有逐步结转和平行结转两种方法，产品成本计算的分步法也就分为逐步结转分步法和平行结转分步法。

（二）分步法的适用范围

分步法主要适用于管理上要求分步计算产品成本的大量、大批的多步骤生产，如纺织、冶金、造纸、化工及机械制造业等。为了加强成本管理，不仅要求按照产品品种归集生产费用，计算产品成本，而且要求按照产品的生产步骤归集生产费用，计算各步骤产品成本，以提供反映各种产品及其各生产步骤成本计划执行情况的资料。

1. 逐步结转分步法的适用范围

逐步结转分步法主要适用于半成品可对外销售，或者半成品虽不对外销售但需进行比较考核半成品成本的大量大批多步骤生产的企业，特别是大量大批连续式多步骤生产企业。在这些企业中，从原材料投入生产到产成品制成，中间要顺序经过几个生产步骤，前面各生产步骤所产的都是半成品，只有最后生产步骤完工的才是产成品。各生产步骤所产的半成品，既可以转交给下一生产步骤继续加工，耗用在不同产品上，又可以作为商品对外销售。例如，纺织企业的棉纱、坯布，冶金企业的生铁、钢锭、铝锭，化肥企业的合成氨等半成品都属于这种情况，需要计算各步骤的半成品成本和各种产成品成本。

2. 平行结转分步法的适用范围

平行结转分步法适用于半成品无独立经济意义，或者虽有半成品但不要求单独计算半成品成本的大量大批多步骤生产的企业，特别是大量大批装配式多步骤生产企业。在这些企业中，从原材料投入生产到产成品的制成，多是先由各生产步骤对各种原材料平行地进行加工，使之成为各种零件和部件（半成品），然后再由总装车间（最后生产步骤）装配成各种产成品。

二、分步法的特点

(一)成本计算对象为各种产品的生产步骤和产品品种

如果只生产一种产品,成本计算对象就是该种产成品及其所经过的各生产步骤,产品成本明细账应该按照产品的生产步骤开立。如果生产多种产品,成本计算对象则是各种产成品及其所经过的各生产步骤,产品成本明细账应该按照每种产品的各步骤开立。

需要指出的是,在实际工作中,产品成本计算上的生产步骤与产品实际的生产步骤不一定完全一致。为了简化成本计算工作,可以只对管理上有必要分步计算成本的生产步骤单独设置产品成本明细账计算成本;管理上不要求单独计算成本的生产步骤,则可与其他生产步骤合并设置产品成本明细账计算成本。另外,在按生产步骤设立车间的企业中,一般情况下,分步计算成本也就是分车间计算成本。但是,如果企业生产规模很大,同一车间内生产产品被分成几个生产步骤,而管理上又要求分步计算成本,就需要在车间内再分步计算成本。相反,如果企业规模很小,管理上不要求分车间计算成本,也可以将几个车间合并为一个步骤计算成本。总之,在采用分步法计算产品成本时,单独计算生产成本的生产步骤,在生产过程中应该是明显可以间断的、成本可以明确区分的生产部门或步骤。

(二)产品成本计算期同会计报告期相一致

采用分步法计算产品成本,是以产品品种和生产步骤作为成本计算对象的,而产品生产一般又是大量大批重复生产的,可见成本计算无法与生产周期一致,而是与会计报告期一致,即产品成本计算一般都是按月定期进行的。

(三)生产费用需要在完工产品与在产品之间分配

在大量大批的多步骤生产中,由于生产过程较长且可以间断,产品通常又是陆续投产和完工的,在月末计算产品成本时,各生产步骤一般都存在未完工的在产品。这样,计入各种产品、各生产步骤成本明细账中的生产费用,还需要采用适当的分配方法,在完工产品和月末在产品之间进行分配,计算各产品、各生产步骤的完工产品成本和月末在产品成本,然后按照产品品种结转各步骤的完工产品成本,计算每种产品的产成品或半成品成本。

(四)各步骤之间结转成本

为了计算各种产品的产成品成本,还需要按照产品品种,结转各步骤成本。在分步骤进行的产品生产过程中,上一步骤生产的半成品是下一步骤的加工对象。也就是说,与其他成本计算方法不同,在采用分步法计算产品成本时,在各步骤之间还存在着不同的成本计算和结转方法,这是分步法的一个重要特点。

三、逐步结转分步法

（一）逐步结转分步法的成本计算程序

逐步结转分步法就是为了计算半成品成本而采用的一种分步法。在这种分步法下，各步骤所耗用的上一步骤半成品的成本，要随半成品实物的转移，从上一步骤的产品成本明细账中转入下一步骤相同产品的成本明细账中，以便逐步计算各步骤的半成品成本和最后步骤的产成品成本。

采用逐步结转分步法，在第一步骤中所产半成品在验收入库时，应根据完工转出的半成品成本编制借记"自制半成品"、贷记"生产成本"的会计分录；第二步骤领用时，再编制相反的会计分录。按照生产步骤逐步计算且结转半成品成本以后，在最后步骤计算出完工产成品成本。如果半成品完工后不通过半成品库收发，而直接转入下一步骤，半成品成本应在各步骤的产品成本明细账之间直接结转，不编制上述分录。逐步结转分步法实际上是品种法的多项连续使用。

（二）半成品成本结转的方式

采用逐步结转分步法，按照结转的半成品成本在下一步骤产品成本明细账中的反映方法，分为综合结转和分项结转两种方法。

1. 综合结转分步法

采用综合结转分步法，是将各生产步骤所耗用的半成品成本，综合计入各该步骤产品成本明细账的"原材料""直接材料"或专设的"半成品"成本项目中。半成品成本的综合结转可以按实际成本结转，也可以按计划成本结转。因此，综合结转分步法，又有按实际成本综合结转分步法与按计划成本（或定额成本）综合结转分步法之分。

（1）按实际成本综合结转分步法。采用这种结转方法，各步骤所耗上一步骤的半成品费用，应根据所耗半成品的数量乘以半成品的实际单位成本计算。由于各月所产半成品的单位成本不同，因此所耗半成品的单位成本要采用先进先出法或加权平均法等方法计算。为了提高各步骤成本计算的及时性，在半成品月初余额较大、本月所耗半成品全部或大部分是以前月份所产的情况下，本月所耗半成品费用也可按上月末的加权平均单位成本计算。

假定某工业企业的甲种产品生产分两个步骤，分别由两个车间进行。第一车间生产半成品，交半成品库验收；第二车间按照所需数量向半成品库领用，第二车间所耗半成品费用按全月一次加权平均单位计算，两个车间月末的在产品均按定额成本计价。

首先，根据各种费用分配表、半成品交库单和第一车间在产品定额成本资料，登记第一车间甲产品成本明细账。根据第一车间的半成品交库单，编制结转半成品成本的会计分录：

借：自制半成品——甲半成品
　　贷：生产成本——基本生产成本——第一车间——甲产品

其次，根据计价后的第一车间半成品交库单和第二车间领用半成品的领用单，登记自制半

成品明细账。根据第二车间领用半成品的领用单,编制结转半成品成本的会计分录:

借:生产成本——基本生产成本——第二车间——甲产品
　　贷:自制半成品——甲半成品

最后,根据各种费用分配表、半成品领用单、产成品交库单,以及第二车间在产品定额成本资料,登记第二车间甲产品成本明细账。根据第二车间产成品交库单,编制结转产成品成本的会计分录:

借:库存商品——甲产品
　　贷:生产成本——基本生产成本——第二车间——甲产品

（2）按计划成本综合结转分步法。采用这种结转方法,半成品的日常收发均按计划单位成本核算。在半成品实际成本算出以后,再计算半成品的成本差异率,调整所耗半成品的成本差异率,调整所耗半成品的成本差异。累计的成本差异、成本差异率和本月减少的实际成本的计算公式如下。

$$累计成本差异=累计实际成本-累计计划成本$$

$$累计成本差异率=\frac{累计成本差异}{累计计划成本}\times100\%$$

本月减少的实际成本=本月减少的计划成本×（1+成本差异率）

本月所耗半成品应分配的成本差异=本月所耗半成品的计划成本×成本差异率

各个生产步骤领用上一生产步骤的半成品,相当于领用原材料。因此,综合结转半成品成本的核算,相当于各生产步骤领用原材料的核算。

2. 分项结转分步法

采用分项结转分步法,是将各生产步骤所耗半成品费用,按照成本项目分项转入各该生产步骤产品成本明细账的各个成本项目中。如果半成品通过半成品库收发,那么,在自制半成品明细账中登记半成品成本时,也要按照成本项目分别登记。

假定某工业企业的甲产品生产分两个步骤,分别由两个车间进行。第一车间生产半成品,交半成品库验收;第二车间按照所需数量向半成品库领用,第二车间所耗半成品费用按全月一次加权平均单位计算,两个车间月末的在产品均按定额成本计价。

首先,根据第一车间甲产品成本明细账,以及半成品的交库单和领用单,登记自制半成品明细账。其次,根据各种费用分配表、半成品领用单、自制半成品明细账、产成品交库单和第二车间在产品定额成本资料,登记第二车间甲产品成本明细账。

采用分项结转分步法,不需要进行成本还原,一般适用于在管理上不要求计算各步骤完工产品所耗半成品费用和本步骤加工费用,而要求按原始成本项目计算产品成本的企业。

（三）综合结转分步法的成本还原

1. 成本还原的意义

成本还原是将产成品耗用各步骤半成品的综合成本，逐步分解还原为原来的成本项目。成本还原的方法是从最后步骤开始的，将其耗用上一步骤半成品的综合成本逐步分解，还原为原来的成本项目。其意义如下。

（1）为了弥补在成本核算综合结转分步法不能反映完工产品成本构成的原始项目的矛盾，要进行成本还原，将"自制半成品"或"原材料"综合项目分解为以原始成本项目反映的成本。

（2）综合结转分步法是指上一步骤半成品成本转给下一步骤时，用"自制半成品"或"原材料"等综合成本项目在成本计算单中反映。即当下一步骤耗用上一步骤半成品时，将其成本综合计入"自制半成品"或"原材料"项目内，而不考虑上一步骤半成品成本的原始构成。这种方法既简便易懂，又能分别反映各步骤耗用的半成品及本身发生的费用。但它不能反映完工产品成本构成的原始项目。在编制成本报表时，必须进行成本还原。即采用一定的方法，将"自制半成品"或"原材料"综合项目分解为以原始成本项目反映的成本。

2. 成本还原的方法

按与成本结转的相反顺序，从最后一步骤开始，将本月产成品所耗上一步骤完工半成品的综合成本，按照本月所产该种半成品的成本结构逐步向前还原。

成本还原的方法是指按照本月产成品耗用上一步骤半成品的综合成本占本月所生产这种半成品成本比例进行还原的计算方法。成本还原的计算程序如下。

（1）计算成本还原分配率。它是指产成品成本中半成品成本占上一步骤所产该种半成品总成本的比重，用公式表示如下。

$$成本还原分配率 = \frac{本月产成品耗用上一步骤半成品成本合计}{本月生产该种半成品成本合计} \times 100\%$$

（2）计算半成品成本还原金额。它是用成本还原分配率乘以本月生产该种半成品成本项目的金额，用公式表示如下。

$$半成品成本还原金额 = 成本还原分配率 \times 本月生产该种半成品成本项目金额$$

（3）计算还原后产品成本。它是用还原前产品成本加上半成品成本还原计算的，用公式表示如下。

$$还原后产品成本 = 还原前产品成本 + 半成品成本还原金额$$

（4）如果成本计算需经两个以上的步骤，则需重复（1）至（3）步骤进行再次的还原，直至还原到第一步骤为止。

（四）逐步结转分步法的优缺点

（1）优点：①采用逐步结转分步法计算产品成本，由于其实物结转与半成品的成本结构相一致，有利于加强对生产资金的管理；②可以为各步骤消耗半成品，同行业进行半成品成本的对比、企业内部成本分析和考核等提供半成品成本资料；③采用综合结转分步法需进行成本还原，计算工作较为复杂。虽为避免进行成本还原可采用分项结转分步法，但转账手续比较麻烦。

（2）缺点：按实际成本计价结转时虽比较准确，但影响了成本计算的及时性，不利于考核和分析各步骤成本的升降原因。按计划成本计价结转时，虽能克服按实际成本计价的缺点，但要进行半成品成本差异的计算和调整。

四、平行结转分步法

（一）平行结转分步法的成本计算程序

平行结转分步法的成本计算程序图

平行结转分步法是指半成品成本并不随半成品实物的转移而结转，而是在哪一步骤发生就留在该步骤的成本明细账内，直到最后加工成产成品，才将其成本从各步骤的成本明细账中转出的方法。各生产步骤只归集计算本步骤直接发生的生产费用，不计算结转本步骤所耗用上一步骤的半成品成本；各生产步骤分别与完工产品直接联系，本步骤只提供在产品成本和加入最终产品成本的份额，平行独立、互不影响地进行成本计算，平行地把份额计入完工产品成本。其成本核算程序：首先，由各生产步骤计算出某产品在该步骤所发生的各种费用；其次，将各生产步骤该产品所发生的费用在本月最终产成品与月末在产品之间进行分配，确定各生产步骤应计入产成品成本的"份额"；最后，把各生产步骤应计入相同产成品成本的份额直接相加（汇总），计算出最终产成品的实际总成本。示意图如图4-1所示。

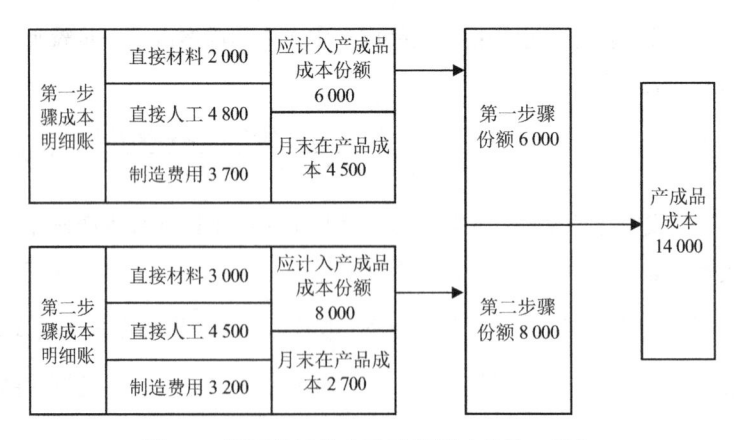

图 4-1 平行结转分步法示意图（单位：元）

采用平行结转分步法，第一生产步骤的生产费用要在完工产品与广义的在产品之间进行分配。这里的完工产品，指的是企业最后完工的产成品；每一生产步骤完工产品的费用，都是该步骤生产费用中用于产品成本的份额。而广义的在产品指的是尚未产成的全部在产品和半成品，包括尚在本步骤加工中的在产品，本步骤已完工转入半成品库的半成品，以及已从半成品库转到以后各步骤进一步加工、尚未最后完成的在产品。因此，这里的在产品费用，指的是这三个部分广义的在产品费用。

（二）平行结转分步法的特点

与逐步结转分步法相比，平行结转分步法有其自身的特点。

1. 成本计算对象是各生产步骤和最终完工产品

在平行结转分步法下，成本计算对象是各生产步骤和最终完工产品。在这种方法下，各生产步骤的半成品均不作为成本计算对象，各步骤的成本计算都是为了算出最终产品的成本。因此，从各步骤产品成本明细账中转出的只是该步骤应计入最终产品成本的费用（份额），各步骤产品成本明细账不能提供其产出半成品的成本资料。

2. 半成品成本不随实物转移而转移

在平行结转分步法下，由于各步骤不计算半成品成本，只归集本步骤发生的生产费用，计算结转应计入产成品成本的份额，因此，各步骤半成品的成本资料只保留在该步骤的成本明细账中，并不随半成品实物的转移而结转，即半成品的成本资料与实物相分离。

3. 不设置"自制半成品"账户

由于各加工步骤不计算半成品成本，因此不论半成品是通过仓库收发，还是在各加工步骤间直接转移，都不通过"自制半成品"账户进行价值核算，只需进行自制半成品的数量核算。

4. 生产费用在完工产品与在产品之间的分配

月末，生产费用要在产成品与在产品之间分配。在平行结转分步法下，每一生产步骤的生产费用也要选择适当的方法在完工产品与月末在产品之间分配，常用的是约当产量比例法和定额比例法。但这里的完工产品，是指企业最后完工的产成品而非各步骤的完工半成品；与此相联系，这里的在产品是指尚未产成的全部在产品。

（三）平行结转分步法的优缺点

（1）优点：①各生产步骤月末可以同时进行成本计算，不必等待上一步骤半成品成本的结转，从而加快了成本计算的速度，缩短了成本计算的时间；②能直接提供按原始成本项目反映的产品成本的构成，有助于进行成本分析和成本考核。

（2）缺点：半成品成本的结转同其实物结转相脱节，各步骤成本计算单上的月末在产品成本与实际结存在该步骤的在产品成本就不一致，因此，不利于加强对生产资金的管理。

【任务案例4-4】逐步综合结转（不通过半成品库核算）

紫光公司生产的甲产品生产过程分为两个步骤，第一车间（第一步骤）完工的甲半成品不通过半成品库收发，直接转给第二车间（第二步骤）继续进行加工。各步骤月末在产品采用约当产量比例法计价，原材料在生产开始时一次投入，第一车间在产品的完工程度为40%，第二车间在产品的完工程度为50%。该公司20××年3月有关产量记录和成本资料分别如表4-62和表4-63所示。

表 4-62 产量记录　　　　　　　　　　　　　　　　　　　　　　　　单位：件

项　　目	第 一 车 间	第 二 车 间
月初在产品数量	10	15
本月投产（上步交来）数量	80	75
本月完工产品数量	75	80
月末在产品数量	15	10

表 4-63 成本资料　　　　　　　　　　　　　　　　　　　　　　　金额单位：元

成 本 项 目	月初在产品成本			本月发生生产费用		
	第一车间	第二车间	合　　计	第一车间	第二车间	合　　计
直接材料（或半成品）	227	132	359	1 033		1 033
直接人工	25	38	63	380	472	852
制造费用	54	35	89	189	305	494
合　　计	306	205	511	1 602		

该公司采用半成品按实际成本综合结转分步法计算甲产品的生产成本。

【任务实施】

根据逐步结转分步法成本计算程序，甲产品成本计算可以分为以下两个步骤。

步骤 1：计算第一车间甲半成品成本，如表 4-64 所示。

表 4-64 第一车间甲半成品成本计算单

产品名称：甲半成品　　　　　　20××年 3 月　　　　　　　　　　金额单位：元

项　　目	直接材料	直接人工	制造费用	合　　计
月初在产品成本	227	25	54	306
本月发生生产费用	1 033	380	189	1 602
生产费用合计	1 260	405	243	1 908
完工产品数量	75			
在产品约当产量	15	6	6	
完工产品数量+在产品约当产量	90	81	81	
分配率（单位成本）	14	5	3	22
完工半成品总成本	1 050	375	225	1 650
月末在产品成本	210	30	18	258

说明：

（1）直接材料费用分配。

直接材料费用分配率=$\dfrac{1\,260}{75+15}$=14

完工半成品直接材料费用=75×14=1 050（元）

月末在产品直接材料费用=15×14=210（元）

（2）直接人工费用分配。

直接人工费用分配率=$\dfrac{405}{75+15\times 40\%}$=5

完工半成品直接人工费用=75×5=375（元）

月末在产品直接人工费用=6×5=30（元）

（3）制造费用分配。

制造费用分配率=$\dfrac{243}{75+15\times 40\%}$=3

完工半成品制造费用=75×3=225（元）

月末在产品制造费用=6×3=18（元）

根据第一车间甲半成品成本计算单，编制如下会计分录：

 借：生产成本——基本生产成本——第二车间——甲产品   1 650

  贷：生产成本——基本生产成本——第一车间——甲半成品 1 650

步骤2：根据第一车间成本计算结果，在第二车间甲产品成本计算单中登记第一车间转入半成品 75 件的总成本 1 650 元，计入本月发生"半成品"项目，完工甲产品的成本计算如表4-65 所示。

表4-65 第二车间甲产品成本计算单

产品名称：甲产品   20××年3月   金额单位：元

项目	半成品	直接人工	制造费用	合计
月初在产品成本	132	38	35	205
本月发生生产费用	1 650	472	305	2 427
生产费用合计	1 782	510	340	2 632
完工产品数量		80		
在产品约当产量	10	5	5	
完工产品数量+在产品约当产量	90	85	85	
分配率（单位成本）	19.80	6.00	4.00	29.80
完工产品总成本	1 584	480	320	2 384
月末在产品成本	198	30	20	248

说明：半成品费用分配率=$\dfrac{1\,782}{80+10}$=19.80；直接人工费用分配率=$\dfrac{510}{80+10\times 50\%}$=6.00；

制造费用分配率=$\dfrac{340}{80+10\times 50\%}$=4.00。

根据第二车间甲产品成本计算单中的完工甲产品成本，编制如下会计分录：

借：库存商品——甲产品　　　　　　　　　　　　　　　　　　　　　2 384
　　贷：生产成本——基本生产成本——第二车间——甲产品　　　　　 2 384

【任务案例4-5】按实际成本综合结转（通过半成品库核算）

亿海公司生产的乙产品生产过程分为两个步骤，第一车间（第一步骤）完工的乙半成品通过半成品库收发，第二车间（第二步骤）按照所需数量从半成品库领用。第二车间所耗半成品费用按全月一次加权平均单位成本计算。各步骤月末在产品均按定额成本计价，该公司20××年3月有关产量记录、本月发生的生产费用和在产品定额成本资料如表4-66~表4-68所示。

表4-66　产量记录

20××年3月　　　　　　　　　　　　　　　单位：件

项　　目	第 一 车 间	半 成 品 库	第 二 车 间
月初在产品数量	20	30	20
本月投产（上步交来）数量	140	150	160
本月完工产品数量	150	160	170
月末在产品数量	10	20	10

表4-67　本月发生生产费用　　　　　　　　　　　　　　　　金额单位：元

成本项目	第 一 车 间	第 二 车 间	合　　计
直接材料	29 360		29 360
直接人工	8 120	3 980	12 100
制造费用	4 520	2 050	6 570
合　　计	42 000	6 030	48 030

表4-68　在产品定额成本

20××年3月　　　　　　　　　　　　　　　金额单位：元

成 本 项 目	月初在产品定额成本		月末在产品定额成本	
	第 一 车 间	第 二 车 间	第 一 车 间	第 二 车 间
直接材料（或半成品）	3 120	4 040	1 560	2 000
直接人工	840	960	420	480
制造费用	440	560	220	280
合　　计	4 400	5 560	2 200	2 760

该公司采用半成品按实际成本综合结转分步法计算乙产品的生产成本。

【任务实施】

步骤1：根据各种费用分配表、半成品入库单和第一车间（步骤）在产品定额成本资料，登记第一车间（步骤）乙半成品成本计算单（见表4-69）。

表 4-69　第一车间乙半成品成本计算单

产品名称：乙半成品　　　　　　　　　20××年3月　　　　　　　　　金额单位：元

项　目	产量（件）	直接材料	直接人工	制造费用	合　计
月初在产品成本（定额成本）	20	3 120	840	440	4 400
本月发生生产费用	140	29 360	8 120	4 520	42 000
生产费用合计		32 480	8 960	4 960	46 400
完工半成品总成本	150	30 920	8 540	4 740	44 200
月末在产品成本（定额成本）	10	1 560	420	220	2 200

根据第一车间的半成品入库单（其中按所列交库数量和第一车间乙半成品成本计算单中完工乙半成品成本进行计价），编制会计分录：

借：自制半成品——乙半成品　　　　　　　　　　　　　44 200
　　贷：生产成本——基本生产成本——第一车间——乙半成品　　44 200

步骤2：根据计价后的乙半成品入库单和第二车间领用乙半成品的领用单，登记自制半成品明细账（见表4-70）。

表 4-70　自制半成品明细账

产品名称：乙半成品　　　　　　　　　　　　　　　　　　　　金额单位：元

20××年		摘　要	收　入			发　出			结　存		
月	日		数量	单价	金额	数量	单价	金额	数量	单价	金额
3	1	月初余额							30	255	7 640
	15	收入	150		44 200				180	288	51 840
	22	发出				160	288	46 080	20	288	5 760
	31	本月合计	150		44 200	160	288	46 080	20	288	5 760

说明：本月收入的数量和金额，应根据计价后的乙半成品入库单登记；本月发出的单价是全月一次加权平均单位成本，应根据累计的实际成本除以累计的数量计算登记；本月发出的数量，应根据步骤2领用乙半成品的领用单登记；本月发出的金额，应根据本月发出的数量乘以本月加权平均单位成本计算登记。

根据第二车间领用乙半成品的领用单（其中按所列半成品库数量和第二车间乙半成品成本计算单中领用半成品成本进行计价），编制会计分录：

借：生产成本——基本生产成本——第二车间——乙产品　　46 080
　　贷：自制半成品——乙半成品　　　　　　　　　　　　　46 080

步骤3：根据各种生产费用分配表、乙半成品领用单、产成品入库单，以及第二车间在产品定额成本资料，登记第二车间乙产品成本计算单（见表4-71）。

表 4-71　第二车间乙产品成本计算单

产品名称：乙产品　　　　　　　　　　20××年3月　　　　　　　　　金额单位：元

项　　目	产量（件）	半成品	直接人工	制造费用	合　　计
月初在产品成本（定额成本）	20	4 040	960	560	5 560
本月发生生产费用	160	46 080	3 980	2 050	52 110
生产费用合计		50 120	4 940	2 610	57 670
完工产成品总成本	170	48 120	4 460	2 330	54 910
完工产成品单位		283.06	26.24	13.70	323.00
月末在产品成本（定额成本）	10	2 000	480	280	2 760

说明：在"半成品"项目中，本月发生生产费用46 080元是根据计价后的乙半成品领用单登记的。

根据产成品入库单所列产成品入库数量和该车间产品成本明细账中完工的乙产品成本，编制会计分录：

借：库存商品——乙产品　　　　　　　　　　　　　　　　　54 910
　　贷：生产成本——基本生产成本——第二车间——乙产品　　54 910

【任务案例4-6】综合结转分步法的成本还原

海鑫公司生产甲产品顺次经过第一、二、三车间（步骤），各车间半成品不送交半成品库，直接转至下一车间。20××年5月有关成本计算资料如表4-72~表4-74所示，本月完工甲产品20件。

表 4-72　第一车间甲半成品成本计算单

产品名称：甲半成品　　　　　　　　　20××年5月　　　　　　　　　金额单位：元

项　　目	直接材料	直接人工	制造费用	合　　计
月初在产品成本	1 000	300	200	1 500
本月发生生产费用	5 000	2 700	1 800	9 500
生产费用合计	6 000	3 000	2 000	11 000
完工半成品成本	4 000	2 400	1 600	8 000
月末在产品成本	2 000	600	400	3 000

表 4-73　第二车间甲半成品成本计算单

产品名称：甲半成品　　　　　　　　　20××年5月　　　　　　　　　金额单位：元

项　　目	直接材料	半成品	直接人工	制造费用	合　　计
月初在产品成本		4 000	400	200	4 600
本月发生生产费用		8 000	1 400	700	10 100

续表

项 目	直接材料	半成品	直接人工	制造费用	合 计
生产费用合计		12 000	1 800	900	14 700
完工半成品成本		6 000	1 200	600	7 800
月末在产品成本		6 000	600	300	6 900

表 4-74　第三车间甲产品成本计算单

产品名称：甲产品　　　　　　　　20××年5月　　　　　　　　金额单位：元

项 目	直接材料	半成品	直接人工	制造费用	合 计
月初在产品成本		2 600	100	100	2 800
本月发生生产费用		7 800	500	500	8 800
生产费用合计		10 400	600	600	11 600
完工产品成本		5 200	400	400	6 000
月末在产品成本		5 200	200	200	5 600

要求：进行成本还原，计算出完工产品成本的料、工、费。

【任务实施】

编制成本还原计算表，如表4-75所示。

表 4-75　成本还原计算表　　　　　　　　　　　　　　金额单位：元

项 目		还原分配率	半成品	直接材料	直接人工	制造费用	合 计
还原前产成品成本	①		5 200		400	400	6 000
第二车间半成品成本		0.67	6 000		1 200	600	7 800
第一次成本还原	②		4 020		804	376	5 200
第一车间半成品成本		0.50		4 000	2 400	1 600	8 000
第二次成本还原	③			2 000	1 200	820	4 020
还原后产成品总成本	①+②+③			2 000	2 404	1 596	6 000
还原后单位产品成本				100	114.15	85.85	300

注：第二车间还原分配率：5 200÷7 800≈0.67；第一车间还原分配率：4 000÷8 000=0.50。

第一次成本还原：4 020=6 000×0.67；804=1 200×0.67；376=5 200−4 020−804。

第二次成本还原：2 000=4 000×0.50；1 200=2 400×0.5；820=4 020−2 000−1 200。

【任务案例4-7】分项结转分步法

仍以任务案例4-5中的资料为例，进行成本计算。要求采用半成品按实际成本分项结转分步法计算乙产品的生产成本。

【任务实施】

该公司乙产品成本计算程序如下。

步骤 1：根据各种费用分配表、半成品入库单和第一车间在产品定额成本资料，登记第一车间乙半成品成本计算单。

步骤 2：根据第一车间乙半成品成本计算单，以及乙半成品的入库单和领用单，登记自制乙半成品明细账（见表4-76）。

表4-76　自制乙半成品明细账

产品名称：乙半成品　　　　　　　20××年3月　　　　　　　　金额单位：元

项　　目	产量（件）	直接材料	直接人工	制造费用	合　　计
月初余额（定额成本）	30	5 800	1 360	480	7 640
本月增加	150	30 920	8 540	4 740	44 200
累计	180	36 720	9 900	5 220	51 840
半成品单位成本		204	55	29	288
本月减少	160	32 640	8 800	4 640	46 080
月末余额（定额成本）	20	4 080	1 100	580	5 760

说明：本月减少的实际成本，应根据本月领用数量乘以按成本项目分列的本月加权平均单位成本计算登记；月末余额应根据累计的数量和实际成本减去本月减少的数量和实际成本计算登记。

步骤 3：根据各种生产费用分配表、乙半成品领用单、自制半成品明细账、产成品入库单，以及第二车间（步骤）在产品定额成本资料，登记第二车间乙产品成本计算单（见表4-77）。

表4-77　第二车间乙产品成本计算单

产品名称：乙产品　　　　　　　20××年3月　　　　　　　　金额单位：元

项　　目	产量（件）	直接材料	直接人工	制造费用	合　　计
月初在产品成本（定额成本）		2 420	1 828	1 312	5 560
上一车间转入半成品费用	160	32 640	8 800	4 640	46 080
本月本车间发生生产费用			3 980	2 050	6 030
生产费用合计		35 060	14 608	8 002	57 670
完工产成品总成本	170	33 660	13 770	7 480	54 910
完工产成品单位		198	81	44	323
月末在产品成本（定额成本）	10	1 400	838	522	2 760

说明：在第二车间乙产品成本计算单中，上一车间转入半成品费用（本月耗用乙半成品费用）应根据乙半成品领用单和自制乙半成品明细账中本月减少的实际成本项目登记；本月本车间发生生产费用应根据本月发生生产费用表登记；完工产成品产量应根据产量记录登记；完工产成品总成本应根据生产费用合计数减去按定额成本计算的月末在产品成本计算登记（月末在产品成本根据定额成本来计算，定额成本法前面讲过，本题中定额资料及计算过程略）。

步骤4：根据第二车间乙产品成本计算单，编制会计分录。

借：库存商品——乙产品　　　　　　　　　　　　　　　　　　　54 910
　　贷：生产成本——基本生产成本——第二车间——乙产品　　　　54 910

【任务案例4-8】平行结转分步法

环宇公司有两个基本生产车间，第一车间生产甲半成品，第二车间将甲半成品加工成甲产品。原材料均在每个步骤生产开始时一次投入，工资和制造费用随加工进度发生。各车间完工产品成本和在产品成本之间费用的分配采用约当产量比例法。

该公司20××年6月各车间有关产量记录和成本资料如下。

（1）产量记录如表4-78所示。

表4-78　产量记录　　　　　　　　　　　　　　　　　　　　单位：件

项　　目	第 一 车 间	第 二 车 间
月初在产品数量	200	150
本月投入或转入	450	700
本月完工并转出	500	750
月末在产品数量	150	100
完工程度	60%	50%

（2）成本资料如表4-79所示。

表4-79　成本资料　　　　　　　　　　　　　　　　　　金额单位：元

成本项目	月初在产品成本			本月发生生产费用		
	第 一 车 间	第 二 车 间	合　　计	第 一 车 间	第 二 车 间	合　　计
直接材料	10 000	6 000	16 000	35 000	45 000	80 000
直接人工	3 800	2 400	6 200	15 000	12 000	27 000
制造费用	3 280	3 600	6 880	8 000	6 000	14 000
合　　计	17 080	12 000	29 080	58 000	63 000	121 000

要求：① 采用约当产量比例法在完工产品和在产品之间分配费用。② 登记各步骤产品的成本明细账。

【任务实施】

步骤1：根据第一和第二车间有关成本资料，登记各车间产品成本明细账（成本计算单），并计算第一车间甲半成品成本和第二车间甲产品成本计算单，如表4-80和表4-81所示。

表 4-80　第一车间甲半成品成本计算单

产品名称：甲半成品　　　　　　　　　20××年6月　　　　　　　　　金额单位：元

项　目	直接材料	直接人工	制造费用	合　计
月初在产品成本	10 000	3 800	3 280	17 080
本月发生生产费用	35 000	15 000	8 000	58 000
生产费用合计	45 000	18 800	11 280	75 080
应计入产成品成本份额	33 750	15 000	9 000	57 750
月末在产品成本	11 250	3 800	2 280	17 330

其中：

应计入产成品成本份额的直接材料 = $\dfrac{10\,000+35\,000}{150\times100\%+750+100}\times750 = 33\,750$（元）

月末在产品成本负担的直接材料 =（10 000+35 000）-33 750 = 11 250（元）

应计入产成品成本份额的直接人工 = $\dfrac{3\,800+15\,000}{150\times60\%+750+100}\times750 = 15\,000$（元）

月末在产品成本负担的直接人工 =（3 800+15 000）-15 000 = 3 800（元）

应计入产成品成本份额的制造费用 = $\dfrac{3\,280+8\,000}{150\times60\%+750+100}\times750 = 9\,000$（元）

月末在产品成本负担的制造费用 =（3 280+8 000）-9 000 = 2 280（元）

表 4-81　第二车间甲产品成本计算单

产品名称：甲产品　　　　　　　　　20××年6月　　　　　　　　　金额单位：元

项　目	直接材料	直接人工	制造费用	合　计
月初在产品成本	6 000	2 400	3 600	12 000
本月发生生产费用	45 000	12 000	6 000	63 000
生产费用合计	51 000	14 400	9 600	75 000
应计入产成品成本份额	45 000	13 500	9 000	67 500
月末在产品成本	6 000	900	600	7 500

说明：采用约当产量比例法在完工产品和在产品之间分配费用：

应计入产成品成本份额的直接材料 = $\dfrac{6\,000+45\,000}{750+100}\times750 = 45\,000$（元）

月末在产品成本负担的直接材料 =（6 000+45 000）-45 000 = 6 000（元）

应计入产成品成本份额的直接人工 = $\dfrac{2\,400+12\,000}{750+100\times50\%}\times750 = 13\,500$（元）

月末在产品成本负担的直接人工 =（2 400+12 000）-13 500 = 900（元）

应计入产成品成本份额的制造费用 = $\dfrac{3\,600+6\,000}{750+100\times50\%}\times750 = 9\,000$（元）

月末在产品成本负担的制造费用 =（3 600+6 000）-9 000 = 600（元）

步骤 2：登记完工产品成本计算表（见表4-82），计算完工产品总成本和单位成本。

表4-82 完工产品成本计算单

产品名称：甲产品　　　　　20××年6月　　　　　产量：750件　　　　　金额单位：元

项　　目	直接材料	直接人工	制造费用	合　　计
第一车间份额	33 750	15 000	9 000	57 750
第二车间份额	45 000	13 500	9 000	67 500
产成品总成本	78 750	28 500	18 000	125 250
产成品单位成本	105	38	24	167

步骤 3：根据完工产品成本计算单（见表4-82）和产成品入库单，编制会计分录。

借：库存商品——甲产品　　　　　　　　　　　　　　　125 250
　　贷：生产成本——基本生产成本——第一车间——甲半成品　　57 750
　　　　　　　　　　　　　　　　　——第二车间——甲产品　　67 500

任务拓展训练

训练4：掌握成本还原方法。

某企业采用综合逐步结转分步法计算产品成本，各步骤成本资料如表4-83所示。

表4-83 成本资料　　　　　　　　　　　　　　　　　　　　　　金额单位：元

项　　目	第 一 步 骤	第 二 步 骤	第 三 步 骤
半成品		42 000	56 840
直接材料	21 200		
直接人工	6 300	7 000	7 200
制造费用	6 800	9 000	9 400
合　　计	34 300	58 000	73 440

根据以上资料进行半成品成本还原，将计算结果填入表4-84中。

表4-84 成本还原计算表

项　　目		还原分配率	半成品	直接材料	直接人工	制造费用	合　计
还原前产成品成本	①						
第二车间半成品成本							
第一次成本还原	②						
第一车间半成品成本							

续表

项　目	还原分配率	半成品	直接材料	直接人工	制造费用	合　计
第二次成本还原	③					
还原后产成品总成本	①+②+③					
还原后产品单位成本						

训练 5：掌握逐步综合结转分步法。

某工业企业大量生产乙产品，该产品分三个步骤由三个车间连续加工制成。原材料在开工时一次投入，其他费用随加工程度逐步发生，月末在产品完工程度均为 50%。第一步骤生产的 A 半成品和第二步骤生产的 B 半成品均通过半成品仓库收发，发出半成品的成本采用加权平均法确定。该企业 6 月有关成本计算资料如表 4-85~表 4-87 所示。

表 4-85　产量记录　　　　　　　　　　　　　　　单位：件

项　目	月初在产品	本月投入（或领用）	本月完工	月末在产品
第一车间（步骤）	75	450	360	165
第二车间（步骤）	45	375	300	120
第三车间（步骤）	120	280	370	30

表 4-86　月初在产品成本　　　　　　　　　　　　金额单位：元

项　目	材料费用	半成品	工资费用	制造费用	合　计
第一车间（步骤）	5 250		1 035	2 100	8 385
第二车间（步骤）		6 285	645	2 070	9 000
第三车间（步骤）		26 330	10 650	5 925	42 905
合　计	5 250	32 615	12 330	10 095	60 290

表 4-87　本月生产费用　　　　　　　　　　　　　金额单位：元

项　目	材料费用	工资费用	制造费用	合　计
第一车间（步骤）	42 000	8 700	14 715	65 415
第二车间（步骤）		16 275	15 930	32 205
第三车间（步骤）		32 085	29 110	61 195
合　计	42 000	57 060	59 755	158 815

A 半成品 6 月初结存 90 件，实际成本 13 050 元；B 半成品 6 月初结存 100 件，实际成本 24 800 元。

根据以上资料，按逐步综合结转分步法（半成品成本按实际成本综合结转）计算各步骤半成品成本和完工乙产品成本，并完成表格填列，如表 4-88~表 4-91 所示。

表 4-88　第一车间生产的 A 半成品成本计算单

产品名称：A 半成品　　　　　　　　　20××年 6 月　　　　　　　　　金额单位：元

项　　目		产量（件）	直接材料	直接人工	制造费用	合　　计
月初在产品成本						
本月发生生产费用						
生产费用合计						
完工半成品	总成本					
	单位成本					
月末在产品成本						

表 4-89　自制 A 半成品明细账

产品名称：A 半成品　　　　　　　　　　　　　　　　　　　　　　金额单位：元

20××年		摘　要	收　入			发　出			结　存		金额
月	日		数量（件）	单价	金额	数量（件）	单价	金额	数量（件）	单价	
6		月初余额									
		第一车间交库									
		第二车间领用									
		本月合计									

表 4-90　第二车间生产的 B 半成品成本计算单

产品名称：B 半成品　　　　　　　　　20××年 6 月　　　　　　　　　金额单位：元

项　　目		产量（件）	直接材料	直接人工	制造费用	合　　计
月初在产品成本						
本月发生生产费用						
生产费用合计						
完工半成品	总成本					
	单位成本					
月末在产品成本						

表 4-91　自制 B 半成品明细账

产品名称：B 半成品　　　　　　　　　　　　　　　　　　　　　　金额单位：元

20××年		摘　要	收　入			发　出			结　存		金额
月	日		数量（件）	单价	金额	数量（件）	单价	金额	数量（件）	单价	
6		月初余额									

续表

20××年		摘 要	收 入			发 出			结 存		
月	日		数量（件）	单价	金额	数量（件）	单价	金额	数量（件）	单价	金额
		第二车间交库									
		第三车间领用									
		本月合计									

训练 6： 掌握平行结转分步法。

某企业大量生产 W 产品，顺序经过三个车间（步骤）连续加工完成。原材料在开工时一次投入，其他费用随加工程度逐步发生，各车间月末在产品完工程度均为 50%。第一车间生产的 E 半成品直接转入第二车间加工，第二车间生产的 F 半成品直接转入第三车间加工。该企业采用约当产量比例法计算各车间应计入产成品成本的费用份额。该企业 10 月产量记录和成本资料如表 4-92 和表 4-93 所示。

表 4-92 产量记录　　　　　　　　　　　　　　　　　　金额单位：件

项　目	第一车间	第二车间	第三车间
月初在产品数量	6	18	30
本月投产（上步交来）数量	150	132	120
本月完工或转下步产品数量	132	120	123
月末在产品（狭义）数量	24	30	27

表 4-93 成本资料　　　　　　　　　　　　　　　　　　金额单位：元

成本项目	月初在产品成本				本月发生生产费用			
	第一车间	第二车间	第三车间	合 计	第一车间	第二车间	第三车间	合 计
直接材料	8 000			8 000	14 400			14 400
直接人工	960	640	1 200	2 800	3 360	4 260	5 400	13 020
制造费用	720	480	960	2 160	2 520	2 460	4 320	9 300
合　计	9 680	1 120	2 160	12 960	20 280	6 720	9 720	36 720

根据以上资料，采用平行结转分步法计算 W 产品的总成本和单位成本并完成表 4-94～表 4-97。

表 4-94　第一车间产品成本计算单

产品名称：E 半成品　　　　　　　　20××年10月　　　　　　　　金额单位：元

摘　　要	直接材料	直接人工	制造费用	合　计
月初在产品成本				
本月发生生产费用				
生产费用合计				
分配率				
计入产成品成本的份额				
月末在产品成本				

表 4-95　第二车间产品成本计算单

产品名称：F 半成品　　　　　　　　20××年10月　　　　　　　　金额单位：元

摘　　要	直接材料	直接人工	制造费用	合　计
月初在产品成本				
本月发生生产费用				
生产费用合计				
分配率				
计入产成品成本的份额				
月末在产品成本				

表 4-96　第三车间产品成本计算单

产品名称：W 产品　　　　　　　　　20××年10月　　　　　　　　金额单位：元

摘　　要	直接材料	直接人工	制造费用	合　计
月初在产品成本				
本月发生生产费用				
生产费用合计				
分配率				
计入产成品成本的份额				
月末在产品成本				

表 4-97　产品成本汇总表

产品名称：W 产品　　　　　　　　　20××年10月　　　　　　　　金额单位：元

生产步骤	直接材料	直接人工	制造费用	合　计
第一车间计入				

续表

生产步骤	直接材料	直接人工	制造费用	合　计
第二车间计入				
第三车间计入				
总成本				
单位成本				

基础知识测评

一、单项选择题

1. 品种法适用的生产组织是（　　）。

   A．大量小批生产　　　　　　　　B．大量成批生产

   C．大量大批生产　　　　　　　　D．单件小批生产

2. 企业产品品种、规格繁多，为了简化成本计算工作，应采用的成本计算方法是（　　）。

   A．品种法　　　B．分类法　　　C．分步法　　　D．定额法

3. 简化分批法适用于（　　）的企业。

   A．月末未完工产品批数较多　　　B．各月间接费用水平相差不大

   C．同一月份投产批数很多　　　　D．同时具备上述三点

4. 品种法的特点是（　　）。

   A．按照产品品种计算成本

   B．分步计算产品成本

   C．既分批计算产品成本，又分步计算产品成本

   D．分批计算产品成本

5. 在下列方法中，既是产品成本计算方法，又是成本控制方法的是（　　）。

   A．分步法　　　B．分类法　　　C．定额法　　　D．分批法

6. 对于成本计算的分批法，下列说法正确的是（　　）。

   A．不存在完工产品与在产品之间费用分配问题

   B．成本计算期与会计报告期一致

   C．适用于小批、单件、管理上不要求分步骤计算成本的多步骤生产

   D．以上说法全部正确

7. 产品成本计算不定期，一般也不存在完工产品与在产品之间费用分配问题的成本计算方法是（　　）。

   A．平行结转分步法　　　　　　　B．逐步结转分步法

C．分批法　　　　　　　　D．品种法

8．在下列情况下，不宜采用简化分批法的是（　　）。

A．各月间接费用水平相差不大

B．月末未完工产品批数较多

C．同一月份投产的批数很多

D．各月间接费用水平较多

9．在下列方法中属于不计算半成品成本的分步法是（　　）。

A．逐步结转分步法　　　　B．综合结转分步法

C．平行结转法　　　　　　D．分项结转分步法

10．采用逐步结转分步法，其在完工产品与在产品之间分配费用，是指在（　　）之间分配费用。

A．产成品与月末在产品

B．完工半成品与月末加工中的在产品

C．产成品与广义的在产品

D．前面步骤的完工半成品与加工中的在产品及最后步骤的产成品与加工中的在产品

二、多项选择题

1．产品成本计算品种法适用于（　　）。

A．大量大批的单步骤生产

B．大量大批的多步骤生产

C．管理上不要求分步骤计算成本的多步骤生产

D．小批、单件、管理上不要求分步骤计算成本的多步骤生产

E．大量生产、大批生产

2．采用综合结转分步法结转半成品成本的优点是（　　）。

A．便于各步骤进行成本管理

B．便于各生产步骤完工产品的成本分析

C．便于从整个企业角度分析和考核产品成本的构成和水平

D．便于同行业间产品成本对比分析

3．为了适应各种类型生产的特点和管理要求，产品成本计算对象有（　　）。

A．产品批别　　　　　　　B．产品类型

C．产品品种　　　　　　　D．产品的定额成本

E．产品生产步骤

4．在平行结转分步法下，完工产品与在产品之间费用的分配，正确的说法是指（　　）两者之间的费用分配。

A．产成品与广义的在产品

B．产成品与狭义的在产品

C．各步骤完工半成品与月末加工中的在产品

D．应计入产成品的"份额"与广义的在产品

5．在逐步综合结转分步法下，半成品成本的计价方式可采用（　　）。

A．计划成本　　　　　　　　B．定额成本

C．实际成本　　　　　　　　D．平均成本

E．责任成本

6．采用逐步结转分步法，按照结转的半成品成本在下一步骤产品成本明细账中的反映方法不同，可分为（　　）。

A．按实际成本结转　　　　　B．综合结转分步法

C．按计划成本结转　　　　　D．分项结转分步法

E．平行结转法

7．在（　　）的情况下，要求进行成本还原。

A．管理上要求从整个企业角度考核和分析产品成本的构成水平

B．半成品成本采用按计划成本分项结转

C．半成品成本采用按定额成本分项结转

D．半成品成本采用逐步综合结转分步法

E．半成品成本采用按实际成本分项结转

8．与逐步结转分步法相比，平行结转分步法的缺点是（　　）。

A．各步骤不能同时计算产品成本

B．不需要进行成本还原

C．不能为实物管理和资金管理提供资料

D．不能提供各步骤的半成品成本资料

9．平行结转分步法的特点是（　　）。

A．各生产步骤不计算半成品成本，只计算本步骤所发生的生产费用

B．各步骤间不结转半成品成本

C．各步骤应计算本步骤所发生的生产费用中应计入产成品成本的份额

D．将各步骤应计入产成品成本的份额平行结转，汇总计算产成品的总成本和单位成本

10．分批法成本计算的特点有（　　）。

A．以生产批次作为成本计算对象

B．产品成本计算期不固定

C．按月计算产品成本

D．一般不需要进行完工产品和在产品的成本分配

三、判断题

1. 不论什么类型的生产企业，不论采用什么成本计算方法，最终都必须按照产品品种计算出产品的成本。（ ）

2. 在分批法下成本计算期与产品生产周期基本一致，也与会计报告期一致。（ ）

3. 平行结转分步法的完工产品为最后完工的产成品，在产品为各步骤尚未加工完成的在产品，但不包括各步骤已完工但尚未最终完成的产品。（ ）

4. 简化分配法是指针对每月发生的各项间接费用，不是按月在各批产品之间进行分配，而是将其分别累计后，在产品完工时，按照完工产品累计生产工时的比例，在各批完工产品之间进行分配。（ ）

5. 在平行结转分步法下，各步骤完工产品与在产品之间的费用分配，是指在产成品与广义在产品之间的费用分配。（ ）

6. 在企业按照客户订单组织产品生产的情况下，应当采用品种法计算产品成本。（ ）

7. 在采用平行结转分步法计算成本时，上一步骤的生产费用不计入下一步骤的成本计算单。（ ）

8. 平行结转分步法的完工产品为每步骤完工的半成品，在产品为各步骤尚未加工完成的在产品和各步骤已完工但尚未最终完成的产品。（ ）

9. 分项结转分步法适用于大量大批连续式复杂生产的企业。这种企业有的不仅将产成品作为商品对外销售，而且生产步骤所产半成品也经常作为商品对外销售。（ ）

10. 按照分步法计算产品成本，如果企业只生产一种产品，则成本计算对象是该种产品及其所经过的各个生产步骤。（ ）

岗位能力测评

1. 中关村爱普数码电子公司基本生产车间大量大批单步骤生产LAP121型号、LAP321型号两种产品，公司设有供电车间、运输车间两个车间。依据生产特点和管理要求，采用品种法计算这两种数码电子产品的成本。基本生产成本明细账设立"直接材料""直接人工""制造费用"三个成本项目，辅助生产车间不设"制造费用"。中关村爱普数码电子公司20××年1月的有关资料如下。（保留两位小数）

（1）本月生产车间产量记录（见表4-98）。

表4-98 生产车间产量记录

20××年1月　　　　　　　　　　　　　　　　　　单位：件

产品	期初在产品	本月投产	本月完工	月末在产品	完工程度
LAP121	1 100	7 200	7 500	800	60%
LAP321	620	3 680	3 100	1 200	40%

（2）月初在产品成本（见表4-99）。

表4-99 月初在产品成本 金额单位：元

产品名称	直接材料	直接人工	制造费用	合计
LAP121	18 000	11 000	13 000	42 000
LAP321	16 000	2 000	5 500	23 500
合计	34 000	13 000	18 500	65 500

（3）该月发生费用。

① 材料费用。生产LAP121耗用材料13 200元，生产LAP321耗用材料9 600元，生产LAP121、LAP321共同耗用材料18 000元（LAP121材料定额耗用量为6 000千克，LAP321材料定额耗用量为3 000千克）。供电车间耗用材料1 500元，运输车间耗用材料1 600元，基本生产车间耗用消耗性材料6 000元，行政管理部门耗用材料1 200元。

② 工资费用。生产工人工资30 000元，供电车间人员工资1 600元，运输车间人员工资1 800元，基本生产车间管理人员工资3 200元，行政管理人员工资2 500元。

③ 其他费用。供电车间固定资产折旧费1 000元，水电费650元，办公费160元；运输车间固定资产折旧费1 200元，水电费720元，办公费180元；基本生产车间厂房、机器设备折旧费13 600元，水电费900元，办公费800元；行政管理部门固定资产折旧费8 000元，水电费600元，办公费500元。

（4）工时记录。LAP121耗用实际工时为5 000小时，LAP321耗用实际工时为3 000小时。

（5）本月供电车间和运输车间提供的劳务量如表4-100所示。

表4-100 供电车间和运输车间提供的劳务量

受益对象	供电车间（度）	运输车间（千米）
供电车间		350
运输车间	480	
LAP121	800	
LAP321	805	
基本生产车间	650	300
行政管理部门	200	200
合计	2 935	850

（6）有关费用分配方法。

① LAP121、LAP321共同耗用材料按定额耗用量比例分配。

② 生产工人工资按LAP121、LAP321工时比例分配。

③ 辅助生产费用按运输工作量比例分配。

④ 制造费用按 LAP121、LAP321 工时比例分配。

⑤ 按约当产量比例法分配计算 LAP121、LAP321 完工产品和月末在产品成本。两种产品的原材料都在生产开始时一次投入。月末在产品的完工程度如表 4-98 所示。

要求：（保留两位小数）

（1）根据上述资料编制材料费用分配汇总表（见表 4-101）、工资费用分配汇总表（见表 4-102）、其他费用分配汇总表（见表 4-103），并编制相关会计分录。

（2）登记辅助生产成本明细账（见表 4-104 和表 4-105）、辅助生产费用分配表（见表 4-106）、制造费用明细账（见表 4-107）、制造费用分配表（见表 4-108），并编制相关会计分录。

（3）登记 LAP121、LAP321 两种产品基本生产成本明细账（见表 4-109 和表 4-110），计算两种产品成本计算单（见表 4-111 和表 4-112），并编制相关会计分录。

（4）计算完工产品成本汇总表（见表 4-113），并编制结转完工产品成本的会计分录。

表 4-101 材料费用分配汇总表

20××年 1 月　　　　　　　　　　　　　　　　　金额单位：元

应借账户		直接计入金额	分配计入		合计
			分配标准	分配金额	
基本生产成本	LAP121				
	LAP321				
	小 计				
辅助生产成本——供电车间					
辅助生产成本——运输车间					
制造费用					
管理费用					
合 计					

表 4-102 工资费用分配汇总表

20××年 1 月　　　　　　　　　　　　　　　　　金额单位：元

应借账户		直接计入金额	分配计入		合计
			分配标准	分配金额	
基本生产成本	LAP121				
	LAP321				
	小 计				
辅助生产成本——供电车间					

续表

应借账户	直接计入金额	分配计入 分配标准	分配计入 分配金额	合计
辅助生产成本——运输车间				
制造费用				
管理费用				
合计				

表 4-103 其他费用分配汇总表　　　　　　　　金额单位：元

应借账户	折旧费	水电费	办公费	合计
辅助生产成本——供电车间				
辅助生产成本——运输车间				
制造费用				
管理费用				
合计				

表 4-104 辅助生产成本明细账

车间：供电车间　　　　　　　　　　　　　　　　　　　　金额单位：元

20××年 月	20××年 日	凭证号数	摘要	机物料消耗	工资	水电费	办公费	折旧费	合计

表 4-105 辅助生产成本明细账

车间：运输车间　　　　　　　　　　　　　　　　　　　　金额单位：元

20××年 月	20××年 日	凭证号数	摘要	机物料消耗	工资	水电费	办公费	折旧费	合计

表 4-106 辅助生产费用分配表（直接分配法）　　　　　金额单位：元

项　目			供 电 车 间	运 输 车 间	合　　计
待分配费用					
劳务供应量					
分配率					
应借账户	LAP121	耗用数量			
		分配金额			
	LAP321	耗用数量			
		分配金额			
	基本生产车间	耗用数量			
		分配金额			
	管理费用	耗用数量			
		分配金额			
合　　计					

表 4-107 制造费用明细账

车间名称：生产车间　　　　　　　　　　　　　　　　　　　　　　　　金额单位：元

20××年		凭证号数	摘要	借　方						
月	日			机物料消耗	工资	办公费	运输费	折旧费	水电费	合　计

表 4-108 制造费用分配表

应 借 账 户	生产工时（小时）	分 配 率	分 配 额（元）
合　计			

表4-109 基本生产成本明细账

车间：生产车间　　　　　　　　　产品：LAP121　　　　　　　　　金额单位：元

20××年		凭证号数	摘要	直接材料	直接人工	制造费用	合计
月	日						

表4-110 基本生产成本明细账

车间：生产车间　　　　　　　　　产品：LAP321　　　　　　　　　金额单位：元

20××年		凭证号数	摘要	直接材料	直接人工	制造费用	合计
月	日						

表4-111 产品成本计算单

产品名称：LAP121　　　　　　产成品：　件　　　　　　在产品：　件

摘要	直接材料	直接人工	制造费用	合计
月初在产品成本				
本月发生生产费用				
生产费用合计				

续表

摘　要	直接材料	直接人工	制造费用	合　计
在产品约当产量				
完工数量+在产品约当产量				
分配率（单位成本）				
完工产品总成本				
月末在产品成本				

表 4-112　产品成本计算单

产品名称：LAP321　　　　　　　　产成品：　　件　　　　　　　　在产品：　　件

摘　要	直接材料	直接人工	制造费用	合　计
月初在产品成本				
本月发生生产费用				
生产费用合计				
在产品约当产量				
完工数量+在产品约当产量				
分配率（单位成本）				
完工产品总成本				
月末在产品成本				

表 4-113　完工产品成本汇总表　　　　　　　　　　　　　　　　金额单位：元

成本项目	（　　）产品（件）		（　　）产品（件）	
	总成本	单位成本	总成本	单位成本
直接材料				
直接人工				
制造费用				
合　计				

2．北京华发有限责任公司的某一生产车间属于小批量生产车间，该车间20××年4月的相关资料如下。

（1）生产资料。

① 批号 M101 A 产品 20 台，4 月投产，本月全部完工。

② 批号 M201 B 产品 10 台，4 月投产，本月未完工。

③ 批号 M301 C 产品 8 台，5 月投产，本月全部完工。

（2）材料费用（见表4-114）。

表4-114 材料费用　　　　　　　　　　　　　　　金额单位：元

项　　目	M101	M201	M301	合　　计
4月	20 000	10 000		30 000
5月	12 000	14 000	18 000	44 000

（3）工时资料（见表4-115）。

表4-115 工时资料　　　　　　　　　　　　　　　金额单位：元

项　　目	M101	M201	M301	合　　计
4月	6 000	4 000		10 000
5月	6 500	5 600	7 000	19 100

（4）生产费用资料（见表4-116）。

表4-116 生产费用资料　　　　　　　　　　　　　金额单位：元

月	日	摘　　要	直接人工	制造费用	合　　计
4	30	本月发生	25 000	21 000	46 000
5	31	本月发生	40 000	32 000	72 000

要求：

（1）采用分批法计算产品成本，并填制表4-117~表4-119。（保留两位小数）

表4-117 产品成本计算单

产品批号：M101　　　　　投产日期：4月

产品名称：A产品　　　　　批量：20台　　　　　本月完工：20台　　　　　金额单位：元

20××年		摘　要	直接材料	直接人工	制造费用	合　计
月	日					

表 4-118 产品成本计算单

产品批号：M201　　　　　　　投产日期：4月
产品名称：B产品　　　　　　　批量：10台　　　　　本月完工：0台　　　　金额单位：元

20××年		摘　要	直接材料	直接人工	制造费用	合　计
月	日					

表 4-119 产品成本计算单

产品批号：M301　　　　　　　投产日期：5月
产品名称：C产品　　　　　　　批量：8台　　　　　本月完工：8台　　　　金额单位：元

20××年		摘　要	直接材料	直接人工	制造费用	合　计
月	日					

（2）采用简化分批法计算产品成本，并填制表 4-120~表 4-123。

表 4-120　基本生产成本二级账（各批产品总成本）　　　　　　　　金额单位：元

月	日	摘　要	原材料	生产工时（小时）	工资及福利费	制造费用	合　计
		期初余额					

表 4-121　基本生产成本明细账

产品批号：M101　　　　　　　投产日期：4月　　　　　　　产品批量：20台
产品名称：A产品　　　　　　　完工日期：4月　　　　　　　金额单位：元

月	日	摘　要	原材料	生产工时（小时）	工资及福利费	制造费用	合　计

表 4-122　基本生产成本明细账

产品批号：M201　　　　　　　投产日期：4月　　　　　　　产品批量：10台
产品名称：B产品　　　　　　　完工日期：　月　　　　　　　金额单位：元

月	日	摘　要	原材料	生产工时（小时）	工资及福利费	制造费用	合　计

表 4-123　基本生产成本明细账

产品批号：M301　　　　　　　投产日期：5月　　　　　　　产品批量：8台
产品名称：C产品　　　　　　　完工日期：5月　　　　　　　金额单位：元

月	日	摘　要	原材料	生产工时（小时）	工资及福利费	制造费用	合　计

3．某工业企业大量生产庚产品。生产步骤分别由第一、第二两个车间进行。第一车间为第二车间提供半成品，第二车间将半成品加工成产成品。该企业为了加强成本管理，采用逐步结转分步法按照生产步骤（车间）计算产品成本。（保留两位小数）

该企业第一车间、第二车间于20××年5月产品成本明细账部分资料如表4-124~表4-126所示。

表 4-124　基本生产成本明细账

车间：第一车间　　　产品名称：庚半成品　　　完工半成品产量：500 件　　　金额单位：元

20××年		凭证号数	摘　要	直接材料	直接人工	制造费用	合　计
月	日						
5	1	略	月初在产品成本（定额成本）	3 000	1 200	2 200	6 400
5	31	略	分配材料费用	6 200			6 200
5	31	略	分配人工费用		3 100		3 100
5	31	略	分配制造费用			6 100	6 100
5	31	略	本月生产费用合计				
5	31	略	完工半成品成本				
			月末在产品定额成本	2 800	1 500	2 600	6 900

表 4-125　自制半成品成本明细账

产品名称：庚半成品

月份	月初余额		本月增加		合　计			本月减少	
	数量（件）	实际成本（元）	数量（件）	实际成本（元）	数量（件）	实际成本（元）	单位成本（元）	数量（件）	实际成本（元）
5	400	10 300						700	
6	200								

表 4-126　基本生产成本明细账

车间：第二车间　　　产品名称：庚产品　　　完工产品产量：350 件　　　金额单位：元

20××年		凭证号数	摘　要	半成品	直接人工	制造费用	合　计
月	日						
5	1		月初在产品成本（定额成本）	6 150	1 400	2 600	10 150
5	31	略	领用半成品费用				
5	31	略	分配人工费用		3 700		3 700
5	31	略	分配制造费用			8 850	8 850
5	31		本月生产费用合计				
5	31		完工产品成本				
			单位成本				
			月末在产品定额成本	2 600	500	1 400	4 500

要求：

（1）根据上述资料，登记产品基本生产成本明细账和自制半成品成本明细账，按实际成本综合结转半成品成本，计算产成品成本，并编制完工产品成本还原表（见表4-127）。

（2）按本月所产半成品成本项目的构成比率，还原本月完工产品成本。

表4-127　完工产品成本还原表

20××年5月　　　　　　　　　　完工产品产量：350件　　　　　　　　　　单位：元

项　　目	还原前完工产品成本 ①	本月所产半成品成本 ②	完工产品成本中半成品费用还原 ③	还原后完工产品总成本 ④	还原后完工产品单位成本 ⑤
还原分配率					
半成品					
直接材料					
直接人工					
制造费用					
成本合计					

4．某企业经过甲、乙两个生产车间生产C产品。其中，甲车间生产A半成品，乙车间生产B半成品。原材料在开始时一次投入，月末在产品按约当产量比例法计算，在产品完工程度为50%。有关产量资料如表4-128所示。

表4-128　产量资料

日期：20××年6月　　　　　　　　　　　　　　　　　　　　　　　　　单位：件

项　　目	甲车间	乙车间
月初在产品数量	200	250
本月投产数量	350	210
本月完工数量	250	180
月末在产品数量	300	280

两车间月初在产品成本及本月发生的费用额，如表4-129和表4-130所示，C产品完工产品成本汇总表如表4-131所示。

要求：根据上述资料，采用平行结转分步法计算产品成本，并将计算结果填入表4-129~表4-131中。（保留两位小数）

表4-129 基本生产成本明细账

车间：甲车间　　　　　　　　产品名称：A半成品　　　　　　　　金额单位：元

20××年		摘　要	直接材料	直接人工	制造费用	合　计
月	日					
6	1	月初在产品成本	35 600	1 400	2 600	
6	30	分配材料费用	84 000			
6	30	分配人工费用		4 200		
6	30	分配制造费用			5 200	
6	30	本月生产费用合计				
6	30	约当产量（件）				
6	30	单位成本				
6	30	应计入产成品成本的份额				
6	30	月末在产品成本				

表4-130 基本生产成本明细账

车间：乙车间　　　　　　　　产品名称：B半成品　　　　　　　　金额单位：元

20××年		摘　要	直接人工	制造费用	合　计
月	日				
6	1	月初在产品成本	3 200	4 000	
6	30	分配材料费用			
6	30	分配人工费用	2 300		
6	30	分配制造费用		2 000	
6	30	本月生产费用合计			
6	30	约当产量（件）			
6	30	单位成本			
6	30	应计入产成品成本的份额			
6	30	月末在产品成本			

表4-131 完工产品成本汇总表

产品名称：C产品　　　　　20××年6月　　　　　数量：180件　　　　　金额单位：元

项　目	直接材料	直接人工	制造费用	合　计	单位成本
甲车间					
乙车间					
合　计					

项目五
产品成本计算的辅助方法

岗位要求

知识要求：

1. 了解分类法、定额法和脱离定额差异的概念。
2. 熟悉分类法、定额法的特点和适用范围。
3. 掌握分类法、定额法的计算程序。
4. 掌握分类法、定额法的成本计算方法。

技能要求：

1. 能够说出产品成本计算的基本方法与辅助方法之间的关系。
2. 能够在实际工作中熟练应用分类法。
3. 能够解答分类法的特点、计算程序、适用范围。
4. 能够使用分类法进行成本核算。
5. 能够解答定额成本法的特点、计算程序、优缺点和适用范围。
6. 能够使用定额成本法进行成本核算。

任务一 分 类 法

【知识储备】

在项目四中,我们介绍了产品成本计算的基本方法:品种法、分批法和分步法,这三种方法是制造业企业常用的成本计算方法。但是在实际工作中,由于企业情况复杂,各个企业的管理水平不同,有的企业在采用上述三种基本方法的基础上还要用到其他一些成本计算方法。例如,对于产品品种较多的企业,可以按产品的类别归集生产费用,计算各类产品的成本,再计算每种产品的成本;对于定额管理较好的企业,可以采用定额法计算产品的成本。这两种方法就是成本计算的辅助方法。

一、分类法的含义和适用范围

(一)分类法的含义

分类法是以产品的类别归集生产费用,先分别计算各类产品的总成本,然后按照一定的标准在该类内各个品种和规格的产品之间进行划分,分别计算各个品种及各个规格的总成本和单位成本的一种成本计算方法。

(二)分类法的适用范围

分类法适用于用同一种原材料进行加工而同时生产出几种主要产品,也适用于由于内部结构、所耗原材料质量或工艺技术等客观因素发生变化而造成的不同质量的产品,还适用于除主要产品之外的零星产品生产和副产品的生产。

二、分类法的特点

(一)以产品的类别作为成本计算对象

采用分类法计算产品成本时,首先,要根据产品所用原材料和工艺技术过程的不同,将产品划分为若干类,按照产品的类别开设成本计算单,按类归集产品的生产费用,计算各类产品成本;其次,选择合理的分配标准,在每类产品的各种产品之间分配费用,计算每类产品内各种产品的成本;最后,采用一定的分配标准分配类内各种产品费用。

(二)分类法的成本计算期取决于生产特点与管理的要求

如果是大量大批生产,应结合品种法或分步法进行成本计算,每月末定期计算产品成本;如果与分批法结合运用,成本计算期可不固定,而与生产周期一致。所以,分类法并不是一种独立的成本计算方法,而是在前三种基本成本计算方法的基础上计算多规格产品而采用的一种简化方式,相应地表现为以下三种形式。

第一,分类法下的品种法,即简单分类法,是以产品分类作为成本计算对象。

第二，分批法下的分类法，即分批分类法，是以批内产品类别作为成本计算对象。

第三，分步法下的分类法，即分步分类法，是以半成品类别作为成本计算对象。

（三）在每一成本计算期内一般要将按类归集的生产费用总额在完工产品和月末在产品之间进行分配

分类法实质是在成本计算品种法、分批法和分步法的基础上演变而来的，因此，成本计算程序与三种成本计算方法大致相同。不同的是，首先要将产品归类，按类别设立成本计算单，按类别来汇集和分配费用（将一类产品视为一种产品来汇集和分配费用），当费用汇集到成本计算单以后，应在该类内各种产品之间采用一定的分配方法，以计算出具体每种产品的成本。

三、分类法的计算程序

采用分类法计算产品成本，可以简化成本计算工作，计算的程序是"先分类再分配"。具体表现为以下步骤。

（1）将性能、结构、工艺技术过程和使用原材料基本相同的产品归类，以产品类别为成本计算对象，开设产品成本明细账。

（2）将各类产品所耗用的原材料和人工费用直接计入各类产品成本明细账，为各类产品生产而发生的各项制造费用先按发生地点归集，然后按照一定标准分配分别计入各类产品成本明细账。

（3）在每一成本计算期将各月发生的生产费用在各类完工产品和在产品之间进行划分，求得各类产成品总成本。

（4）将各类产成品的总成本采用合理的分配标准在同类的各种产品之间进行分配，求得各种产品的总成本和单位成本。

四、类内各产品成本的分配方法

分类法下各类别产品总成本在类内各种产品之间分配的方法是根据产品生产特点确定的。它既可以采用产品的经济价值指标（计划成本、定额成本、销售单价），也可以采用产品的技术性指标（重量、长度、体积、含量），还可以采用产品生产的各种定额消耗指标来作为分配标准。常用的分配方法有系数比例法、系数比率分配率法和定额比例法等，我们重点介绍系数比例法。

（一）系数比例法

系数比例法，又称标准产量法，即将各种产品按一定标准折算成系数（标准产品的产量），然后，按照各种产品的总系数（标准产品产量）向各种产品分配费用。具体方法如下。

1. 确定系数

在类内产品中选择一种产量较大、生产稳定、规格适中的产品作为标准产品，并按一定标准将单位产品系数定为"1"，再将类内其他各种产品与标准产品进行比较，确定出各种产品单位产品的系数。(注意:材料费系数与加工费系数需要分别进行确定。)

$$某种产品单位系数=\frac{该种产品的分配标准(如售价、定额成本)}{标准产品的分配标准(如售价、定额成本)}$$

2. 将每种产品的产量乘以各自单位产品的系数,分别求出各种产品的总系数(标准产品产量)

$$某种完工产品总系数=该种完工产品的实际产量×单位系数$$

3. 确定分配率

$$某类产品某项费用分配率=\frac{该类完工产品该项费用总额}{类内各种产品总系数合计}$$

4. 计算某种产品成本

$$类内某种完工产品总成本=该种完工产品总系数×分配率$$

$$类内某种完工产品单位成本=\frac{该种完工产品总成本}{该种完工产品实际产量}$$

(二) 系数比率分配率法

如果产品的规格型号较多,应用系数比例法工作量就会很大,这时可以采用系数比率分配率法。系数比率分配率法的计算步骤如下。

1. 按不同的成本项目计算系数分配率

$$直接材料系数分配率=\frac{材料费用合计}{投料总系数}$$

$$直接人工系数分配率=\frac{人工费用合计}{投工总系数}$$

$$制造费用系数分配率=\frac{制造费用合计}{投工总系数}$$

2. 用类内各型号产品完工总系数(完工标准产量)乘以系数分配率,即每种型号产品应负担的材料、工资及制造费用的金额

$$某型号产品应分配的材料费用=该型号产品的完工总系数×直接材料系数分配率$$

$$某型号产品应分配的人工费用=该型号产品的完工总系数×直接人工系数分配率$$

$$某型号产品应分配的制造费用=该型号产品的完工总系数×制造费用系数分配率$$

(三) 定额比例法

在分类法下,某类完工产品的总成本,可以按照该类产品内各种产品的定额成本或定额消耗量比例进行分配,计算出类内各种产品的总成本和单位成本,这种方法就是定额比例法。采用定额比例法简便易行,但要求企业定额管理基础良好,从而可以为每种产品制定准确、稳定

的消耗定额。定额比例法的计算步骤如下。

计算类内每种产品各成本项目的定额成本或定额消耗量，分成本项目计算耗费分配率。其计算公式如下：

$$某类产品某项耗费分配率=\frac{该类完工产品该类耗费总额}{该类内各种产品的定额成本（或耗用量）之和}$$

类内某种产品某项目的实际成本=该种产品该项目的定额成本×该类产品该项耗费分配率

【任务案例5-1】采用分类法计算产品成本

恒大公司所生产的A、B、C三种产品在结构、所用原材料和工艺过程上相近，合并为一类（甲类），采用分类法计算成本。该类产品内各种产品之间分配费用的标准：原材料费用按照各种产品的原材料费用系数进行分配，原材料费用系数按照原材料费用定额确定，并规定A种产品为标准产品。其7月的产量：A产品900件，B产品1 200件，C产品1 500件。与A、B、C三种产品成本计算有关的数据以及成本计算过程如下。请采用分类法计算产品成本。

【任务实施】

步骤1：根据各产品所耗用各种原材料的消耗定额、计划单价以及费用定额，编制原材料费用系数计算表和定额工时系数表，如表5-1和表5-2所示。

表5-1 原材料费用系数计算表　　　　　　　　　　金额单位：元

产品名称	单位产品原材料费用				原材料费用系数
	原材料名称或编号	消耗定额（千克）	计划单价	费用定额	
A （标准产品）	1	76.00	10.00	760	1
	2	120.00	18.50	2 220	
	3	104.00	22.50	2 340	
	合　计			5 320	
B	1	24.60	10.00	246	4 256÷5 320=0.8
	2	100.00	18.50	1 850	
	3	96.00	22.50	2 160	
	合　计			4 256	
C	1	193.80	10.00	1 938	6 916÷5 320=1.3
	2	128.00	18.50	2 368	
	3	116.00	22.50	2 610	
	合　计			6 916	

说明：表中系数为不同产品的原材料费用定额与标准产品原材料费用定额之间的比例。

表5-2 定额工时系数表

产品名称	工时消耗定额	定额工时系数
A	28	1
B	32	1.1
C	22	0.79

步骤2：按产品类别（甲类）开设产品成本明细账。假定该企业甲类产品的在产品按定额成本计价，根据月初、月末在产品定额资料和本月各项生产费用分配表，登记该类产品成本明细账，计算该类产品成本，如表5-3所示。

表5-3 基本生产成本明细账

产品类别：甲类　　　　　　　　　20××年6月　　　　　　　　　金额单位：元

摘要	直接材料	直接人工	制造费用	合计
月初在产品	83 820	27 060	89 100	199 980
本月生产费用	106 680	37 000	120 180	263 860
生产费用合计	190 500	64 060	209 280	463 840
完工产品成本	129 540	38 640	125 580	293 760
在产品成本	60 960	25 420	83 700	170 080

步骤3：根据各种产品的产量、原材料费用系数、工时定额系数以及该类产品成本明细账中的6月产成品成本资料，分配计算甲类A、B、C三种产品的产成品成本，如表5-4所示。

表5-4 甲类产品内各种产成品成本计算表

产品类别：甲类　　　　　　　　　20××年6月　　　　　　　　　金额单位：元

项目	产量（件）	原材料费用系数	定额工时系数	投料总系数	投工总系数	直接材料	直接人工	制造费用	合计
	①	②	③	④=①×②	⑤=①×③	⑥=④×分配率	⑦=⑤×分配率	⑧=⑤×分配率	⑨
分配率						34	11.3	36.9	
A产成品	900	1	1	900	900	30 600	10 170	33 210	73 980
B产成品	1 200	0.8	1.1	960	1 320	32 640	14 916	48 708	96 264
C产成品	1 500	1.3	0.79	1 950	1 185	66 300	13 554	43 662	123 516
合计				3 810	3 405	129 540	38 640	125 580	293 760

说明：材料费用分配率 = $\dfrac{129\,540}{3\,810}$ = 34；直接人工分配率 = $\dfrac{38\,640}{3\,405}$ = 11.3；

制造费用分配率 = $\dfrac{12\,580}{3\,405}$ = 36.9。

根据甲类产品内各种产成品成本计算表和产品完工入库单，编制会计分录。

借：库存商品——A 产品　　　　　　　　　　　73 980
　　　　　　——B 产品　　　　　　　　　　　96 264
　　　　　　——C 产品　　　　　　　　　　 123 516
　　贷：生产成本——基本生产成本——甲类产品　　　　　293 760

提示　为保证产品成本的可比性，系数一经确定，应保持相对稳定。

加油站　采用分类法计算产品成本，领料单、工时记录等原始凭证和原始记录可以只按产品类别填列，在各种费用分配表中可以只按产品类别分配费用，产品成本明细账只按产品类别设立，从而不仅能简化成本计算工作，而且能够在产品品种、规格繁多的情况下，分类掌握产品成本的情况。

但是，由于在类内各种产品的成本计算中，不论是间接费用还是直接费用，都是按一定的分配标准比例进行分配的，因此计算结果有一定的假定性。所以，在分类法下，产品的分类和分配标准（或系数）的选定是否恰当，是一个关键问题。在产品的分类上，应以所耗原材料和工艺技术过程是否相近为标准。因为所耗用原材料和工艺技术过程相近的各种产品，成本水平往往也相近。当对产品进行分类时，类距既不能定得过小，使成本工作复杂化；也不能定得过大，造成成本计算上的"大锅烩"，影响成本计算的正确性。在产品结构、所耗原材料或工艺技术发生较大变动时，应及时修订分配系数，或另选分配标准，以保证成本计算的正确性。

任务拓展训练

训练 1： 掌握分类法的计算程序。

雅顿公司按分类法进行核算，3 月末计算出各类产品的实际总成本，其中，甲类产品成本计算的有关资料如表 5-5 和表 5-6 所示（设 101 产品为标准产品）。

表 5-5　分类产品成本计算单

产品类别：甲类　　　　　　　　　　　20××年3月　　　　　　　　　　　金额单位：元

项　目	直接材料	直接人工	制造费用	合　计
月初在产品	400	200	300	900
本月发生费用	26 000	1 000	2 100	29 100
合　计	26 400	1 200	2 400	30 000
月末在产品成本	3 200	600	1 780	5 580
本月完工产品成本	23 200	600	620	24 420

表 5-6　类内各产品资料

产品类别	产品名称	本期实际产量（件）	单位产品	
			材料消耗定额（千克）	工时消耗定额（小时）
甲类	101	500	10	15
	102	700	12	10
	103	800	7	8

要求：根据上述资料，用系数法计算各种产品的总成本及单位成本，填制甲类产品内各种产品成本计算表（见表5-7）。

表 5-7　甲类产品内各种产品成本计算表

产品类别：甲类　　　　　　　　　　　20××年3月　　　　　　　　　　　金额单位：元

项　目	产量（件）	原材料费用系数	定额工时系数	费用总系数		总　成　本			合计
				投料总系数	投工总系数	直接材料	直接人工	制造费用	
	①	②	③	④=①×②	⑤=①×③	⑥=④×分配率	⑦=⑤×分配率	⑧=⑤×分配率	⑨
分配率									
101 产成品									
102 产成品									
103 产成品									
合　计									

训练 2：掌握分类法的计算程序。

某工业企业大量生产 N1、N2、N3 三种产品。这三种产品的结构、所用原材料和工艺过程相近，因此归为一类（乙类），采用分类法计算成本。类内各种产品之间分配费用的标准：原材料费用按各种产品的原材料费用系数分配，原材料费用系数按原材料费用定额确定（以 N1 产品为标准产品）；其他费用按定额工时系数分配。6月具体资料如下。

（1）N1、N2、N3 三种产品原材料费用定额分别为 50 元、60 元和 45 元；工时消耗定额分别为 14 小时、16 小时和 13 小时；产量分别为 2 000 件、1 500 件和 1 200 件。

（2）本月乙类产品成本明细账如表 5-8 所示（其中月初、月末在产品成本按所耗原材料费用计算）。

表5-8　产品成本明细账

产品类别：乙类　　　　　　　　　　　20××年6月　　　　　　　　　　金额单位：元

项　目	直接材料	直接人工	制造费用	合　计
月初在产品成本	38 920			38 920
本月生产费用	252 960	74 360	81 796	409 116
生产费用合计	291 880	74 360	81 796	448 036
产成品成本	256 200	74 360	81 796	412 356
月末在产品成本	35 680			35 680

要求：

（1）计算 N1、N2、N3 三种产品的原材料费用系数、定额工时系数。

（2）计算填制乙类产品成本计算表，如表 5-9 所示。

表5-9　乙类产品内各种产品成本计算表

产品类别：乙类　　　　　　　　　　　20××年6月　　　　　　　　　　金额单位：元

项　目	产量（件）	原材料费用系数	定额工时系数	费用总系数 投料总系数	费用总系数 投工总系数	总成本 直接材料	总成本 直接人工	总成本 制造费用	合计
	①	②	③	④=①×②	⑤=①×③	⑥=④×分配率	⑦=⑤×分配率	⑧=⑤×分配率	⑨
分配率									
N1 产成品									
N2 产成品									
N3 产成品									
合　计									

任务二 定 额 法

【知识储备】

一、定额法的含义和适用范围

（一）定额法的含义

定额法是以产品的定额成本为基础，加上或减去脱离定额差异和定额变动差异来计算产品实际成本的一种方法。采用定额法计算产品成本，是以现行消耗定额为依据，既反映现有生产条件下应达到的成本水平，又是衡量成本节约或超支的尺度，还可以及时地反映和监督产品成本脱离定额成本的状况，为加强定额管理和进行有效的成本控制提供了相关信息。

采用定额法计算产品成本，其产品实际成本由定额成本、脱离定额差异、定额变动差异构成。用公式表示如下：

产品实际成本=定额成本±脱离定额差异±定额变动差异±材料成本差异

定额法将产品成本计划、成本控制与成本核算、成本分析有机地结合起来，是为了加强成本控制与管理而采用的一种成本计算与管理相互融合的方法。采用定额法计算产品成本，能及时揭示成本差异，有助于企业控制和节约费用。

（二）定额法的适用范围

定额法主要适用于定额管理制度比较健全，定额管理工作基础较好，产品生产已定型，各项消耗定额比较准确、稳定的企业。定额法不受企业生产类型的限制，不论哪种类型的企业，只要条件具备，都可以采用。但定额法属于成本计算的辅助方法，因此必须与成本计算的基本方法结合使用。

二、定额法的特点

（1）事前制定产品的消耗定额、费用定额和定额成本作为降低成本的目标。由于定额法是以产品的定额成本为基础来计算产品的实际成本的，因此，采用定额法计算产品成本的企业，应事先制定较准确、较稳定的消耗定额、计划单价及有关费用计划分配率等，以便确定产品的定额成本。

（2）在生产费用发生的当时，将其划分为定额成本部分和脱离定额差异部分，分别编制凭证和核算，及时反映实际生产费用脱离定额的程度，以加强成本分析和控制。

（3）月末，在定额成本的基础上，加减各种成本差异，计算产品的实际成本，并为成本的定期考核和分析提供数据。因此，定额法不仅是一种产品成本计算的方法，更重要的还是一种对产品成本进行有效控制、管理的方法。

三、定额法的计算程序

采用定额法计算产品成本的一般程序如下。

（1）确定产品定额成本。首先应根据目前企业的消耗定额及费用定额，按成本项目，分产品制定产品定额成本，要编制各种产品的定额成本表，如遇到定额变动的月份，还应注意调整月初在产品定额成本、计算定额变动差异。

（2）确定定额成本差异。实际费用发生时，将其按定额成本和定额成本差异两大类分别归集汇总。

（3）月末，将月初结存和本月发生的脱离定额差异、材料成本差异及定额变动差异在完工产品与月末在产品之间进行分配。为了简化成本核算，实际工作中常常把材料成本差异和定额变动差异全部由完工产品负担，月末在产品只分担脱离定额差异。

（4）以本月完工产品定额成本为基础，加减各项成本差异，求得完工产品的实际成本，再以完工产品的实际成本除以总产量，即可求得完工产品的单位成本。

四、产品定额成本的制定

采用定额法，必须先制定单位产品的消耗定额、费用定额，并据以计算单位产品的定额成本。产品定额成本的制定过程，也就是对产品成本进行事前控制的过程。产品的消耗定额、费用定额和定额成本确定以后，它们既是对生产耗费、生产费用进行事中控制的依据，也是月末计算产品实际成本的基础，进行产品成本事后分析和考核的标准。

定额成本包括直接材料定额成本、直接人工定额成本和制造费用定额成本。定额成本的制定依据主要是产品的现行工艺规程、产品的材料消耗定额、燃料和动力消耗定额、工时定额、小时工资率、小时费用（制造费用）率等。只有具备了科学、先进的定额，才能制定产品的定额成本。

定额成本各成本项目的计算如下。

直接材料定额成本=材料定额耗用量×材料的计划单价

=本月投产量×单位产品材料消耗定额×材料的计划单价

直接人工定额成本=产品定额工时×计划小时工资率

=本月投产量×单位产品工时定额×计划小时工资率

制造费用定额成本=产品定额工时×计划小时费用率

=本月投产量×单位产品工时定额×计划小时费用率

计算定额成本时，如果产品的零、部件不多，一般先计算零件的定额成本，然后再汇总计算部件和产成品的定额成本。如果产品的零、部件较多，为了简化成本计算工作，也可以不计算零件定额成本，而根据列有零件材料消耗定额、工序计划、工时消耗定额的零件定额卡，以及材料计划单价、计划的工资率，计算部件定额成本，然后汇总计算产成品定额成本；或者根据零、部件的定额卡直接计算产成品定额成本。

五、脱离定额差异的计算

脱离定额差异是指在产品生产过程中实际支出的各种费用与定额之间的差异。实际数大于定额数为超支（以"+"表示），实际数小于定额数为节约（以"−"表示）。

及时、正确地核算和分析生产费用脱离定额的差异，控制生产费用支出，是定额法的重要内容。在定额法下，定额差异的计算是按成本项目分别进行的，即分别计算直接材料脱离定额差异、直接人工脱离定额差异和制造费用脱离定额差异。下面分别说明其核算方法。

（一）直接材料脱离定额差异的计算

在各成本项目中，原材料费用包括自制半成品项目，一般占有较大的比重，而且属于直接费用，因此更有必要和可能在费用发生的当时就按产品计算定额费用和脱离定额差异，加强控制。直接材料脱离定额差异，是由于产品生产实际耗用材料数量与其定额耗用量之间的差异而造成的成本差异（量差）。直接材料脱离定额差异的计算通常有以下三种方法。

1. 限额领料单法

采用定额法时，原材料的领用一般应实行限额领料制度。限额范围内的用料，应根据限额领料单领用；增加产量发生的超额用料，在办理了追加限额手续后，也可使用限额领料单领用；其他原因超额用料或使用代用材料，一般应根据填制的领料单或代用材料领料单等差异凭证领料。对于材料代用和废料利用，还应在有关限额领料单中注明，并从原定的限额内扣除。生产任务完成后的余料，应填制退料单，退料单应视同差异凭证。限额领料单中的原材料余额和退料单中的原材料数额，都属于直接材料脱离定额的节约差异。

2. 切割法

对于需要切割后才能加工的材料，还应利用材料切割单来计算材料脱离定额的差异。切割单应按切割材料的批别开立，填列切割材料的种类、数量、消耗定额以及应切割的毛坯数量；切割完成后，再填写实际切割成的毛坯数量和材料的实际耗用量等。根据切割的毛坯数量和消耗定额，可以计算出材料的定额耗用量，与实际耗用量相比较，就可以计算出脱离定额的差异。

3. 盘存法

在连续或大量生产产品的企业中，产品不能按批别划分，可用定期盘存法计算材料脱离定额的差异。计算程序：根据产量凭证和在产品盘存（或账面）资料所列完工产品数量和在产品数量，计算出产品投产数，再乘以直接材料消耗定额，计算出直接材料定额消耗量；根据限额领料单、退料单等领退料凭证以及车间余料盘存数，计算出直接材料实际消耗量；通过比较，确定出材料脱离定额的差异。

（二）材料成本差异的计算

在采用定额法计算产品成本的企业中，为了便于产品成本的分析和考核，原材料的日常核算都应按计划成本计价进行。日常发生的原材料费用，包括原材料定额费用和脱离定额差异，都是按照原材料的计划成本计算的。原材料定额费用是原材料定额消耗量与其计划单位成本的乘积；原材料脱离定额差异是原材料消耗量差异与其计划单位成本的乘积，即按原材料计划单位成本反映的原材料消耗数量差异（简称量差）。在月末计算产品的实际原材料费用时，还必须根据由材料核算提供的原材料成本差异率，计算应分配负担的原材料成本差异，即所耗原材料的价格差异（简称价差）。

某产品应分配的材料成本差异=（该产品原材料定额成本±原材料脱离定额差异）×材料成本差异率

不论采用哪种方法核算原材料定额消耗量和脱离定额差异，都应分批或定期地将这些核算资料按照成本计算对象汇总，编制原材料定额费用和脱离定额差异汇总表（见表 5-10）。这种汇总表，既可以用来汇总和分析原材料脱离定额差异，又可以用来代替原材料费用分配表登记产品成本明细账，还可以报送管理当局或向职工公布，以便根据发生的原因采取措施，进一步挖掘降低材料费用的潜力。

表 5-10 原材料定额费用和脱离定额差异汇总表（A 产品） 金额单位：元

原材料名称	材料编号	单位	计划单价	定额费用 数量	定额费用 金额	计划费用 数量	计划费用 金额	脱离定额差异 数量	脱离定额差异 金额	差异原因分析
甲材料	801	千克	10	700	7 000	710	7 100	10	100	略
乙材料	802	千克	20	600	12 000	550	11 000	−50	−1 000	
合　计					19 000	1 260	18 100		−900	

（三）直接人工脱离定额差异的计算

直接人工脱离定额差异，因采用工资形式不同而有所区别，应依据工资制度进行计算。

1. 计件工资条件下定额差异的计算

在计件工资条件下，生产工人工资属于直接费用，其脱离定额差异的核算与直接材料类似。凡符合定额的生产工人工资可反映在工票、工作班产量记录、工序进程单等产量记录中。脱离定额的差异部分，应设置"工资补付单"等差异凭证予以反映，单中应注明差异发生的原因，并要经过一定的审批手续。

$$直接人工定额费用 = 计件单价 \times 计件数量$$

$$计划单价 = \frac{计价单位工时的人工费用}{每小时产量定额}$$

2. 计时工资条件下定额差异的计算

在计时工资条件下，生产工人工资脱离定额的差异不能在平时按照产品直接计算，平时只以工时进行考核，在月末实际生产工人工资总额确定以后，才能按照下列公式计算。

$$计划单位工时工资 = \frac{计划产量定额生产工人工资总额}{计划产量定额生产工时总额}$$

$$实际单位工时工资 = \frac{实际生产工人工资总额}{实际生产工时总额}$$

某产品定额工资＝该产品实际产量的定额生产工时×计划单位工时工资

某产品实际工资＝该产品实际产量的定额生产工时×实际单位工时工资

某产品直接人工脱离定额差异＝该产品实际工资－该产品定额工资

如果生产工人工资属于间接费用，则可把工资脱离定额差异分为两部分：一部分反映工时定额执行情况差异，称工时差异（或效率差异）；另一部分是工资额差异。其计算公式如下。

工时差异＝（实际单耗工时－定额单耗工时）×实际投入产量×计划小时工资

小时工资额差异＝（实际小时工资－计划小时工资）×实际投入量×实际单耗工时

$$\text{直接人工脱离定额差异} = \left(\text{实际单耗工时} \times \text{实际小时工资} - \text{计划单耗工时} \times \text{计划小时工资} \right) \times \text{实际投入产量}$$

（四）制造费用定额差异的计算

制造费用属于间接费用，即发生时先按发生地点进行归集，月末才能直接或分配计入产品成本。所以，在日常核算中，不能按照产品直接核算费用脱离定额差异，只能根据费用计划、费用项目核算费用脱离计划的差异，据以控制和监督费用的发生。各种产品应负担的定额制造费用和费用脱离定额的差异，只能在月末时比照直接人工脱离定额的差异计算方法计算。

（五）定额变动差异的计算

定额变动差异，是由于修订消耗定额或费用定额而产生的新旧定额的差异额。

定额的修订一般在月初、季初或年初定期进行。修订定额的月份投产的产品，都是按定额计算其定额成本和脱离定额的差异的。在定额变动的月份，月初在产品的定额成本仍是按旧定额计算的。为了将按旧定额计算的月初在产品定额成本和按新定额计算的本月投入产品的定额成本，在新定额的同一基础上相加，以便计算产品的实际成本，就必须将按旧定额计算的月初在产品定额成本调整为按新定额计算的月初在产品定额成本。按新定额计算的在产品定额成本与按旧定额计算的在产品定额成本之间的差额，称为月初在产品定额变动差异。

月初在产品定额变动差异，可根据定额发生变动的月初在产品结存数量（或在产品账面结存数量）乘以单位定额变动差异来计算（这种计算应按零件、部件或工序进行，计算工作量较大），也可通过计算定额变动系数进行折算，即采用系数法。定额变动系数，是指按新定额计算的单位产品费用与按旧定额计算的单位产品费用之比。计算公式如下。

定额变动系数=按新定额计算的单位产品费用÷按旧定额计算的单位产品费用

月初在产品定额变动差异=按旧定额计算的月初在产品费用×(1−定额变动系数)

对于计算出的定额变动差异,应分不同情况处理。在消耗定额降低的情况下发生的差异,一方面应从月初在产品定额成本中扣除,另一方面应将属于月初在产品生产费用实际支出的该项差异,列入本月产品成本中;相反,在消耗定额提高的情况下,月初在产品增值的差异应列入月初在产品定额成本中,同时从本月产品成本中予以扣除。

在定额法下,产品的生产费用既然是按照定额费用和脱离定额差异分别计算的,因此,产品的实际成本可以根据产品的定额成本加上或减去脱离定额差异求得。其计算公式如下。

产品实际成本=产品定额成本±脱离定额差异

【任务案例5-2】直接材料脱离定额差异的核算

环宇家具有限责任公司生产甲产品,采用定额法计算产品成本。20××年1月有关生产甲产品A、B、C三种原材料的资料如下:① A材料计划单价16元/千克,定额消耗总量4 500千克,实际消耗总量4 800千克;② B材料计划单价12元/千克,定额消耗总量3 800千克,实际消耗总量3 500千克;③ C材料计划单价8元/千克,定额消耗总量1 200千克,实际消耗总量1 500千克。

要求:分别计算A、B、C三种原材料脱离定额差异;编制原材料定额费用和脱离定额差异汇总表。

【任务实施】

步骤1:计算A、B、C三种材料的定额费用。

A材料定额费用=A材料计划单价×A材料定额消耗总量

=16×4 500

=72 000(元)

B材料定额费用=B材料计划单价×B材料定额消耗总量

=12×3 800

=45 600(元)

C材料定额费用=C材料计划单价×C材料定额消耗总量

=8×1 200

=9 600(元)

步骤2:计算A、B、C三种材料的计划价格费用(按计划价格计算,暂不考虑材料成本差异)。

A材料计划价格费用=A材料计划单价×A材料实际消耗量

=16×4 800

=76 800（元）

B材料计划价格费用=B材料计划单价×B材料实际消耗量

=12×3 500

=42 000（元）

C材料计划价格费用=C材料计划单价×C材料实际消耗量

=8×1 500

=12 000（元）

步骤3：计算A、B、C三种材料的脱离定额差异。

原材料脱离定额差异=原材料实际费用-原材料定额费用

A材料脱离定额差异（数量）= 4 800–4 500=+300（千克）

A材料脱离定额差异（金额）= 76 800–72 000=+ 4 800（元）

B材料脱离定额差异（数量）= 3 500–3 800= –300（千克）

B材料脱离定额差异（金额）= 42 000–45 600= –3 600（元）

C材料脱离定额差异（数量）= 1 500–1 200=+300（千克）

C材料脱离定额差异（金额）= 12 000–9 600=+2 400（元）

步骤4：编制原材料定额费用和脱离定额差异汇总表（见表5-11）。

表5-11 原材料定额费用和脱离定额差异汇总表

产品名称：甲　　　　　　　　　　20××年1月

原材料类别	材料编号	计划单价（元/千克）	定额费用 数量（千克）	定额费用 金额（元）	计划价格费用 数量（千克）	计划价格费用 金额（元）	脱离定额差异 数量（千克）	脱离定额差异 金额（元）	差异原因
A材料	101#	16	4 500	72 000	4 800	76 800	+300	+4 800	略
B材料	102#	12	3 800	45 600	3 500	42 000	–300	–3 600	
C材料	103#	8	1 200	9 600	1 500	12 000	+300	+2 400	
合 计			9 500	127 200	9 800	130 800	+300	+3 600	

从以上可以看出，表中所列原材料的定额费用、计划价格费用和脱离定额差异，都是按原材料的计划单价计算的，不包括原材料的价格差异或原材料的成本差异。

> **提示**：领用自制半成品相当于领用原材料，因此自制半成品的定额消耗量、定额费用和脱离定额差异的计算方法与原材料相同。

【任务案例5-3】直接人工费用脱离定额差异的核算

沿用任务案例5-2的资料。20××年1月生产甲产品的定额工时为2 000小时，实际工时为1980小时；该车间计划产量的定额生产工人工资费用为28 000元，计划产量的定额工时为4 800小时；该车间本月实际生产工人工资费用为29 500元，计划产量实际工时为4 900小时。

要求：计算甲产品的定额生产工人工资费用和生产工人工资脱离定额的差异。

【任务实施】

步骤1：计算计划单位、实际单位小时的生产工人工资。

定额单位小时的生产工人工资=28 000÷4 800=5.83（元）

实际单位小时的生产工人工资=29 500÷4 900=6.02（元）

步骤2：计算甲产品的定额、实际生产工人工资。

甲产品定额生产工人工资=2 000×5.83=11 660（元）

甲产品实际生产工人工资=1 980×6.02=11 919.6（元）

步骤3：计算甲产品生产工人工资脱离定额的差异。

甲产品生产工人工资脱离定额的差异=11 919.6–11 660=259.6（元）

> **提示** 制造费用属于间接费用，即发生时先按发生地点进行归集，月末，才直接计入或分配计入产品成本。所以，在日常核算中，不能按照产品直接核算制造费用脱离定额的差异，只能根据制造费用计划，按照制造费用项目核算制造费用脱离计划的差异，据以控制和监督费用的发生。各种产品应负担的定额制造费用和费用脱离定额的差异，在月末可比照直接人工费用计时工资的计算公式计算确定。

【任务案例5-4】材料成本差异的分配

沿用任务案例5-2的资料。在原材料定额费用和脱离定额差异汇总表中，甲产品1月所耗原材料定额费用为127 200元，原材料脱离定额差异为超支3 600元。假定材料核算人员提供的原材料成本差异率是2%。

要求：计算甲产品应分配的原材料成本差异。

【任务实施】

甲产品应分配的原材料成本差异=（原材料定额费用±原材料脱离定额差异）×原材料成本差异率=（127 200+3 600）×2%=2 616（元）

【任务案例5-5】定额变动差异的核算

沿用任务案例5-2的资料。在原材料定额费用和脱离定额差异汇总表中，假定甲产品1月1日起修订原材料消耗定额费用，每件产品旧的原材料费用定额为450元，新的材料费用定额为405元。该产品20××年12月31日在产品的原材料定额费用为50 000元。

要求：分别计算甲产品的定额变动系数和月初在产品定额变动差异。

【任务实施】

步骤1：甲产品定额变动系数=405÷450=0.9

步骤2： 月初在产品定额变动差异=50 000×（1−0.9）=5 000（元）

【任务案例5-6】完工产品实际成本的计算

东联有限责任公司生产 Y 产品，该公司各项消耗定额比较准确、稳定。为加强定额管理和成本控制，公司采用定额法计算 Y 产品成本。20××年8月生产情况的定额资料如下。

Y 产品所需 A 材料系开工时一次投入，材料消耗定额由 10.5 千克降为 10 千克，材料计划单价为 20 元。工时定额为 8 小时，计划小时工资率为 11 元，计划小时制造费用为 6 元。20××年8月，Y 产品耗用 A 材料实际数量为 2 750 千克，实际生产工时为 1 875 小时，实际小时工资率为 11.5 元，实际小时制造费用分配率为 6.4 元。8月初 Y 产品定额成本如表 5-12 所示。

表 5-12　Y 产品定额成本　　　　　　　　　　　　　　　　　　　　金额单位：元

项　　目	定额耗用量	计 划 单 价	费 用 定 额
材料费用	10.5	20	210
直接人工	8	11	88
制造费用	8	6	48
定额成本合计			346

月初在产品 30 件，本月投产 252 件，本月完工 260 件，月末在产品 22 件。月初、月末在产品完工率均为 50%，该公司材料成本差异和定额变动差异均由完工产品负担，材料成本差异率为−1%。20××年8月初 Y 产品的月初在产品定额成本和脱离定额差异如表 5-13 所示。

表 5-13　月初在产品定额成本和脱离定额差异　　　　　　　　　　　　金额单位：元

项　　目	直接材料	直接人工	制造费用	合　　计
月初在产品定额成本	6 300	1 320	720	8 340
月初在产品实际成本（成本账）	6 100	1 500	850	8 450
脱离定额差异（旧定额）	−200	180	130	110

表 5-13 中月初在产品：

直接材料定额成本=30×210=6 300（元）

直接人工定额成本=30×50%×88=1 320（元）

制造费用定额成本=30×50%×48=720（元）

要求：编制 Y 产品 20××年8月成本计算单。

【任务实施】

步骤1： 计算月初在产品定额变动差异。

月初在产品定额变动差异=30×10×20−30×10.5×20=−300（元）

步骤2： 计算本月生产费用中"直接材料""直接人工""制造费用"的定额成本。

直接材料的定额成本=260×10×20=52 000（元）

直接人工的定额成本=（260+22×50%–30×50%）×88=22 528（元）

制造费用的定额成本=（260+22×50%–30×50%）×48=12 288（元）

> **提示** 在计算"直接人工"和"制造费用"的定额成本时，由于不是所有投产的产品都完工了，因此不能直接用投产产品的数量来计算。
>
> 直接人工或制造费用定额成本=（完工产品产量+月末在产品约当产量–月初在产品约当产量）×单位产品工时定额×计划小时工资率或费用率

步骤3：计算本月生产费用中"直接材料""直接人工""制造费用"的脱离定额差异。

直接材料脱离定额差异=2 750×20–52 000=+3 000（元）

直接人工脱离定额差异=1 875×11.5–22 528=–965.5（元）

制造费用脱离定额差异=1 875×6.4–12 288=–288（元）

步骤4：计算材料成本差异。

材料成本差异=（52 000+3 000）×（–1%）=–550（元）

步骤5：计算完工产品及月末在产品的直接材料、直接人工以及制造费用的定额成本。

（1）完工产品直接材料的定额成本=（6 300–300+52 000）÷（260+22）×260=53 475（元）

月末在产品直接材料的定额成本=（163 000–300+52 000）–53 475=4 525（元）

（2）完工产品直接人工的定额成本=（1 320+22 528）÷（260+22×50%）×260=22 880（元）

月末在产品直接人工的定额成本=（1 320+22 528）–22 880=968（元）

（3）完工产品的制造费用定额成本=（720+12 288）÷（260+22×50%）×260=12 480（元）

月末在产品制造费用的定额成本=（720+12 288）–12 480=528（元）

步骤6：完工产品实际成本。

（1）直接材料实际成本=53 475+2 582.84–550+300=55 807.84（元）

（2）直接人工实际成本=22 880–752.75= 22 127.25（元）

（3）制造费用实际成本=12 480–151.01=12 328.99（元）

步骤7：20××年8月产品成本计算单，如表5-14所示。

表5-14 产品成本计算单

产品名称：Y　　　　　　　　　　20××年8月　　　　　　　　金额单位：元

项　目			直接材料	直接人工	制造费用	合　计
月初在产品成本	定额成本	（1）	6 300	1 320	720	8 340
	脱离定额差异	（2）	–200	180	130	110

续表

项　　目			直接材料	直接人工	制造费用	合　　计
月初在产品定额变动	定额成本调整	（3）	−300	—	—	−300
	定额变动差异	（4）	300	—	—	300
本月生产费用	定额成本	（5）	52 000	22 528	12 288	86 816
	脱离定额差异	（6）	3 000	−965.5	−288	1746.5
	材料成本差异	（7）	−550	—	—	−550
生产费用合计	定额成本	（8）=（1）+（3）+（5）	58 000	23 848	13 008	94 856
	脱离定额差异	（9）=（2）+（6）	2 800	−785.5	−158	1 856.5
	材料成本差异	（10）=（7）	−550	—	—	−550
	定额变动差异	（11）=（4）	300	—	—	300
脱离定额差异分配率		（12）=（9）÷（8）	4.83%	−3.29%	−1.21%	
完工产品成本	定额成本	（13）	53 475	22 880	12 480	88 835
	脱离定额差异	（14）=（13）×（12）	2 582.84	−752.75	−151.01	1 679.08
	材料成本差异	（15）	−550	—	—	−550
	定额变动差异	（16）	300	—	—	300
	实际成本	（17）=（13）+（14）+（15）+（16）	55 807.84	22 127.25	12 328.99	90 264.08
月末在产品成本	定额成本	（18）	4 525	968	528	6 021
	脱离定额差异	（19）=（9）−（14）	217.16	−32.75	−6.99	177.42

步骤8：根据Y产品成本计算单，编制结转完工入库产品生产成本的会计分录。

借：库存商品——Y产品　　　　　　　　　　　　　　90 264.08
　　贷：生产成本——基本生产成本——Y产品　　　　　　　　　　　90 264.08

提示

采用定额法计算产品成本，其产品实际成本由定额成本、脱离定额差异、定额变动差异构成，用公式表示如下：

产品实际成本=定额成本±脱离定额差异±定额变动差异±材料成本差异

加油站

定额法的优点如下。

（1）通过对生产耗费和生产费用脱离定额差异的日常核算，能够及时有效地节约生产耗费，降低产品成本。

（2）通过对脱离定额差异和定额变动差异的计算，有利于提高产品成本的定额管理和计划管理工作水平。

（3）由于有着现成的定额成本资料，因此能够比较合理和简便地解决在完工产品和月末在产品之间分配费用的问题。

定额法的缺点如下：

采用定额法必须制定定额成本，单独核算脱离定额差异，在定额变动时还要修订定额成本，计算定额变动差异，因此核算的工作量比较大。

任务拓展训练

训练3：掌握定额法的计算程序。

某公司采用定额法计算A产品成本。20××年3月生产情况的定额资料如下：A产品所需甲材料系开工时一次投入，材料消耗定额由5.5千克降为5千克，材料计划单价为17元。工时定额为4小时，计划小时工资率为9元，计划小时制造费用为4.5元。20××年5月，A产品耗用甲材料实际数量为1 200千克，实际生产工时为850小时，实际小时工资率为10元，实际小时制造费用分配率为5元。A产品3月初定额成本资料如表5-15所示。

表5-15　A产品定额成本　　　　　　　　　　　　　　　金额单位：元

项　目	定额耗用量	计划单价	费用定额
材料费用	5.5	17	93.5
直接人工	4	9	36
制造费用	4	4.5	18
定额成本合计			147.5

A产品40件，本月投产200件，本月完工220件，月末在产品20件。月初、月末在产品完工率均为50%。该公司材料成本差异和定额变动差异均由完工产品负担，材料成本差异率为1%。20××年5月初A产品的月初在产品定额成本和脱离定额差异如表5-16所示。

表5-16　月初在产品定额成本和脱离定额差异　　　　　　金额单位：元

项　目	直接材料	直接人工	制造费用	合　计
月初在产品定额成本	3 740	720	360	4 820
月初在产品实际成本（成本账）	3 900	850	480	5 230
脱离定额差异	160	130	120	410

要求：

（1）根据上述资料编制A产品成本计算单（见表5-17）。

（2）编制结转完工产品成本的会计分录。

表 5-17　产品成本计算单

产品名称：A　　　　　　　　　　　　20××年3月　　　　　　　　　　　　金额单位：元

项　目		直接材料	直接人工	制造费用	合　计
月初在产品成本	定额成本				
	脱离定额差异				
月初在产品定额变动	定额成本调整				
	定额变动差异				
本月生产费用	定额成本				
	脱离定额差异				
	材料成本差异				
生产费用合计	定额成本				
	脱离定额差异				
	材料成本差异				
	定额变动差异				
脱离定额差异分配率					
完工产品成本	定额成本				
	脱离定额差异				
	材料成本差异				
	定额变动差异				
	实际成本				
月末在产品成本	定额成本				
	脱离定额差异				

基础知识测评

一、单项选择题

1．定额成本是一种（　　）。

　　A．先进的平均成本　　　　　　　B．企业实际成本

　　C．企业成本控制的目标　　　　　D．企业确定的计划成本

2．分类法是在产品品种、规格繁多，但可按一定标准对产品进行分类的情况下，为了（　　）而采用的一种产品成本计算方法。

　　A．提高计算方法的准确性　　　　B．计算各类产品成本

　　C．加强各类产品成本管理　　　　D．简化成本计算工作

3．以下适用分类法的是（　　）。
　A．食品厂生产的饼干　　　　　　　B．钻戒的制造
　C．造船厂按订单制造的货船　　　　D．艺术家的绘画作品

4．原材料脱离定额差异是（　　）。
　A．数量差异　　　　　　　　　　　B．价格差异
　C．定额变动差异　　　　　　　　　D．原材料成本差异

5．定额法是以（　　）为基础，加上脱离定额差异、材料成本差异和定额变动差异，计算产品实际成本的一种方法。
　A．产品售价　　　　　　　　　　　B．产品的制造成本
　C．产品的定额成本　　　　　　　　D．原材料的定额成本

6．系数法是（　　）的一种，系数一经确定，应相对稳定，不应任意变更。
　A．分类法　　　B．品种法　　　C．定额法　　　D．分步法

7．采用系数法时，作为标准产品的应该是（　　）。
　A．获利最多的产品　　　　　　　　B．生产量最大的产品
　C．品种、规格繁多的产品　　　　　D．产量较大、生产稳定或规格适中的产品

8．以下属于定额法的缺点的是（　　）。
　A．工作量比较大　　　　　　　　　B．工作量较小
　C．计算不科学　　　　　　　　　　D．计算结果不准确

9．脱离定额差异包括直接材料脱离定额的差异、（　　）和制造费用脱离定额的差异。
　A．变动成本脱离等额的差异　　　　B．直接人工费用脱离定额的差异
　C．边际效益脱离定额的差异　　　　D．产品成本脱离定额的差异

10．下列方法中，既是一种产品成本，又是一种对产品成本进行直接控制、管理方法的是（　　）。
　A．品种法　　　B．分步法　　　C．定额法　　　D．分类法

二、多项选择题

1．产品成本计算的辅助方法有（　　）。
　A．分类法　　　B．品种法　　　C．分步法　　　D．定额法

2．将分类法和定额法归为产品成本计算的辅助方法是因为这两种方法（　　）。
　A．与生产类型的特点没有直接关系
　B．成本计算工作繁重
　C．不涉及成本计算对象的确定
　D．从计算产品成本的角度来说不是必不可少的方法

3．下列选项中，可以作为同类产品内各种产品之间分配费用标准的有（　　）。
　A．定额消耗量　　　　　　　　　　B．产品出厂价

C．产品的体积 D．产品的重量

4．产品成本计算的分类法为（　　）。

A．按产品类别设置成本明细账

B．按产品品种设置成本明细账

C．按产品类别归集生产费用，计算产品成本

D．同类产品内各种产品的间接费用采用一定的分配方法分配确定

5．在品种规格繁多且可按一定标准划分为若干类别的企业或车间中，能够应用分类法计算成本的产品生产类型有（　　）。

A．大量大批多步骤生产 B．单件小批多步骤生产

C．大量大批单步骤生产 D．单件小批单步骤生产

6．原材料费用脱离定额差异的计算方法有（　　）。

A．盘存法 B．限额领料单法

C．切割法 D．平均年限法

7．定额法的优点有（　　）。

A．及时有效地节约生产耗费

B．提高产品成本的定额管理水平

C．提高计划管理工作水平

D．能简便地解决在完工产品和月末在产品之间分配费用的分配

8．以下属于定额成本与计划成本的不同之处的是（　　）。

A．定额成本在计划期内变动，计划成本通常不变

B．定额成本的核定工作量较小，计划成本的制定工作量较大

C．定额成本反映现有生产条件下应当达到的成本水平，计划成本反映计划期内成本

D．定额成本是国家制定的，计划成本是企业自行制定的

9．定额法的计算程序主要有（　　）。

A．制定定额成本

B．计算脱离定额的差异

C．计算月初在产品定额变动差异

D．计算完工产品的实际总成本和单位成本

10．采用定额法必须符合的条件是（　　）。

A．企业的定额管理制度健全 B．企业定额管理工作基础较好

C．产品的生产已经定型 D．消耗定额比较准确稳定

三、判断题

1．分类法与生产类型没有直接的关系，可以应用在各种类型的生产中。（　　）

2．只要产品品种、规格繁多，就可以采用分类法计算产品成本。（　　）

3．按照系数分配法计算类内各种产品成本的方法，是一种简化的分类法。（   ）
4．一个企业或车间有可能同时应用几种成本计算方法。（   ）
5．只有大量大批生产的企业才能采用定额法计算产品成本。（   ）
6．分类法的产品成本计算单可按类别设置。（   ）
7．分类法的成本计算期要视产品生产类型及管理要求而定。（   ）
8．分类法与生产类型没有直接关系。（   ）
9．定额法是产品成本计算的辅助方法。（   ）
10．企业的基本生产车间与辅助生产车间必须采用相同的成本计算方法。（   ）

岗位能力测评

1．某企业生产 A 产品，本月期初在产品 260 台，本月完工产量 800 台，期末在产品数量 420 台，原材料系开工时一次投入，单位产品材料消耗定额为 10 千克，材料计划单价为 4 元/千克。本月材料限额领料凭证登记数量为 5 600 千克，材料超限额领料凭证登记数量为 500 千克，期初车间有余料 200 千克，期末车间盘存余料为 600 千克。

要求：计算本月 A 产品的原材料定额费用及材料脱离定额差异。

2．某企业生产 B 产品，单位产品的工时定额为 5 小时，本月实际完工产品产量为 1 000 件，月末在产品数量为 100 件，完工程度为 80%；月初在产品数量为 50 件，完工程度为 60%。计划小时工资率为 4 元/小时，实际生产工时为 5 200 小时，实际小时工资率为 4.2 元/小时。

要求：计算 B 产品人工费用脱离定额的差异。

3．某厂 C 产品采用定额法计算产品成本，本月有关 C 产品原材料费用的资料如下。

（1）月初在产品定额费用为 1 200 元，月初在产品脱离定额的差异为节约 30 元，月初在产品定额费用调整为降低 30 元。定额变动差异全部由完工产品负担。

（2）本月定额费用为 5 800 元，本月脱离定额的差异为节约 420 元。

（3）本月原材料成本差异为节约 2%，材料成本差异全部由完工产品负担。

（4）本月完工产品的原材料定额费用为 5 900 元。

要求：

（1）计算月末在产品原材料定额费用。

（2）分配原材料脱离定额差异。

（3）计算本月原材料费用应分配的材料成本差异。

4．某企业用分类法核算产品成本，B 类内有三种不同型号的产品 PV1、PV2、PV3。20××年 5 月有关资料如表 5-18 和表 5-19 所示。PV2 是标准产品。

表5-18 产品成本计算单

产品类别：B类　　　　　　　　　　20××年5月　　　　　　　　　　金额单位：元

项　目	成本项目			合　计
	直接材料	直接人工	制造费用	
月初在产品	2 150	8 500	6 200	16 850
本月生产费用	242 000	617 380	521 000	1 380 380
生产费用合计	244 150	625 880	527 200	1 397 230
完工产品成本	231 000	601 000	510 000	1 342 000
月末在产品成本	13 150	24 880	17 200	55 230

表5-19 产品消耗定额和产量记录

产品类别：B类　　　　　　　　　　20××年5月

产品名称	产量（件）	材料消耗定额（千克）	工时消耗定额（元）
PV1	12 000	18	15
PV2	10 000	20	13
PV3	14 000	23	14

要求：

（1）计算PV1、PV2、PV3三种产品的材料定额消耗量系数和定额工时系数（见表5-20）。

（2）计算B类PV1、PV2、PV3三种产品完工产品成本和单位产品成本（见表5-20）。

表5-20 类内各种产品成本计算表

产品类别：B类　　　　　　　　　　20××年5月　　　　　　　　　　金额单位：元

项目	产量（件）	原材料费用系数	定额工时系数	费用总系数		总成本			合计	单位成本
				投料总系数	投工总系数	直接材料	直接人工	制造费用		
	①	②	③	④=①×②	⑤=①×③	⑥=④×分配率	⑦=⑤×分配率	⑧=⑤×分配率	⑨	
分配率										
PV1										
PV2										
PV3										
合计										

5．乙产品所需A、B材料均系开工时一次投入，A材料消耗定额由5.5千克降为5千克。

220 | 成本会计实务

20××年9月乙产品定额成本如表5-21所示。

表5-21　乙产品定额成本　　　　　　　　　　　　　　　　　　　金额单位：元

项　　目	定额耗用量（千克）	计 划 单 价	费 用 定 额
材料费用A	5.5	4	22
材料费用B	2	3	6
直接人工	7	9	63
制造费用	7	6	42
定额成本合计			133

乙产品月初在产品50件，本月投产200件，完工220件，月末在产品30件，月末在产品按50%完工程度计算，材料成本差异为1%，本月耗用A材料实际数量为1 200千克，B材料为450千克，实际生产工时为1 480小时，实际小时工资率为10元，实际小时制造费用分配率为6.5元。9月初乙产品的月初在产品定额成本和脱离定额差异如表5-22所示。

表5-22　月初在产品定额成本和脱离定额差异　　　　　　　　　　金额单位：元

项　　目	直接材料	直接人工	制造费用	合　　计
月初在产品定额成本	1 400	1 575	1 050	4 025
月初在产品实际成本（成本账）	1 500	1 650	1 200	4 350
脱离定额差异	100	75	150	325

要求：根据以上资料，计算乙产品9月完工产品的定额成本和实际成本，并填表5-23。

表5-23　产品成本计算单

产品名称：乙　　　　　　　　　20××年9月　　　　　　　　　　金额单位：元

项　　目		直接材料	直接人工	制造费用	合　　计
月初在产品成本	定额成本				
	脱离定额差异				
月初在产品定额变动	定额成本调整				
	定额变动差异				
本月生产费用	定额成本				
	脱离定额差异				
	材料成本差异				
生产费用合计	定额成本				
	脱离定额差异				

续表

项　　目		直 接 材 料	直 接 人 工	制 造 费 用	合　　计
生产费用合计	材料成本差异				
	定额变动差异				
脱离定额差异分配率					
完工产品成本	定额成本				
	脱离定额差异				
	材料成本差异				
	定额变动差异				
	实际成本				
月末在产品成本	定额成本				
	脱离定额差异				

项目六
成本报表

岗位要求

知识要求:

1. 了解成本报表的概念、作用和种类。
2. 熟悉成本报表编制的要求。
3. 掌握基本成本报表的编制。

技能要求:

1. 能够根据企业管理的需要自己设计绘制适合于本企业使用的成本分析报表。
2. 能够准确计算填列成本分析报表的各项数据。
3. 能够合理使用成本报表计算结果对企业成本管理提供的有效决策支持。

任务一 概 述

【知识储备】

一、成本报表的概念

成本报表是成本管理的重要环节，是企业内部报表中的主要报表，是根据成本管理的需要，依据企业日常核算资料和其他有关资料定期或不定期编制的，用以反映和控制企业一定时期产品成本水平和成本构成情况，以及有关各项费用支出情况的一种报告文件。编制成本报表是成本会计工作的重要内容，也是成本分析的重要依据。

二、成本报表的作用

成本报表是内部报表，主要为企业内部经营管理提供服务。其作用主要表现在以下几点。

（1）综合反映企业报告期内产品生产耗费和成本水平。产品成本是一项综合反映企业一定时期的生产技术和管理水平的指标，企业在报告期内的物质消耗、生产技术、工艺水平、管理能力都可以直接或间接地体现在产品成本中。通过编制成本报表能够及时发现企业在这些方面取得的成绩和存在的问题，帮助企业提高管理水平，从而提高经济效益。

（2）客观反映各成本中心的成本管理业绩，评价和考核企业成本计划的完成情况。成本报表中反映的各项指标与成本计划的对比可以清晰地反映企业一定时期的成本水平、成本计划完成情况、成本变动状况等，对企业加强成本管理具有重要作用。

（3）作为成本分析的重要依据，有利于日常成本控制工作的有效进行，同时为例外管理提供必要的信息。对成本报表的分析，可以及时发现成本管理中存在的问题，使成本管理者发现成本的变化，从而对一些不正常的变化及时做出反应，采取有针对性的措施，帮助企业不断降低成本，提高经济效益。

（4）为制定和及时修订成本计划、确定产品价格提供重要依据，为企业进行成本、利润的预测、决策提供信息。

三、成本报表的种类

（一）按报表反映的内容分类

1. 反映成本计划执行情况的报表

主要产品总生产成本表、主要产品单位生产成本表等就属于这类报表。通过这类报表可以反映企业某种产品的成本是否完成了计划，进而进行成本分析，查找未完成计划的原因，从而加强成本控制。

2. 反映费用支出情况的报表

制造费用明细表、财务费用明细表、管理费用明细表、销售费用明细表等就属于这类报表。这类报表可以反映企业在一定时期某种费用的支出总额及其构成情况，帮助企业经营者了解费用支出的变动趋势，考核各项费用指标的完成情况。

3. 反映生产经营情况的报表

生产情况表、材料耗用表、材料差异分析表、质量成本表等就属于这类报表。这些报表的格式可以根据企业的实际管理要求来设置。

（二）按报表编制的时间分类

1. 定期报表

定期报表可以是年报、季报、月报、旬报、周报、日报等。产品生产成本表、主要产品单位成本表、制造费用明细表、管理费用明细表、营业费用明细表、财务费用明细表等就属于定期报表。

2. 不定期报表

这类报表是针对成本管理中出现的某些问题或急需解决的问题而随时按要求编制的。有关的成本费用表等就属于不定期报表。

本项目重点介绍产品生产成本表、主要产品单位成本报表和制造费用明细表等主要报表。

四、成本报表的编制要求

（一）内容完整

内容完整是要求报表种类齐全，应填列的指标和文字说明必须全面，报表项目设计完整，分析计算清晰。

（二）数据准确

数据准确是要求报表中的各项数据必须真实可靠，不能随意编造、篡改数据、弄虚作假。因此，企业在编制报表前，应将所有有关的经济业务入账，核对凭证、账簿、报表，核对账簿与实物，再据以编制成本报表，做到数据一致、准确。

（三）报送及时

报送及时是要求根据企业管理部门的需要及时编制所需的报表，使报表发挥应有的作用。

任务二　产品生产成本表的编制

【知识储备】

一、产品生产成本表的概念和作用

产品生产成本表是反映企业在报告期内生产的全部产品（包括可比产品和不可比产品）的总成本和各主要产品的单位成本的会计报表。

产品生产成本表的作用是考核企业全部产品生产成本计划的执行情况以及可比产品成本降低任务的完成情况，以便分析成本增减变化的原因，指出进一步降低成本的途径。

可比产品是指企业过去年度曾经正式生产过的、有完整的成本资料可以进行比较的产品。

不可比产品是指企业本年度初次生产的新产品，或虽非初次生产，但以前仅属试制而未正式投产、缺乏可比性成本资料的产品。

二、产品生产成本表的结构

产品生产成本表一般分为两种：一种是按成本项目反映的产品生产成本表；另一种是按产品种类反映的产品生产成本表。

（一）按成本项目反映的产品生产成本表

按成本项目反映的产品生产成本表，汇总反映企业在报告期发生的全部生产费用和全部产品总成本。利用该表可以定期考核和分析企业全部生产费用和全部产品总成本计划的完成情况。按成本项目反映的产品生产成本表如表6-1所示。

表6-1　产品生产成本表（按成本项目反映）

20××年12月　　　　　　　　　　　　　　　　金额单位：元

项　　目	上年实际	本年计划	本月实际	本年累计实际
生产费用：				
直接材料	247 000	245 000	19 445	246 460
直接人工	191 000	190 135	15 820	192 120
制造费用	113 800	110 000	9 100	113 100
生产费用合计	551 800	545 135	44 365	551 680
加：在产品、自制半成品的期初余额	13 000	13 400	14 089	12 036
减：在产品、自制半成品的期末余额	18 800	18 225	19 000	19 000
产品生产成本合计	546 000	540 310	39 454	544 716

表中各项目填列方法：本年计划数根据有关计划资料填写；本月实际数根据本月相关成本资料填列；本年累计实际数根据本月实际数加上上月本表的本年累计实际数计算填列。上年实际数根据上年12月本表的本年累计实际数填列。

（二）按产品种类反映的产品生产成本表

按产品种类反映的产品生产成本表分为基本报表和补充资料两部分。基本报表部分，反映可比产品、不可比产品和全部产品的本月总成本和本年累计总成本，对于其中各种主要产品，还分别反映其实际产量、单位成本、本月总成本和本年累计总成本。补充资料部分，主要反映可比产品成本的降低额和降低率等资料。

按产品种类反映的产品生产成本表如表6-2所示。

表6-2　产品生产成本表（按产品种类反映）

20××年12月　　　　　　　　　　　　　　　金额单位：元

品名	产量本月	产量本年累计	单位成本上年实际平均	单位成本本年计划	单位成本本月实际	单位成本本年累计实际平均	本月总成本按上年实际平均单位成本计算	本月总成本按本年计划单位成本计算	本月实际	本年累计总成本按上年实际平均单位成本计算	本年累计总成本按本年计划单位成本计算	本年实际
列号及公式	(1)	(2)	(3)	(4)	(5)=(9)÷(1)	(6)=(12)÷(2)	(7)=(3)×(1)	(8)=(4)×(1)	(9)	(10)=(3)×(2)	(11)=(4)×(2)	(12)
可比产品 其中：												
甲产品	200	2 300	251	249	250	250	50 200	49 800	50 000	577 300	572 700	575 000
乙产品	300	3 580	143	141	142	142.46	42 900	42 300	42 600	511 940	504 780	510 010
小　计	500	5 880					93 100	92 100	92 600	1 089 240	1 077 480	1 085 010
不可比产品												
丙产品	180	2 000		108	109	109.05		19 440	19 620		216 000	218 100
合　计								111 540	112 220		1 293 480	1 303 110

补充资料：1.可比产品成本降低额为4 230；2.可比产品成本降低率为0.388%；3.计划成本降低额为2 825，降低率为0.319%。（表中：可比产品成本降低额=1 089 240−1 085 010 = 4 230，可比产品成本降低率=4 230÷1 089 240×100%= 0.388%。）

表6-2中,"产量"分别填列本月和自年初起到本月末止的各种产品生产的实际产量。"单位成本"中"上年实际平均"单位成本根据上年的成本资料获得;"本年计划"单位成本根据本年成本计划资料获得;"本月实际"单位成本由本月实际总成本除以本月产量获得;"本年累计实际平均"单位成本根据本年成本资料中的累计总成本数额除以本年累计产量获得;"本月总成本"按本月实际产量分别乘以上年实际平均单位成本、本年计划单位成本和本月实际单位成本的乘积求得;"本年累计总成本"按本年实际产量分别乘以上年实际平均单位成本、本年计划单位成本、本年实际单位成本的乘积求得;补充资料,根据上述资料计算填写。

其中,有关可比产品成本降低额和成本降低率的计算公式如下。

可比产品成本降低额=可比产品按上年实际平均单位成本计算的本年累计总成本−可比产品本年累计实际总成本

$$可比产品成本降低率 = \frac{可比产品成本降低额}{按上年实际平均单位计算的本年累计总成本}$$

【任务案例6-1】产品生产成本表的编制(按产品种类反映)

某企业20××年12月有关产品成本资料如表6-3所示,完成产品生产成本表的编制。

表6-3 产品成本资料

金额单位:元

品 名	产 量		单 位 成 本		总 成 本	
	本 月	本年累计	上年实际	本年计划	本月实际	本年实际
可比产品						
其中:						
N产品	500	5 700	80	78	39 500	450 300
P产品	650	7 000	110	107	70 200	763 000
不可比产品						
H产品	400	5 000		130	52 400	660 000

【任务实施】

步骤1:根据上述资料编制产品生产成本表(见表6-4)。

步骤2:计算成本降低额及降低率。

可比产品成本降低额=1 226 000−1 213 300=12 700(元)

可比产品成本降低率=12 700÷1 226 000×100%=1.04%

表 6-4 产品生产成本表（按产品种类反映）

20××年12月　　　　　　　　　　　　　　　金额单位：元

品 名	产量 本月	产量 本年累计	单位成本 上年实际平均	单位成本 本年计划	单位成本 本月实际	单位成本 本年累计实际平均	本月总成本 按上年实际平均单位成本计算	本月总成本 按本年计划单位成本计算	本月总成本 本月实际	本年累计总成本 按上年实际平均单位成本计算	本年累计总成本 按本年计划单位成本计算	本年累计总成本 本年实际
列号	(1)	(2)	(3)	(4)	(5)=(9)÷(1)	(6)=(12)÷(2)	(7)=(3)×(1)	(8)=(4)×(1)	(9)	(10)=(3)×(2)	(11)=(4)×(2)	(12)
可比产品 其中：												
N 产品	500	5 700	80	78	79	79	40 000	39 000	39 500	456 000	444 600	450 300
P 产品	650	7 000	110	107	108	109	71 500	69 550	70 200	770 000	749 000	763 000
小 计							111 500	108 550	109 700	1 226 000	1 193 600	1 213 300
不可比产品												
H 产品	400	5 000	150	130	131	132	60 000	52 000	52 400	750 000	650 000	660 000
合 计							171 500	160 550	162 100	1 976 000	1 843 600	1 873 300

任务拓展训练

训练1：产品生产成本表的编制。

某企业20××年12月有关产品成本资料如表6-5所示。

表 6-5 产品成本资料　　　　　　　　　　　　　金额单位：元

品 名	产量 本月	产量 本年累计	单位成本 上年实际平均	单位成本 本年计划	总成本 本月实际	总成本 本年实际
可比产品 其中：						
H 产品	400	5 000	500	480	196 000	2 350 000
L 产品	200	2 300	520	510	100 000	1 184 500
不可比产品						
K 产品	300	3 500		400	123 000	1 365 000

要求：编制产品生产成本表（含补充资料）（见表6-6）。

表6-6 产品生产成本表（按产品种类反映）

20××年12月   金额单位：元

产品名称	产量 本月	产量 本年累计	单位成本 上年实际平均	单位成本 本年计划	单位成本 本月实际	单位成本 本年累计实际平均	本月总成本 按上年实际平均单位成本计算	本月总成本 按本年计划单位成本计算	本月总成本 本月实际	本年累计总成本 按上年实际平均单位成本计算	本年累计总成本 按本年计划单位成本计算	本年累计总成本 本年实际
列号	(1)	(2)	(3)	(4)	(5)=(9)÷(1)	(6)=(12)÷(2)	(7)=(3)×(1)	(8)=(4)×(1)	(9)	(10)=(3)×(2)	(11)=(4)×(2)	(12)
可比产品												
其中：												
A产品												
B产品												
小　计												
不可比产品												
C产品												
合　计												

任务三　主要产品单位成本表的编制

【知识储备】

一、主要产品单位成本表的概念

主要产品单位成本表是反映企业在报告期内生产的各种主要产品单位成本构成及其变动情况的成本报表。主要产品是指企业经常生产的、在企业全部产品中所占比重较大，能概括反映企业生产经营主要情况的产品。由于在主要产品总成本表中各种主要产品的成本只列示总数，无法据此分析构成情况，因此要编制该表作为主要产品总成本表的补充说明。

二、主要产品单位成本表的作用

主要产品单位成本表是重要的成本报表，财务人员利用主要产品单位成本表，可以分析和考核主要产品成本计划的执行情况、单位成本的变动情况及各种主要产品的主要技术经济指标的执行情况，进而查明主要产品单位成本升降的具体原因。

三、主要产品单位成本表的结构

主要产品单位成本表如表6-7所示。

表6-7 主要产品单位成本表

品名：A产品　　　　　　　　　　　　　　　　　　　　　　　　　　售价：800元

规格：A-X　　　　　　　　　20××年12月　　　　　　　　　本月产量：1 200件

成本项目	历史先进水平	上年实际	本年计划	本月实际	本年累计实际
直接材料	300	300	300	320	3 900
直接人工	200	210	210	200	2 300
制造费用	150	160	150	140	1 600
生产成本合计	650	670	660	660	7 800
主要技术经济指标	—	—	—	—	—
1. 主要材料	—	—	—	—	—
2. 实际工时	—	—	—	—	—

该表的填列方式如下。

（1）根据成本历史资料填列各成本项目的历史先进水平的数据。

（2）根据上年度的成本资料填列各成本项目的上年实际平均单位成本的数据。

（3）根据本年计划资料填列各成本项目的本年计划单位成本的数据。

（4）根据本期实际成本资料填列各成本项目的本期实际单位成本的数据。

（5）各成本项目的本年累计实际平均单位成本的数据，根据本年1月至本期为止该种产品的各该项目总成本除以累计产量后的商数填列。

【任务案例6-2】主要产品单位成本表的编制

某企业20××年12月有关A产品本年累计产量2 600件。其成本资料如表6-8所示。

表6-8 主要产品单位成本及总成本资料

品名：A产品　　　　　　　　　　　　　　　　　　　　　　　　　售价：2 800元

规格：K-2　　　　　　　　　20××年12月　　　　　　　　　本月产量：200件

成本项目	单位成本			总成本	
	历史先进水平	上年实际	本年计划	本月实际	本年累计实际
直接材料	900	1 200	1 100	230 000	2 912 000
直接人工	450	500	510	102 000	1 352 000
制造费用	500	480	450	92 000	1 170 000
生产成本合计	1 850	2 180	2 060	424 000	5 434 000

要求：完成主要产品单位成本表的编制。

【任务实施】

步骤1：计算本月单位成本。

本月直接材料=230 000÷200=1 150（元）

本月直接人工=102 000÷200=510（元）

本月制造费用=92 000÷200=460（元）

步骤2：计算本年累计实际单位成本。

本年累计实际直接材料=2 912 000÷2 600=1 120（元）

本年累计实际直接人工=1 352 000÷2 600=520（元）

本年累计实际制造费用=1 170 000÷2 600=450（元）

步骤3：编制主要产品单位成本表（见表6-9）。

表6-9 主要产品单位成本表

品名：A产品　　　　　　　　　　　　　　　　　　　　　　　　　　售价：2 800元

规格：K-2　　　　　　　　　20××年12月　　　　　　　　　本月产量：200件

成 本 项 目	历史先进水平	上 年 实 际	本 年 计 划	本 月 实 际	本年累计实际
直接材料	900	1 200	1 100	1 150	1 120
直接人工	450	500	510	510	520
制造费用	500	480	450	460	450
生产成本合计	1 850	2 180	2 060	2 120	2 090
主要技术经济指标	—	—	—	—	—
1. 主要材料	—	—	—	—	—
2. 实际工时	—	—	—	—	—

任务拓展训练

训练2：主要产品单位成本表的编制。

某企业甲产品20××年12月有关产品成本资料如表6-10所示，本年累计产量6 200件。

表6-10 主要产品单位成本及总成本资料

品名：甲产品　　　　　　　　　　　　　　　　　　　　　　　　　　售价：4 300元

产品规格：A-4　　　　　　　　20××年12月　　　　　　　　　本月产量：500件

成 本 项 目	单位成本			总成本	
	历史先进水平	上 年 实 际	本 年 计 划	本 月 实 际	本年累计实际
直接材料	1 500	1 600	1 500	760 000	9 796 000

续表

成本项目	单位成本			总成本	
	历史先进水平	上年实际	本年计划	本月实际	本年累计实际
直接人工	600	650	650	330 000	4 092 000
制造费用	500	550	500	250 000	3 224 000
生产成本合计	2 600	2 800	2 650	1 340 000	17 112 000

要求：编制主要产品单位成本表（见表6-11）。

表6-11 主要产品单位成本表

品名：甲产品　　　　　　　　　　　　　　　　　　　　　　　售价：4 300元
产品规格：A-4　　　　　　　　20××年12月　　　　　　　　本月产量：500件

成本项目	历史先进水平	上年实际	本年计划	本月实际	本年累计实际
直接材料					
直接人工					
制造费用					
生产成本合计					
主要技术经济指标	—	—	—	—	—
1. 主要材料	—	—	—	—	—
2. 实际工时	—	—	—	—	—

任务四　制造费用明细表的编制

【知识储备】

一、制造费用明细表的概念

制造费用明细表是重要的成本报表之一，它是反映企业在一定时期内为组织和管理生产活动所发生的各项费用的总额和各项明细项目数额的报表。

二、制造费用明细表的作用

企业的财务人员可以利用制造费用明细表来考核企业制造费用的构成和变动情况，考核制造费用计划的执行情况，以便有针对性地采取措施，降低费用，从而降低产品的制造成本。

三、制造费用明细表的结构

制造费用明细表的结构如表6-12所示。

表 6-12 制造费用明细表

20××年12月　　　　　　　　　　　　　　　　　金额单位：元

项　　目	上年同期实际	本月实际	本年计划	本年累计
机物料消耗	20 500	21 000	240 000	250 500
职工薪酬	148 000	150 000	1 600 000	1 680 000
办公费	47 000	50 000	490 000	500 000
折旧费	41 000	40 000	498 000	490 000
水电费	9 000	10 000	100 500	108 700
低值易耗品摊销	5 200	5 000	60 500	60 000
劳动保护费	18 000	20 000	205 000	209 000
运输费	13 000	15 000	150 000	150 200
租赁费	25 000	24 000		
其他				
合　　计	326 700	335 000	3 344 000	3 448 400

本表本年计划数根据成本计划中的制造费用计划数填列；上年同期数根据上年同期本表的本年累计数填列；本年累计数根据本表的本月数和上月本表的本年累计数填列。注意，如果上年本表的项目与本年不一致，应将上年的有关项目按本年度表中项目调整数填列。

知识窗

除了上述成本报表，企业还要根据成本管理的实际需要编制其他成本报表，如责任成本报表、生产损失报表等。因为这些报表是根据企业的实际管理需要而编制的，因此形式灵活。

1. 责任成本报表

责任成本报表是实行责任成本预算和核算的企业，根据各成本中心的日常责任成本核算资料编制的，用以反映和考核责任成本预算执行情况的报表。责任成本是指成本中心的可控成本，包括可控变动成本和可控固定成本。责任成本报表的详细程度根据各级成本管理人员的信息需求而定。一般来讲，低层次的责任成本报表较详细，高层次的责任成本报表较概括。

责任成本报表的核心内容是揭示差异。预算数小于实际数而形成的差异称为"不利差异"，表示可控成本的超支；预算数大于实际数而形成的差异称为"有利差异"，表示可控成本的节约。

责任成本报表的一般格式如表 6-13 所示。

在表 6-13 中，第（1）列按成本中心的责任成本预算填列；第（2）列是实际产量、标准单耗及标准单价的乘积；第（3）列根据成本中心的实际成本资料填列；第

（5）列根据成本中心的成本和有关差异账户的数据填列。

表6-13 责任成本报表

20××年1月　　　　　　　　　　　　　　　　　　　金额单位：元

项目	预算	调整预算	实际	业务量差异	耗费或效率差异
列号	（1）	（2）	（3）	（4）=（2）-（1）	（5）
直接材料	40 000	43 000	42 000	+3 000	
材料耗用量差异					-1 000
直接人工	25 000	23 000	26 000	-2 000	
效率差异					-2 000
工资率差异					+5 000
变动制造费用	15 000	16 800	16 000	+1 800	
效率差异					+900
耗用差异					-1 700
可控变动成本合计	80 000	82 800	84 000	+2 800	+1 200
管理人员工资	11 000	12 000	9 600	+1 000	-400
折旧	30 000	30 000	30 000	0	0
可控固定成本合计	41 000	42 000	39 600	+1 000	-400
可控成本合计	121 000	124 800	123 600	+3 800	+800

2. 生产损失报表

生产损失报表是为了分析各项生产损失产生的原因而编制的。生产损失报表可以根据"停工损失"和"废品损失"等账户的记录或其他原始凭证填列。生产损失报表的一般格式如表6-14所示。

表6-14 生产损失报表

20××年1月　　　　　　　　　　　　　　　　　　　金额单位：元

项目		原因	数量	工时	报废净损失					修复费用			合计
					生产成本				残值回收	净损失	直接材料	直接人工	制造费用	
					直接材料	直接人工	制造费用	合计					
废品损失	可修复废品损失												
	不可修复废品损失												
	合计												
停工损失		工资及福利费		办公费		折旧费		其他			合计		

基础知识测评

一、单项选择题

1. 下列不属于成本报表的是（　　）。
   A. 产品总成本表 B. 主要产品单位成本表
   C. 现金流量表 D. 制造费用明细表

2. 成本报表是服务于（　　）的报表。
   A. 企业内部经营管理和外部有关管理当局监督管理
   B. 企业内部经营管理
   C. 企业外部有关管理当局监督管理
   D. 外部有关投资者

3. 成本报表是（　　）。
   A. 对内报表 B. 对外报表
   C. 既是对内报表又是对外报表 D. 由企业决定是对内报送还是对外报送

4. 产品总成本报表是反映企业在报告期内生产（　　）。
   A. 全部产品的单位成本 B. 主要产品的单位成本
   C. 主要产品的总成本 D. 全部产品的总成本

5. 成本报表是向企业经营管理者提供成本资料，进行成本分析和成本决策的（　　）会计报表。
   A. 静态 B. 动态 C. 内部管理 D. 外部管理

6. 所有产品本年实际产量按本年计划单位成本计算的总成本，减去本年累计实际总成本，等于（　　）。
   A. 实际成本降低额 B. 实际成本降低率
   C. 计划成本降低额 D. 计划成本降低率

7. 产品生产成本表可以反映（　　）。
   A. 某产品单位成本的成本项目构成
   B. 某主要产品各成本项目计划完成情况
   C. 全部产品的成本计划完成情况
   D. 制造费用、销售费用、财务费用的预算执行情况

8. 在主要产品单位成本表中，不需要反映的指标是（　　）。
   A. 上年实际平均单位成本 B. 本年计划单位成本
   C. 本月实际单位成本 D. 本月实际总成本

9. 企业在编制销售费用明细表、管理费用明细表时，应注意与（　　）中的对应项目数

额一致。

    A．资产负债表　　　　　　　　B．主要产品单位成本表

    C．利润表　　　　　　　　　　D．现金流量表

10．成本中心的责任成本报表，一般只需要按该责任中心的（　　）列示。

    A．变动成本　　　　　　　　　B．固定成本

    C．可控成本　　　　　　　　　D．不可控成本

二、多项选择题

1．成本报表的作用在于（　　）。

    A．客观反映各成本中心的管理业绩

    B．考核企业成本计划的完成情况

    C．为企业确定产品价格提供重要依据

    D．是进行成本分析的重要依据

2．编制成本报表的基本要求是（　　）。

    A．数字准确　　B．格式统一　　C．内容完整　　D．编报及时

3．在按成本项目反映的产品生产成本表中反映的指标有（　　）。

    A．本年计划数　　　　　　　　B．本月实际数

    C．本年累计数　　　　　　　　D．上年计划数

4．工业企业一般编制的成本报表包括（　　）。

    A．产品生产成本表　　　　　　B．管理费用明细表

    C．主要产品单位成本表　　　　D．制造费用明细表

5．编制按产品种类反映的产品生产成本表的作用在于（　　）。

    A．分析管理费用降低任务的完成情况

    B．考核可比产品成本计划的完成情况

    C．分析不可比产品成本计划的完成情况

    D．分析制造费用降低任务的完成情况

6．按产品种类反映的产品生产成本表中对于可比产品需要列出的单位成本有（　　）。

    A．上年实际平均单位成本　　　B．本年计划单位成本

    C．本月实际单位成本　　　　　D．本年累计实际平均单位成本

7．企业编制的成本报表中，除了产品生产成本表和主要产品单位成本表外，还要编制的其他成本报表有（　　）。

    A．制造费用明细表　　　　　　B．财务费用明细表

    C．管理费用明细表　　　　　　D．销售费用明细表

8．企业编制成本报表的主要依据有（　　）等。

    A．报告期的成本核算资料、成本计划、费用预算等资料

B．上一会计年度的会计报表、成本核算资料

C．以前年度的会计报表、成本核算资料

D．统计资料

9．反映费用支出情况的报表有（　　）。

A．制造费用明细表　　　　　　B．管理费用明细表

C．销售费用明细表　　　　　　D．财务费用明细表

10．制造费用明细表是按费用项目反映企业一定时期内的制造费用，表中的栏目指标有（　　）。

A．上年同期实际　　　　　　　B．本月实际

C．本年计划　　　　　　　　　D．上年累计

11．主要产品单位成本表要求按成本项目列示出（　　）等内容。

A．历史先进水平　　　　　　　B．上年实际平均水平

C．本年计划水平　　　　　　　D．标准成本水平

三、判断题

1．产品总成本表是反映企业在报告期内生产的全部产品的总成本的报表。（　　）

2．企业编制的成本报表一般不对外公布，所以，成本报表的种类、项目和编制方法可由企业自行确定。（　　）

3．企业编制的所有成本报表中，产品总成本表是最主要的报表。（　　）

4．利用产品总成本表可以计算出可比产品和不可比产品成本的各种总成本和单位成本。（　　）

5．不同时期的产品总成本表只能对比，不能进行累加。（　　）

6．主要产品单位成本表中的一些数字，可以在产品总成本表中找到。（　　）

7．主要产品单位成本表是按照产品的成本项目分别反映产品成本的单位资料。（　　）

8．按现行制度规定，企业必须按时向工商、税务、财政、银行等部门报送成本报表。（　　）

9．制造费用明细表的本期合计数应与制造费用总账的本期借方发生额合计数额相等。（　　）

10．成本报表是服务于企业内部经营管理的报表，因此企业有权决定成本报表的报送对象。（　　）

岗位能力测评

某企业20××年12月有关产品产量、单位成本和总成本的资料如表6-15所示。

表 6-15　产品成本资料　　　　　　　　　　　　　　　　　　　　金额单位：元

产品名称	产量 本月	产量 本年累计	单位成本 上年实际平均	单位成本 本年计划	总成本 本月实际	总成本 本年实际
可比产品						
其中：						
A 产品	200	2 500	1 500	1 400	290 000	3 625 000
B 产品	180	2 100	400	380	64 800	756 000
不可比产品						
C 产品	180	2 150		700	127 800	1 483 500
D 产品	200	2 200		1 150	232 000	2 552 000

要求：根据上述资料，编制产品生产成本表（见表6-16）。

表 6-16　产品生产成本表
20××年12月　　　　　　　　　　　　　　　　　　　　　　　　金额单位：元

产品名称	实际产量 本月	实际产量 本年累计	单位成本 上年实际平均	单位成本 本年计划	单位成本 本月实际	单位成本 本年累计实际平均	本月总成本 按上年实际平均单位成本计算	本月总成本 按本年计划单位成本计算	本月实际	本年累计总成本 按上年实际平均单位成本计算	本年累计总成本 按本年计划单位成本计算	本年实际
列号	(1)	(2)	(3)	(4)	(5)=(9)÷(1)	(6)=(12)÷(2)	(7)=(3)×(1)	(8)=(4)×(1)	(9)	(10)=(3)×(2)	(11)=(4)×(2)	(12)
可比产品												
其中：												
A 产品												
B 产品												
小　计												
不可比产品												
C 产品												
D 产品												
小　计												
合　计												

项目七
成本分析

岗位要求

知识要求：

1. 了解成本分析的概念、意义和一般程序。
2. 熟悉成本分析的方法和内容。

技能要求：

1. 能够熟练完成成本分析各项指标的计算。
2. 运用成本分析的方法进行企业成本的基本分析。

任务一　成本分析概述

【知识储备】

一、成本分析的概念

成本分析是成本核算工作的延续，是以企业成本核算的结果和相关资料为基础，采用一定的方法对企业成本的构成、变动以及成本变动的形成原因进行分析的一项管理活动。成本分析是企业财务分析的一项重要内容，成本分析的结果是企业进行生产经营决策的基本依据。

二、成本分析的意义

（1）考核企业成本计划的执行情况，为评价企业成本管理工作、奖优罚劣提供依据。

（2）掌握成本的变化状况，发现成本变化的规律，为企业编制成本计划和进行成本决策提供依据。

（3）找到企业成本管理中存在的问题和差距，挖掘成本降低潜力，提高企业经济效益。

（4）帮助企业管理者划分经济责任，健全成本管理制度，检查成本管理的法规和制度的合理性和执行情况。

三、成本分析的一般程序

1. 确定成本分析对象

确定成本分析对象，是指搞清楚是对什么进行分析，是分析材料成本、员工成本、销售费用、管理费用还是财务费用，是分析单位成本还是总成本。

另外，需注意的是，在分析过程中，最忌讳出现什么都想分析但都分析不到位的情况。因此，一个阶段的重点分析对象不可太多，时间精力有限，要用有限的时间去做最有价值的事情。

2. 收集、汇总成本分析数据

企业要围绕要分析的成本对象收集数据。如果数据不全，就会导致分析结果失去价值。因此，数据的收集和汇总非常关键。收集的数据必须及时、完整、正确。只有这样，才能保证分析结果的质量。

3. 选用恰当的分析方法

简单实用的方法才是好方法，好的分析方法要实用、容易得出结论且能让老板看懂。同时，如果分析方法不合理，就很难保证分析结果的正确性。

4. 得出分析结论

在做成本分析报告时，需注意的是，分析要客观，结论一定要鲜明简练。

5. 提出优化改进建议

分析人员要根据分析结果对企业的成本管理提出合理化建议。由于他们对成本信息掌握得最全面，对整个分析过程也最了解，因此他们提出优化和改进的建议非常有价值，这也是成本分析的精华部分。

四、成本分析的方法

（一）比较分析法

比较分析法是将分析期的实际数与某些选定的基准数进行对比，从而进行分析的一种方法。

由于分析者的目的不同，因此对比的基数也有所不同。一般来说，对比的基数有计划数、定额数、以往年度同期实际数，以及本企业历史最好水平和国内外同行业先进水平等。

在基数的选择上要注意应具有一定的可比性，需要考虑的因素有企业所属的行业的一致性、对比指标的内容的一致性、对比时期的一致性、指标数值计算方法的一致性。另外，还要考虑企业外部经济环境的影响和一些非常规事件对企业成本变化的影响等。

（二）比率分析法

比率分析法是通过计算有关指标之间的相对数，即比率，进行分析评价的一种方法。比率分析法主要有三种：相关比率分析法、构成比率分析法和趋势比率分析法。

1. 相关比率分析法

相关比率分析法是通过计算两个性质不完全相同但相关的指标的比率，进而进行分析的一种方法。通常计算的相关比率有产值成本率、销售收入成本率、成本利润率、存货周转率等。

在实际工作中，直接进行有关数值大小的比较，有时并不一定得出正确的结论。例如，某企业去年的收入为200万元，今年的收入为300万元，直接比较我们可以认为是利润在增长，但如果该企业去年的成本为150万元，今年的成本为250万元，那么其利润就没有增长，这样就得出了两种不同的结论。如果应用成本利润率进行比率分析，去年的成本利润率为0.33，今年的成本利润率为0.2，则说明今年的投入大了，但利润没有提高到相应的数值，情况不容乐观。

在采用该方法进行分析时应考虑的影响因素有：对比项目一定要具有相关性，计算时数据范围要保持口径一致，衡量标准的选择要有科学性。

2. 构成比率分析法

构成比率分析法是通过计算某项指标的各个组成部分占总体的比重，即部分与总体的比率，进而进行分析的一种方法。例如，计算资产中流动资产、固定资产、无形资产分别占有的比重是多少，成本中各个成本项目分别占有的比重是多少等。

利用构成比率分析法，可以考察企业成本结构是否合理，通过对成本结构的调整达到提高生产技术水平、降低成本、提高企业经济效益的目的。

3. 趋势比率分析法

趋势比率分析法是指对某项经济指标不同时期数值进行对比，计算出比值，分析其增减变动的速度和发展趋势的一种方法。由于计算时采用的基期数值不同，趋势比率又分为定基比率和环比比率两种形式：

$$定基比率=分析期数值÷固定基期数值×100\%$$

$$环比比率=分析期数值÷前一期数值×100\%$$

任务二　产品总成本分析

【知识储备】

一、按成本项目反映的产品生产成本表的分析

按成本项目反映的产品生产成本表的分析主要是根据产品成本构成的直接材料、直接人工和制造费用等各个成本项目相对于成本计划的完成情况进行分析，利用上年实际、本年计划、本月实际、本年累计实际等各项指标，在各个月份对成本计划完成情况进行对比分析，从而随时监控成本计划的完成情况，发现各成本项目数据的增减变动情况，以及对整个成本计划完成的影响，从而为以后生产阶段降低成本、努力完成成本计划提供决策依据。

二、按产品种类反映的产品生产成本表的分析

按产品种类反映的产品生产成本表的分析，一般可以从以下两个方面进行：一是本期实际成本与计划成本的对比分析；二是本期实际成本与上年实际成本的对比分析。

（一）本期实际成本与计划成本的对比分析

本期实际成本与计划成本的对比分析，主要是将全部产品和各主要产品的本月实际总成本、本年累计实际总成本，分别与本月计划总成本、本年累计计划总成本进行比较，确定全部产品和各主要产品实际成本与计划产品的差异，了解成本计划的执行结果。

（二）本期实际成本与上年实际成本的对比分析

本期实际成本与上年实际成本的对比分析，主要是分析可比产品成本本期比上期的升降情况。如果企业规定了可比产品成本降低计划，还应进行可比产品成本降低计划执行结果分析。

（1）可比产品升降情况分析。可比产品升降情况分析，可以按产品品种进行，也可以按全部可比产品进行。可比产品成本的降低计划一般按全部可比产品综合规定，因此可比产品成本降低计划执行结果分析一般按全部可比产品综合进行。进行这方面的分析，不仅要根据生产成本表中列示的全部可比产品及各种可比产品的本月实际总成本，与其本月产量按上年实际平均

单位成本计算的总成本相比较；还要将本年累计实际总成本，与其本年累计产量按上年实际平均单位成本计算的总成本进行比较。

（2）可比产品成本降低计划执行结果的分析。可比产品成本的计划降低额是根据各种产品的计划产量确定的，实际降低额是根据实际产量计算的。在产品品种比重和产品单位成本不变的情况下，产量增减会使成本降低额发生同比例的增减，但由于按上年实际平均单位成本计算的本年累计总成本也发生了同比例增减，因此不会使成本降低率发生变动。

可比产品成本降低额＝可比产品按上年实际平均单位成本计算的本年累计总成本－可比产品本年累计实际总成本

$$可比产品成本降低率=\frac{可比产品成本降低额}{按上年实际平均单位成本计算的本年累计总成本}$$

上面的第二个公式可以变形如下。

$$可比产品成本降低率=\frac{可比产品上年实际平均单位成本\times本年累计总产量-可比产品本年实际平均单位成本\times本年累计总产量}{可比产品上年实际平均单位成本\times本年累计总产量}$$

从上面的公式可以看出，分子分母中都有"本年累计总产量"，可以约去，因此产量变动不用会影响成本降低率。产品单位成本的变动，则会使成本降低额和降低率同时发生变动。产品成本降低会使成本降低额和降低率增加；反之，则会减少。此外，由于各种产品的成本降低程度不同，因此产品品种比重的变动，也会使成本降低额和降低率同时发生变动。成本降低程度大的产品比重增加会使成本降低额和降低率增加；反之，则会减少。因此，影响可比产品成本降低率的因素有两个：产品单位成本和产品品种比重变动。影响可比产品成本降低额的因素有三个：产品单位成本、产品品种比重变动和产量变动。

【任务案例7-1】产品总成本分析（按成本项目反映）

某企业产品生产成本表如表7-1所示，试分析产品总成本。

表7-1 产品生产成本表（按成本项目反映）　　　　　　　　　金额单位：元

项　　目	上年实际	本年计划	本月实际	本年累计实际
生产费用：				
直接材料	289 000	284 900	27 446	291 000
直接人工	162 000	160 435	15 020	160 110
制造费用	98 500	97 500	8 200	98 310
生产费用合计	549 500	542 835	50 666	549 420
加：在产品、自制半成品的期初余额	2 600	2 468	2 389	2 503
减：在产品、自制半成品的期末余额	2 550	2 420	2 530	2 068
产品生产成本合计	549 550	542 883	50 525	549 855

【任务实施】

步骤1：一般分析。

本年产品生产成本的合计数为549 855元，高于本年计划数，可见该产品的成本没有完成成本计划。其原因主要是，生产费用中的直接材料和制造费用没有达到计划要求；本年生产成本合计（549 855元）高于去年实际成本，没有降低，主要是材料成本提高造成的。

步骤2：成本项目分析。

在表7-1的各项生产成本中，将直接材料成本、直接人工成本和制造费用本年累计实际数与本年计划数相比，分析没有完成计划的原因。

（1）本年累计实际成本构成比率：

直接材料成本比率=291 000÷549 420×100%=52.96%

直接人工成本比率=160 110÷549 420×100%=29.14%

制造费用成本比率=98 310÷549 420×100%=17.9%

（2）本月实际成本构成比率：

直接材料成本比率=27 446÷50 666×100%=54.17%

直接人工成本比率=15 020÷50 666×100%=29.64%

制造费用成本比率=8 200÷50 666×100%=16.19%

（3）本年计划成本构成比率：

直接材料成本比率=284 900÷542 835×100%=52.48%

直接人工成本比率=160 435÷542 835×100%=29.55%

制造费用成本比率=97 500÷542 835×100%=17.97%

（4）上年实际成本构成比率：

直接材料成本比率=289 000÷549 500×100%=52.59%

直接人工成本比率=160 435÷549 500×100%=29.48%

制造费用成本比率=98 500÷549 500×100%=17.93%

根据上述构成比率可以看出，本年累计实际成本与本年计划相比，材料成本比重稍有上升，人工成本比重稍有下降，制造费用比重基本持平；本年实际与上年实际相比，材料成本比重上升，人工成本比重下降，制造费用比重基本没变。综合以上情况，应该找到材料成本上升的主要原因并加以控制。

【任务案例7-2】产品总成本分析（按产品种类反映）

某企业产品生产成本表如表7-2所示。

表 7-2 产品生产成本表（按产品种类反映）

20××年12月　　　　　　　　　　　　　　　　　　　金额单位：元

产品名称	产量 本月	产量 本年累计	单位成本 上年实际平均	单位成本 本年计划	单位成本 本月实际	单位成本 本年累计实际平均	本月总成本 按上年实际平均单位成本计算	本月总成本 按本年计划单位成本计算	本月总成本 本月实际	本年累计总成本 按上年实际平均单位成本计算	本年累计总成本 按本年计划单位成本计算	本年累计总成本 本年实际
列号	(1)	(2)	(3)	(4)	(5)=(9)÷(1)	(6)=(12)÷(2)	(7)=(3)×(1)	(8)=(4)×(1)	(9)	(10)=(3)×(2)	(11)=(4)×(2)	(12)
可比产品 其中：												
A 产品	200	2 500	80	78	79	79.2	16 000	15 600	15 800	200 000	195 000	198 000
B 产品	300	3 500	120	117	119	116.5	36 000	35 100	35 700	420 000	409 500	407 750
小　计	500						52 000	50 700	51 500	620 000	604 500	605 750
不可比产品												
C 产品	180	2 000	210	208	209	210		37 440	37 620		416 000	420 000
合　计								88 140	89 120		1 020 500	1 025 750

要求：进行产品总成本分析。

【任务实施】

步骤1：一般分析。

从表7-2可以看出，全部产品的本年实际数1 025 750元大于本年计划数1 020 500元，总体来讲，计划执行情况不好。按品种来看会发现，虽然B产品完成了计划，但是A产品和C产品都没有完成计划，这两种产品的成本要加强控制。

步骤2：可比产品成本升降情况分析。

从表7-2可以发现，虽然A、B两种产品与上年实际相比成本都降低了（198 000元＜200 000元，407 750元＜420 000元），但是还没有完成成本计划。要查找具体原因，是计划制定不合理还是成本控制过程有问题。可比产品成本降低计划执行结果分析如下：

可比产品成本降低额＝620 000－605 750＝14 250（元）

可比产品成本降低率＝14 250÷620 000×100%＝2.3%

通过上述分析可以发现，可比产品成本降低了14 250元，降低率为2.3%，降幅还是不小的。

任务拓展训练

训练 1：产品总成本分析（按成本项目反映）。

某公司按成本项目反映的产品生产成本表如表 7-3 所示。

表 7-3　产品生产成本表（按成本项目反映）　　　　　　　　　　　　　金额单位：元

项　　目	上年实际	本年计划	本月实际	本年累计实际
生产费用：				
直接材料	460 000	458 900	37 500	459 000
直接人工	361 000	360 400	22 850	362 110
制造费用	121 000	120 500	9 100	122 310
生产费用合计	942 000	939 800	69 450	943 420
加：在产品、自制半成品的期初余额	3 100	2 879	2 389	2 503
减：在产品、自制半成品的期末余额	2 210	2 450	2 530	2 068
产品生产成本合计	942 890	940 229	69 309	943 855

要求：试分析产品总成本。

训练 2：产品总成本分析（按产品种类反映）。

甲企业按产品种类反映的产品生产成本表如表 7-4 所示。

要求：试分析产品总成本。

表 7-4　产品生产成本表（按产品种类反映）

20××年 12 月　　　　　　　　　　　　　　　　　　　　　金额单位：元

产品名称	实际产量 本月	实际产量 本年累计	单位成本 上年实际平均	单位成本 本年计划	单位成本 本月实际	单位成本 本年累计实际平均	本月总成本 按上年实际平均单位成本计算	本月总成本 按本年计划单位成本计算	本月总成本 本月实际	本年累计总成本 按上年实际平均单位成本计算	本年累计总成本 按本年计划单位成本计算	本年累计总成本 本年实际
列号	(1)	(2)	(3)	(4)	(5)=(9)÷(1)	(6)=(12)÷(2)	(7)=(3)×(1)	(8)=(4)×(1)	(9)	(10)=(3)×(2)	(11)=(4)×(2)	(12)
可比产品 其中：												
甲产品	150	4 000	152	150	151	151.5	22 800	22 500	22 650	608 000	600 000	606 000

续表

产品名称	实际产量 本月	实际产量 本年累计	单位成本 上年实际平均	单位成本 本年计划	单位成本 本月实际	单位成本 本年累计实际平均	本月总成本 按上年实际平均单位成本计算	本月总成本 按本年计划单位成本计算	本月总成本 本月实际	本年累计总成本 按上年实际平均单位成本计算	本年累计总成本 按本年计划单位成本计算	本年累计总成本 本年实际
乙产品	200	2 450	109	100	107	102	21 800	20 000	21 400	267 050	245 000	249 900
小　计							44 600	42 500	44 050	875 050	845 000	855 900
不可比产品												
丙产品	300	2 600		108	106	107		32 400	31 800		280 800	278 200
合　计								74 900	78 600		1 125 800	1 134 100

任务三　产品单位成本分析

【知识储备】

主要产品单位成本表反映了企业在报告期内生产的各种主要产品的单位成本构成情况，因此，我们可以通过主要产品单位成本表来分析产品单位成本。在对主要产品单位成本表进行分析时，应当选择产品超支或节约较多的产品有重点地进行分析，从而达到有效降低产品成本的目的。进行分析时，企业可以根据表中本期实际的生产成本与其他各种生产成本进行对比，对产品的单位成本进行一般分析，然后按成本项目进行具体分析。

一、一般分析

将本年累计实际平均数分别与历史先进水平、上年实际平均、本年计划数及本月实际数进行比较。

二、各主要项目分析

（一）直接材料成本的分析

直接材料实际成本与计划成本的不同形成了材料成本差异。形成该差异的基本原因有两个：一是用量偏离计划（简称量差），具体金额按计划价格计算；二是价格偏离计划（简称价差），具体金额按实际用量计算。

材料消耗量变动的影响=（实际数量−计划数量）×计划价格

材料价格变动的影响=实际数量×（实际价格−计划价格）

（二）直接人工成本的分析

直接人工实际成本与计划成本的不同形成了直接人工成本差异。形成该差异的基本原因有两个：一是量差，量差是指单位产品的实际生产工时偏离计划工时，其差额是按照计划小时工资率计算确定的金额；二是价差，价差是指实际每小时工资成本偏离计划每小时工资成本，其差额是按实际工时计算确定的金额。

单位产品所耗工时变动的影响=（实际工时−计划工时）×计划每小时工资成本

每小时工资成本变动的影响=实际工时×（实际每小时工资成本−计划每小时工资成本）

（三）制造费用的分析

制造费用一般是根据生产工时等分配标准进行分配的，因此，制造费用的分析，通常与计时工资制度下直接人工成本的分析类似。首先分析单位产品所耗工时变动和每小时制造费用变动两个因素对制造费用变动的影响，然后查明这两个因素变动的具体原因。

单位产品所耗工时变动的影响=（实际工时−计划工时）×计划每小时制造费用

每小时制造费用变动的影响=实际工时×（实际每小时制造费用−计划每小时制造费用）

如果在进行人工成本分析时已经查明单位产品工时变动和生产工时利用率变动的具体原因，只需要联系项目六按成本项目反映的产品生产成本表（见表 6-1）中制造费用总额变动的分析，并结合制造费用明细表（见表 6-12）中各项目的具体变动分析，就可以了解制造费用变动的原因了。

【任务案例 7-3】产品单位成本分析

某公司的甲产品单位成本表如表 7-5 所示。

表 7-5 产品单位成本表

品名：甲产品　　　　　　　　　　　　　　　　　　　　　　　　　　售价：8 100 元
产品规格：B-3　　　　　　　　　20××年 12 月　　　　　　　　本月产量：300 件

成本项目	历史先进水平	上年实际	本年计划	本月实际	本年累计实际
直接材料	3 356	3 358	3 357	3 359	3 360
直接人工	1 550	1 558	1 557	1 559	1 560
制造费用	1 900	1 903	1 901	1 902	1 903
生产成本合计	6 806	6 819	6 815	6 820	6 823
主要技术经济指标	—	—	—	—	—
1. 主要材料	—	—	—	—	—
2. 实际工时	—	—	—	—	—

要求：进行一般分析。

【任务实施】

甲产品本年累计实际平均单位成本 6 823 元，没有达到历史先进水平 6 806 元，也没有达到本年计划水平 6 815 元。与计划水平相比较，只有制造费用一项达到了计划要求，直接材料和直接人工都没有完成计划，需要加强控制。

【任务案例 7-4】直接材料成本分析

某企业 L 产品 20××年的成本计划规定和 12 月实际发生的直接材料计划与实际成本对比如表 7-6 所示。

表 7-6　直接材料计划与实际成本对比

项　　目	材料消耗量（千克）	材料价格（元/千克）	直接材料成本（元）
本年计划	180	24	4 320
本月实际	179	25	4 475
直接材料成本差异			+155

要求：进行材料成本分析。

【任务实施】

步骤 1：计算量差。

材料消耗量变动的影响=（179–180）×24 = –24（元）

步骤 2：计算价差。

材料价格变动的影响=179×（25–24）=179（元）

步骤 3：计算综合影响金额。

综合影响=–24+179=155（元）

由于单位产品实际材料消耗量比计划材料消耗量减少了 1 千克，致使单位产品材料成本降低了 24 元，但是，由于材料实际单价比计划单价提高了 1 元，致使单位产品材料成本提高了 179 元，两种因素综合影响，致使单位产品材料成本提高了 155 元。也就是说，材料单价对材料成本的影响更高，因此应重点控制材料采购价格。

【任务案例 7-5】直接人工成本分析

某企业实行计时工资制度，其所产 H 产品每台所耗工时数和每小时工资成本的计划数与实际数如表 7-7 所示，20××年的成本计划规定和 12 月实际发生的直接人工计划与实际成本对比如表 7-7 所示，试分析原因。

表 7-7　直接人工计划与实际成本对比

项　　目	单位产品所耗工时(小时)	单位人工成本（元）	直接人工成本（元）
本年计划	5	20	100

续表

项　目	单位产品所耗工时(小时)	单位人工成本（元）	直接人工成本（元）
本年实际	4.5	25	112.5
直接人工成本差异			+12.5

要求：进行直接人工成本分析。

【任务实施】

步骤1：计算量差。

单位产品所耗工时数变动的影响=（4.5–5）×20 = –10（元）

步骤2：计算价差。

单位人工成本变动的影响=4.5×（25–20）= 22.5（元）

步骤3：计算综合影响。

综合影响= –10+22.5 = 12.5（元）

由于单位产品所耗实际工时数比计划工时数减少了0.5小时，致使单位产品人工成本降低了10元，但是，由于单位人工成本实际比计划单价提高了5元，致使单位产品人工成本提高了22.5元，两种因素综合影响，致使单位产品人工成本提高了12.5元。

任务拓展训练

训练3：产品总成本分析（一般分析）。

某企业20××年K产品的产品单位成本表如表7-8所示。

表7-8　产品单位成本表

品名：K产品　　　　　　　　　　　　　　　　　　　　　　　售价：8 100元

产品规格：BX-9　　　　　　20××年12月　　　　　　本月产量：200件

成本项目	历史先进水平	上年实际	本年计划	本月实际	本年累计实际
直接材料	260	265	263	265	266
直接人工	145	150	147	149	150
制造费用	120	130	127	129	128
生产成本合计	525	545	537	543	544
主要技术经济指标	—	—	—	—	—
1. 主要材料	—	—	—	—	—
2. 实际工时	—	—	—	—	—

要求：进行一般分析。

训练 4：直接材料成本分析。

某企业 Y 产品的直接材料计划与实际成本对比如表 7-9 所示，材料成本增加了 22 元。

表 7-9　直接材料计划与实际成本对比

项　目	材料消耗量（千克）	材料价格（元/千克）	直接材料成本（元）
本年计划	10	40	400
本年实际	9	42	378
材料成本差异			−22

要求：进行直接材料成本分析。

训练 5：直接人工成本分析。

某企业 M 产品的直接人工计划与实际成本对比如表 7-10 所示。

表 7-10　直接人工计划与实际成本对比

项　目	单位产品所耗工时（小时）	单位人工成本（元）	直接人工成本（元）
本年计划	22	45	990
本年实际	21	50	1 050
人工成本差异			+60

要求：进行人工成本分析。

基础知识测评

一、单项选择题

1．在直接材料成本分析中，由于单位产品耗用材料数量变动形成的差异是（　　　）。

　　A．价差　　　　　　B．量差　　　　　　C．料差　　　　　　D．数差

2．在产品单位成本分析中，计算量差要用到（　　　）价格。

　　A．计划　　　　　　B．实际　　　　　　C．平均　　　　　　D．标准

3．某企业生产丙产品，上年实际平均单位成本为 200 元，上年实际产量为 1 000 件，本年实际产量为 1 500 件，本年实际平均单位成本为 199 元，则本年丙产品成本降低率为（　　　）。

　　A．−0.75%　　　　　B．0.75%　　　　　C．−0.5%　　　　　D．0.5%

4．产品品种结构变动影响成本降低额和降低率，是因为各种产品的（　　　）。

　　A．成本降低额和成本降低率不同　　　　B．单位成本和总成本不同

　　C．计划成本降低率不同　　　　　　　　D．实际成本降低率不同

5．将两个性质不同但相关的指标对比求出的比率称为（　　　）。

　　A．构成比率　　　　　　　　　　　　　B．相关指标比率

C．动态比率　　　　　　　　　　D．效益比率

6．可比产品成本降低额是指可比产品累计实际总成本比按（　　）计算的累计总成本降低的数额。

A．本年计划单位成本　　　　　　B．上年实际平均单位成本

C．上年计划单位成本　　　　　　D．同行业同类产品实际平均单位成本

7．产量变动之所以影响产品单位成本，是因为（　　）。

A．在产品全部成本中包括了一部分变动费用

B．在产品全部成本中包括了一部分相对固定的费用

C．产品总成本不变

D．产品产量增长小于产品总成本增长

8．计算实际成本降低率，应当用实际成本降低额除以（　　）。

A．实际产量按上年单位成本计算的总成本

B．计划产量按上年单位成本计算的总成本

C．实际产量按计划单位成本计算的总成本

D．实际产量按实际单位成本计算的总成本

9．属于成本报表常用的分析方法有（　　）。

A．比较分析法　　　　　　　　　B．标准分析法

C．等额分析法　　　　　　　　　D．差额分析法

10．计算价差时，要用到（　　）用量。

A．计划　　　B．实际　　　C．平均　　　D．标准

二、多项选择题

1．影响可比产品成本降低率的因素有（　　）。

A．产品单位成本变动　　　　　　B．产品品种比重变动

C．产品产量变动　　　　　　　　D．产品售价变动

2．在下列各项中，属于影响可比产品成本降低额变动的因素有（　　）。

A．产品单位成本变动　　　　　　B．产品品种比重变动

C．产品产量变动　　　　　　　　D．产品售价变动

3．采用比较分析法，在基数的选择上要注意应具有一定的可比性，需要考虑的因素有（　　）。

A．企业所属的行业的一致性　　　B．对比时期的一致性

C．对比指标的内容的一致性　　　D．指标数值计算方法的一致性

4．比率分析法一般主要有（　　）。

A．相关比率分析法　　　　　　　B．构成比率分析法

C．趋势比率分析法　　　　　　　D．差额分析法

5．影响可比产品成本降低额的因素有（　　）。
A．产品品种比重　　　　　　　B．产品价格变动
C．产品产量变动　　　　　　　D．产品单位成本变动
6．影响单位产品成本的材料费用因素是（　　）。
A．单位产品材料耗用量　　　　B．材料单价
C．产品产量　　　　　　　　　D．产品销售量
7．在计时工资制下，产品单位成本中的工资费用受（　　）的影响。
A．单位产品工时数　　　　　　B．小时工资率
C．单件工资数　　　　　　　　D．企业工资总额
8．主要产品单位成本表反映的单位成本，包括（　　）的单位成本。
A．本月实际　　　　　　　　　B．同行业同类产品实际
C．本年计划　　　　　　　　　D．上年平均实际
9．主要产品单位成本分析表的成本项目主要包括（　　）。
A．直接材料　　B．直接人工　　C．制造费用　　D．停工损失
10．产品成本分析，一般包括（　　）。
A．产品总成本分析　　　　　　B．产品品种结构变动分析
C．产品单位成本分析　　　　　D．单位产品工时变动分析

三、判断题

1．采用比率分析法，先要把对比的数值变成相对数，求出比率，然后再进行对比分析。
（　　）
2．相关比率是指某项经济指标的各个组成部分占总体的比重。（　　）
3．相关比率分析法是通过计算两个性质不完全相同而又相关的指标的比率进行分析的一种方法。（　　）
4．比较分析法只适用于同类型企业、同质指标的对比分析。（　　）
5．在其他条件不变的情况下，产品品种结构的变动会影响成本降低额和成本降低率。
（　　）
6．影响可比产品成本降低额指标变动的因素有两个，即产品产量和产品单位成本。
（　　）
7．影响可比产品成本降低率指标变动的因素有产品产量、产品品种构成和产品单位成本。
（　　）
8．假定产品品种构成和产品单位成本不变，单纯产量变动，只影响可比产品成本降低额，而不影响可比产品成本降低率。（　　）
9．在直接材料成本分析中，由于单位产品耗用材料数量变动形成的差异是价差。（　　）
10．在直接人工成本分析中，由于单位产品所用工时变动形成的差异是量差。（　　）

岗位能力测评

1．某企业按成本项目反映的产品生产成本表如表 7-11 所示，试进行总成本分析。

表 7-11　产品生产成本表（按成本项目反映）　　　　　　　　金额单位：元

项　　目	上年实际	本年计划	本月实际	本年累计实际
生产费用：				
直接材料	586 000	585 800	48 480	586 750
直接人工	469 700	469 700	39 150	469 900
制造费用	123 000	121 500	10 200	123 600
生产费用合计	1 178 700	1 177 000	97 830	1 180 250
加：在产品、自制半成品的期初余额	25 800	24 680	23 890	25 045
减：在产品、自制半成品的期末余额	31 200	29 300	26 600	29 790
产品生产成本合计	1 173 300	1 172 380	95 120	1 175 505

2．某企业按产品种类反映的产品生产成本表如表 7-12 所示，试分析产品总成本。

表 7-12　产品生产成本表（按产品种类反映）

20××年 12 月　　　　　　　　　　　　　　　　　　　金额单位：元

产品名称	产量本月	产量本年累计	单位成本上年实际平均	单位成本本年计划	单位成本本月实际	单位成本本年累计实际平均	本月总成本按上年实际平均单位成本计算	本月总成本按本年计划单位成本计算	本月总成本本月实际	本年累计总成本按上年实际平均单位成本计算	本年累计总成本按本年计划单位成本计算	本年累计总成本本年实际
列号	(1)	(2)	(3)	(4)	(5)	(6)	(7)=	(8)=	(9)	(10)=	(11)=	(12)
					=(9)÷(1)	=(12)÷(2)	(3)×(1)	(4)×(1)		(3)×(2)	(4)×(2)	
可比产品 其中：												
H 产品	100	1 400	120	119	120	121	12 000	11 900	12 000	168 000	166 600	169 400
L 产品	250	2 900	145	144	145	145.5	36 250	36 000	36 250	420 500	417 600	421 950
小　计							48 250	47 900	48 250	588 500	584 200	591 350
不可比产品												
N 产品	300	3 200		310	312	313		93 000	93 600		992 000	1 001 600
合　计								140 900	141 850		1 576 200	1 592 950

3. 某企业的主要产品单位成本表如表 7-13 所示，试进行一般分析。

表 7-13　主要产品单位成本表

产品名称：M 产品　　　　　　　　　　　　　　　　　　　　　　　　　　销价：3 200 元
产品规格：SY-700　　　　　　　　20××年 12 月　　　　　　　　本月实际产量：200 件

成本项目	历史先进水平	上年实际平均	本年计划	本月实际	本年累计实际平均
直接材料	1 300	1 400	1 390	1 400	1 430
直接人工	1 450	1 500	1 430	1 440	1 420
制造费用	1 300	1 340	1 330	1 350	1 380
生产成本合计	4 050	4 240	4 150	4 190	4 230
主要技术经济指标					
1. 主要材料	略	略	略	略	略
2. 略	略	略	略	略	略

4. 某企业 R 产品的直接材料计划与实际成本对比如表 7-14 所示，试进行材料成本分析。

表 7-14　直接材料计划与实际成本对比

项　　目	材料消耗量（千克）	材料价格（元/千克）	直接材料成本（元）
本年计划	4	26	104
本年实际	3.5	27	94.5
材料成本差异			−9.5

5. 某企业 Z 产品的直接人工计划与实际成本对比如表 7-15 所示，试进行人工成本分析。

表 7-15　直接人工计划与实际成本对比　　　　　　　　　　　　　金额单位：元

项　　目	单位产品所耗工时（小时）	单位人工成本	直接人工成本
本年计划	20	25	500
本年实际	21	26	546
人工成本差异			+46

参考文献

[1] 董淑芳. 成本会计实务[M]. 北京：中国人民大学出版社，2009.

[2] 江希和，向有才. 成本会计教程[M]. 北京：高等教育出版社，2009.

[3] 黄建飞. 成本会计[M]. 北京：北京理工大学出版社，2010.

[4] 刘爱荣，于北方. 新编成本会计[M]. 大连：大连理工大学出版社，2012.

反侵权盗版声明

电子工业出版社依法对本作品享有专有出版权。任何未经权利人书面许可，复制、销售或通过信息网络传播本作品的行为；歪曲、篡改、剽窃本作品的行为，均违反《中华人民共和国著作权法》，其行为人应承担相应的民事责任和行政责任，构成犯罪的，将被依法追究刑事责任。

为了维护市场秩序，保护权利人的合法权益，我社将依法查处和打击侵权盗版的单位和个人。欢迎社会各界人士积极举报侵权盗版行为，本社将奖励举报有功人员，并保证举报人的信息不被泄露。

举报电话：（010）88254396；（010）88258888
传　　真：（010）88254397
E-mail：　dbqq@phei.com.cn
通信地址：北京市万寿路173信箱
　　　　　电子工业出版社总编办公室
邮　　编：100036